Dieser Band gehört zu einem auf 16 Bände angelegten Abriß der deutschen Literatur vom Mittelalter bis zur Gegenwart, dessen Charakteristikum auf dem Wechselspiel von Text, Darstellung und Kommentar beruht.

Die Reihe ist als Einführung vor allem für Schüler und Studenten konzipiert. Sie dient selbstverständlich auch allen anderen Interessierten als Kompendium zum Lernen, als Arbeitsbuch für einen ersten Überblick über literarische Epochen.

Das leitende Prinzip ist rasche Orientierung, Übersicht und Vermittlung der literaturgeschichtlichen Entwicklung durch Aufgliederung in Epochen und Gattungen. Die sich hieraus ergebende Problematik wird in der Einleitung angesprochen, die auch die Grundlinien jedes Bandes gibt. Jedem Kapitel steht eine kurze Einführung als Überblick über den Themen- oder Gattungsbereich voran. Die signifikanten Textbeispiele und ihre interpretatorische Aufschlüsselung werden ergänzt durch bio-bibliographische Daten, durch eine weiterführende Leseliste, ausgewählte Forschungsliteratur und eine synoptische Tabelle, die die Literatur zu den wichtigsten Ereignissen aus Politik, Wirtschaft, Kunst und Wissenschaft in Beziehung setzt.

Die deutsche Literatur

Ein Abriß in Text und Darstellung

Herausgegeben von
Otto F. Best und Hans-Jürgen Schmitt

Band 3

Philipp Reclam jun. Stuttgart

Renaissance, Humanismus, Reformation

Herausgegeben von
Josef Schmidt

Philipp Reclam jun. Stuttgart

Allgemeine Angaben zu Leben und Werk der Autoren finden sich an
den im Inhaltsverzeichnis mit einem Sternchen versehenen Stellen

Universal-Bibliothek Nr. 9609
Alle Rechte vorbehalten
© 1976 Philipp Reclam jun. GmbH & Co., Stuttgart
Bibliographisch ergänzte Ausgabe 1983
Gesamtherstellung: Reclam, Ditzingen. Printed in Germany 1994
RECLAM und UNIVERSAL-BIBLIOTHEK sind eingetragene
Warenzeichen der Philipp Reclam jun. GmbH & Co., Stuttgart
ISBN 3-15-009609-X

Inhalt

Einleitung

Renaissance, Humanismus, Reformation

Renaissance, Humanismus und Reformation bezeichnen geschichtliche Bewegungen, die sich gegenseitig bedingen, sich teilweise überschneiden; von denen aber jede als Kulturfaktor eigener Prägung faßbar ist. – Renaissance ist der umfassendste Begriff in seiner historischen und geistesgeschichtlichen Dimension. Er wird gebraucht als Periodenbenennung für den Zeitraum vom ausgehenden Mittelalter bis zum Beginn des 17. Jahrhunderts. Er dient als Sammelbegriff für die kulturelle Lockerung mittelalterlicher Bindungen und die daraus folgende Neuorientierung, die ihren Niederschlag in allen Lebensbereichen fand. Die »Wiedergeburt« ist keine nachträgliche Kodifizierung, sondern entstand als programmatischer Wunsch innerhalb der Epoche. Seit etwa 1300 ging von Italien eine Strömung aus, die mit einer Rückkehr zum klassischen Altertum, einer Rückbesinnung auf die Antike die eigene Zeit – auch politisch – verändern wollte. In Italien wurde dieser Umbruch zuerst in neue Bildungsziele gefaßt; man stellte sich, zum Teil bewußt, gegen mittelalterliche Anschauungen und Werte. Das Betonen der Autonomie des Menschen hatte seine geistigen und erkenntniskritischen Folgen. Die Entwicklung des Konzepts einer neuen Unendlichkeit, einer neuen Perspektive und die überwältigende Vorstellung der Einmaligkeit und Vergänglichkeit des Geschöpflichen fanden ihre Entsprechung in der neu gesehenen Schöpferkraft des menschlichen Wesens. Die historische Wandlung vollzog sich als langsamer Prozeß mit zum Teil divergierenden Richtungen; allein, gerade dies ist ein Hauptmerkmal der Epoche, daß sie nicht in einem gerundeten Weltbild erfaßt werden kann, sondern als Aufbruch zu den möglichen Grenzen menschlicher Potenz gesehen werden muß. Geistesgeschichtlich kreist diese Auseinandersetzung um die Verbindlichkeit scholastischer Philosophie und Theologie. – Die in diesem Band behandelte Literaturepoche von 1450 bis 1600 entspricht nur zum Teil der historischen Entwicklung der Renaissance. Wenn dieser Begriff dennoch in den Titel aufgenommen wurde, so deshalb, weil die literarischen Manifestationen dieses Geistes im deutschen Kulturraum *vor* 1450 verhältnismäßig selten sind (was auch mangelhaften Überlieferungsbedingungen zuzuschreiben ist). Der Einfluß der Prager Kanzlei und Universität (1348), der *Ackermann aus Böhmen* (um 1400) und das theologische Werk eines Nikolaus Cusanus (1401–64) sind lebendige Zeugen einer Renaissance-Entwicklung. Allein, erst die zweite Hälfte des 15. Jahrhunderts bringt die Entfaltung auf breiterer Ebene, wobei zwei entscheidende Faktoren mitspielen: die neue Vermittlungstechnik des Buchdrucks und die intensive Einwirkung des italienischen Humanismus.

Humanismus (von lat. humanitas, ›Bildung‹) bezeichnet im engeren Sinne die wissenschaftlich-geistige Seite der Renaissancebewegung und geht ihr sogar historisch etwas voraus. In Italien fand sie schon im 14. Jahrhundert ihre literarischen Höhepunkte (z. B. im Werk von Francesco Petrarca; 1304–74); sie bewirkte nicht nur eine neue Tradition, sondern etablierte auch das Italienische als Kultursprache. Die Rückkehr zu den Textquellen (ad fontes), das heißt zur Wissensvermittlung aus den antiken Originalen, führte zu einem umfassenden Bildungsprogramm, das in seiner Zielsetzung tiefgreifende Änderungen hervorbrachte. Freilich war das Streben nach einer neuen lateinischen Formeleganz und nach einem neuen Stilwillen auf eine bestimmte Schicht von Gebildeten beschränkt. Die Universität, der Fürstenhof und der Gelehrtenzirkel wurden zu Zentren dieser kulturellen Richtung. Obwohl man vom Spätmittelalter das Lehrsystem übernahm (*Trivium:* Grammatik, Rhetorik, Dialektik; *Quadrivium:* Arithmetik, Geometrie,

Astronomie, Musik), wurden stofflich und thematisch eigene Schwerpunkte gesetzt, und die Profanwissenschaften erhielten eine starke Betonung. Das Trivium fand seine Erweiterung zum Beispiel in der Pflege der griechischen und später der hebräischen Sprache; auch das Drama wurde im Zuge dieser Entwicklung neu entdeckt. Das Quadrivium und die Künste entwickelten eine eigene Fachliteratur (z. B. Mechanik; Proportionenlehre für die darstellenden Künste), der in neuen Bereichen auch das Experimentieren und Aufzeichnen (Geographie, Anatomie) nachfolgten. Als direkte Auswirkung des Konzils von Basel bildeten sich um 1450 die ersten Zentren des deutschen Humanismus in Wien, Nürnberg und andern Orten, wobei das Abhängigkeitsverhältnis sehr stark war. Im Unterschied zu Italien wurde jedoch großes Gewicht auf die Naturwissenschaften gelegt – und hier sind auch bis ins 17. Jahrhundert hinein die bedeutenden Leistungen hervorgebracht worden. Die Gelehrten, von denen viele Autodidakten waren, unterschieden sich von den italienischen Vorbildern auch in einer andern Weise: Die Entwicklung der »National«-Sprache und der Gelehrtensprache ging nicht Hand in Hand. Nach verheißungsvollen Ansätzen stagnierte der Einfluß des lateinischen Stils auf das Deutsche. Auch eine tiefergreifende Wirkung der poetischen Vorbilder der Humanisten (Horaz, Quintilian und Cicero) auf die deutsche Literatur läßt sich nicht feststellen. Doch hat dies auch einen andern Grund. Als gegen 1500 eine zweite Humanistengeneration von selbständigerem Format in Erscheinung trat und mit ihrer Bildungsabsicht bereits größere Kreise beeinflußte, war die Konstellation für eine Verschmelzung noch durchaus offen. Seit 1480 hatte auch Deutschland Humanisten von Rang hervorgebracht, deren Ruf den engeren Wirkungsort überschritt: Conrad Celtis in Wien, Willibald Pirckheimer in Nürnberg und Johannes Reuchlin in Schwaben. Kaiser Maximilian I. förderte als großzügiger Mäzen die Bewegung nach Kräften.

Als Martin Luther 1517 seine 95 Thesen veröffentlichte, hatte sich der Humanismus in Deutschland bereits durchgesetzt. Und die anfängliche Begeisterung der Gelehrten für Luther entsprang dem irrtümlichen Glauben, der Reformator sei eine Stimme unter vielen im Chor der kritischen Geister. Auch Luthers Disputationen mit päpstlichen Vertretern wurden in diesem Sinne verstanden, und er gewann dadurch viele persönliche Anhänger und Bewunderer. Diese Situation änderte sich zusehends mit der Publikation der drei großen Schriften von 1520 (*An den christlichen Adel deutscher Nation, Von der Freiheit eines Christenmenschen, Von der Babylonischen Gefangenschaft der Kirche*); in den folgenden Jahren zogen sich die meisten Humanisten von Luther zurück. Ihren Höhepunkt fand diese Entwicklung im Schriftwechsel zwischen Luther und Erasmus über den freien Willen (1524–27), wo sich der gefeierte Führer der Humanisten unmißverständlich zum alten Glauben bekannte.

Luthers Bedeutung war bereits 1521 so groß, daß er am Wormser Reichstag (1521) zur persönlichen Verteidigung vor den Kaiser berufen wurde; neben dem inzwischen ausgesprochenen kirchlichen Bann wurde dann auch die kaiserliche Achterklärung als Schutzmittel gegen den Ketzer für nötig erachtet. Nach der Niederschlagung der Bauernaufstände (1525) scheiterte ein Schlichtungsversuch am Reichstag in Augsburg (1530), der auf der andern Seite mit Melanchthons protestantischem Bekenntnis (*Confessio Augustana*) zeigte, wie sehr sich die evangelische Lehre in sozialen Ordnungen gefestigt hatte. Mit dem Augsburger Religionsfrieden (1555; cuius regio, eius religio) wurde die religiöse Spaltung eine notgedrungen akzeptierte politische Wirklichkeit von dauerndem Charakter. Die einsetzende Gegenreformation hatte in ihrer rekatholisierenden Zielsetzung (1534 Gründung des Jesuitenordens; 1545–63 Konzil von Trient) in den deutschsprachigen Gebieten nur teilweisen Erfolg. – Die religiös-politische Auseinandersetzung herrscht im Schrifttum des 16. Jahrhunderts. Und wenn man mit Reformationsliteratur all jene Werke bezeichnet, die auf Deutsch oder Latein gedanklich von der neuen Lehre beeinflußt sind, wird die Bedeutung der Glaubensspaltung überwältigend deutlich. Doch muß auch erwähnt werden, daß spätmittelalterlich-traditionelle Formen (z. B. Schwank, Volkslied) relativ unberührt weiterleben, während andere Ausdrucksarten (Traktat, z. T. Fastnachtspiel) für den Glaubenskampf umfunktioniert werden. Die literaturhistorische Bedeutung der Reformation ist heute überblickbar: Mit Luther wurde die frühneuhochdeutsche Sprache zu einem Medium der geistigen Auseinandersetzung, das aber Form und Stil zugunsten von Inhalt, Tendenz und Aktualität stark zurückdrängt. Neben der jahrhundertelang dauernden konfessionellen Gespaltenheit des deutschen Sprachgebiets blieb so auch ein potentielles Übergreifen humanistischer Formung auf Einzelfälle beschränkt.

Luther ist als Persönlichkeit entscheidend von Humanismus und Renaissance geprägt. Seine Bibelübersetzung ist der geniale Ausdruck einer schöpferischen Persönlichkeit in ihrem Glaubenserlebnis. Die neue Beziehung zu Gott wird artikuliert und verbreitet aus einer – zumindest von der Ausgangslage her – scheinbar aussichtslosen Situation. Der von den Humanisten vertretene sprachliche Eigenwert als Mittel zur Erkenntnis schimmert durch in der von Luther erklärten Absolutheit des göttlichen Schriftwortes. – Luthers Leistung wurde von seinen Nachfolgern nicht erreicht; die sprachliche Wirkung der Gegenreformation kommt erst im 17. Jahrhundert richtig zum Ausdruck (und auch hier ist die Zweisprachigkeit weiter tradiert). Historisch bringt die Zusammenfassung und Ausfaltung der Renaissance im Zeitalter des Barock etwas Neues hervor, dessen Beginn sich nach 1600 als markanter Absatz erkennen läßt. – Auf anderen Gebieten hat die Renaissance in Deutschland im Zeitraum von 1450 bis 1600 bleibende Werke und große Traditionen geschaffen, die in einer offensichtlichen Dis-

krepanz zur literarischen Entwicklung stehen; es sei nur an
die Malerei (Dürer) oder die Naturwissenschaft (Koperni-
kus) erinnert.

Das Frühneuhochdeutsche und der Buchdruck

Die Periode von 1450 bis 1600 gehört sprachgeschichtlich
zum Frühneuhochdeutschen. Mit diesem Begriff bezeichnet
man den Sprachstand vom 14. bis zum 16. Jahrhundert, der
die Basis für eine deutsche Gemeinsprache ergeben hat.
Der Begriff legt es nahe, diese Entwicklungsstufe nur als
Übergang vom Mittelhochdeutschen zum Neuhochdeutschen
zu sehen; doch mahnt schon die historische Weiträumigkeit
zur Vorsicht. Anderseits ist das Frühneuhochdeutsche
von einer verwirrenden Vielfalt und Uneinheitlichkeit geprägt, wobei eine Vielzahl von außersprachlichen Faktoren
mit berücksichtigt werden muß. Die wissenschaftliche Erfassung dieser Epoche spiegelt diese Situation unfreiwillig
wider: Virgil Mosers *Frühneuhochdeutsche Grammatik* ist
Fragment geblieben und nicht über die Darstellung der
Lautentwicklung hinausgekommen, während seine *Einführung in die frühneuhochdeutschen Schriftdialekte* (1909)
als geschlossenes Werk vorliegt.
Die Hindernisse für eine schnelle Entwicklung zu einer
Gemeinsprache waren zahlreich. Zunächst wirkte sich die
regionale Begrenzung in Lokaldialekten aus. Dazu kam
die soziale Schichtung: Das Bemühen um eine Normierung
hatte in seinem praktischen Zweck ein verschiedenartiges
Ziel für eine Kanzlei, einen höfischen Übersetzer oder einen
bürgerlichen Schwankerzähler. Die politische Zersplitte-
rung wirkte sich auch als sprachliche Abkapselung aus. Der
einsetzende Buchdruck trägt diesen Gegebenheiten Rechnung, wenn er mit seinen verschiedenen Druckersprachen
von vornherein eine bestimmte regionale Käuferschicht ins
Auge faßt. Die Bibelübersetzung Luthers macht deutlich,

wie die Übertragung als solche bahnbrechend wirkte, im Sinne einer (modernen) Sprachnormierung jedoch beschränkt war. Und dies, obwohl der Gedanke der deutschen Nation als Gemeinschaft derer, die die gleiche Sprache sprechen, gerade mit der Reformation stark an Boden gewinnt. – Die Erklärung für die zäh fortlebende Uneinheitlichkeit der Sprache ist wohl in einem Phänomen zu sehen, das wissenschaftlich kaum erfaßbar ist, jedoch noch aus der heutigen Sprachsituation nachvollzogen werden kann. Das passive Sprachvermögen ist unvergleichlich größer als das aktive, das heißt, ein Schweizer, Österreicher oder Sachse kann in einer »Schriftsprache« verkehren, die sich stark von seiner »Umgangssprache« unterscheidet, wobei ihn eine Vielzahl von Massenmedien (Zeitung, Radio, Fernsehen) darin unterstützt. Im Zeitraum 1450–1600 war aber der aktive Leserkreis sehr gering; »lesen und lesen hören« ist eine geläufige Formel jener Zeit und heißt, daß – abgesehen von der Gepflogenheit des lauten Lesens – schriftliche Zeugnisse sehr oft mittelbar aufgenommen wurden, wobei der Sprecher aus dem Text beim Vorlesen unwillkürlich »rückübersetzte«. Man hat argumentiert, daß die verschiedenen »Druckersprachen« (Normierung einzelner Offizinen) mit ihrer Ausrichtung auf ein spezielles Regionalpublikum zeigten, wie sehr sich die Zeitgenossen um eine Gemeinsprache bemüht hätten. Wenn man dies jedoch näher untersucht, betreffen diese Regelungen nur die unmittelbarsten Bedürfnisse (sehr typische Lautformen; Dialektwortschatz). Die Flüchtigkeit des Drucks spiegelt ganz offensichtlich die Unbekümmertheit im Umgang mit der Sprache wider. Und wenn man sich den Druckprozeß vergegenwärtigt (Autor–Verleger–Setzer–[Korrektor]), so sieht man, daß der sprachliche Hintergrund jedes am Publikationsvorgang Beteiligten völlig verschieden sein konnte. Im Extremfall konnte ein sächsischer Setzer in Zürich das Buch eines nach Bayern eingewanderten Hessen für einen oberdeutschen Leserkreis fertigstellen.

Der Buchdruck berücksichtigte in der Inkunabelnzeit
(Drucke bis 1500) vorwiegend lateinische Werke älterer
Autoren. Neben dem Bedürfnis nach einer Sicherung der
Tradition entsprach das eingeschliffene Latein dem nor-
mierenden Charakter des Drucks auf ideale Weise. Die
Blockbücher (Text und Bild als Holzschnitt auf der glei-
chen Platte) waren schon in der Auflage technisch begrenzt.
Die deutschsprachigen Publikationen sind überdies nur zum
geringen Teil originale Werke zeitgenössischer Autoren;
meist sind es aus dem Mittelhochdeutschen »übersetzte«
Werke. Auch Hartmann Schedels *Weltchronik* (1493; dt.
1497), in der Anlage nach den Verhältnissen der Zeit sicher
ein originales Werk, versteht den Wert der Erfindung des
Buchdrucks noch ganz retrospektiv (S. CCLII v): »[Die
K]unst der truckerey hat sich erstlich in teütschem lannd in
der statt Mayntz amm Rhein gelegen im jar Christi
Mccccxl ereügt [ereignet]. und fůroan schier in alle örter
der werlt außgespreußt [verzweigt]. dardurch die kost-
pern schetze schrifftlicher kunst und weißheit so in den
alten bůechern langzeit als der werlt unbekant in dem
grabe der unwissenheit verborgen gelegen sind herfůr an
das liecht gelangt haben. also das vil trefflicher und
menschlichem geprauch nottürftiger und nützlicher bůecher
so ettwen nicht on kleine kostung zeerzeügen warnn. n[u]w
zur zeit mit wenig gelts zeerobern sind.«
Mit dem Ausbruch der Reformation änderte sich die Situation drastisch. Sprunghaft stieg die Zahl der deutschen
Drucke; und die reißende Aktualität, die zum Eingreifen
durch Flugschrift und Sendschreiben drängte, ließ die stili-
stische Ausgestaltung stark in den Hintergrund treten.
Luther schrieb oft noch das Manuskript zu Ende, von dem
die ersten Seiten bereits ausgedruckt waren. Einerseits erhielt die deutsche Sprache durch diese Publizistik im modernen Sinne einen kommunikativen Status, der eine wichtige Station auf dem Weg zum Gemeinhochdeutschen darstellt. Andererseits entsprach die Flugschrift – die in den

meisten Fällen eine spontane mündliche Auseinandersetzung schriftlich fixierte – kaum dem Druckmedium, das überprüfbare, niedergelegte Information vermittelt. Dem heutigen Urteil erscheinen diese Drucke deshalb leicht als grob, unflätig und geschwätzig. Luthers Entscheidung, seine Bibel für die unteren sozialen Schichten zu übersetzen, zeigt ebenfalls, wie er zwar textmäßig von einer humanistischen Position ausging (Originalvorlagen), aber in der tatsächlichen Verdeutschung die einprägsame volkssprachliche Deutlichkeit vor alle andern Kriterien setzte. – Auch eine negative Erkenntnis bestätigt die Tatsache, daß das Deutsche – vor allem des 16. Jahrhunderts – oral, das heißt aus der mündlichen Sprechsituation verstanden werden muß: Es gibt sehr wenige Schriftsteller mit einem individuellen Stil. Die Prosadichtungen, zum Beispiel die Schwänke, sind größtenteils schriftlich niedergelegte Erzählungen im eigentlichen Sinne des Wortes. – Auch die wissenschaftliche Beschäftigung mit der Sprache greift zum Latein, um sich klar auszudrücken; sieht man von Valentin Ickelsamers *Grammatik* (die, wie einige wenige andere Grammatiken, in erster Linie ein Lese-Lehrbuch ist) ab, so bleibt als maßgebliche Autorität die erst 1578 erschienene *Grammatica Germanicae Linguae* von Johannes Clajus.

Das 17. Jahrhundert geht in seiner Beschäftigung mit der Sprache im wesentlichen vom Höfischen aus, welches auch das Sprachverständnis der bedeutenden Werke jenes Zeitalters bestimmt. Schon daraus erklärt sich der Bruch mit der deutschen Sprachtradition des 16. Jahrhunderts, die diesen Ansprüchen nicht gerecht werden kann. Doch darf man über der verwirrenden Vielfalt des sprachlichen Bildes der Renaissance- und Reformationsliteratur nicht die große Leistung vergessen, die sich in Luthers Bibelübersetzung zeigt: das Deutsche trat damit als vollwertige Sprache neben dem Lateinischen in Erscheinung.

Latein–Deutsch, Poetik

In der Literatur des deutschen Sprachraums zeichnet sich erst gegen Ende des 17. Jahrhunderts ein Überwiegen deutscher Publikationen gegenüber lateinischen Drucken ab. Und erst im zweiten Viertel des 16. Jahrhunderts setzt sich allgemein die Erkenntnis fest, daß das handgeschriebene Manuskript durch die Druckschrift abgelöst worden ist. Diese beiden Fakten beleuchten eine wichtige literaturgeschichtliche Gegebenheit: Erkenntnisse von zu europäischer Geltung gelangten Persönlichkeiten – wie Reuchlin, Kepler, Erasmus – werden fast ausschließlich lateinisch vermittelt. Das Dominieren der von den Humanisten getragenen lateinischen Schriftkultur stempelt die existierende Zweisprachigkeit zum ideell-sozialen Tatbestand und ist auch damit ein entscheidender Faktor für die langsame Entwicklung einer gemeindeutschen Schriftsprache. Latein schließt die Gebundenheit an einen andern Kulturkreis in sich: die Antike in der Vermittlung durch italienische Humanisten; es erzieht auch auf einen idealen Sprachstand hin – der in der Folgezeit in Deutschland nur von wenigen Persönlichkeiten erreicht oder gar erweiternd assimiliert wurde. Wenn Luther sich zur volkssprachlichen Übertragung entschließt oder der Ritter Ulrich von Hutten mit dem Ausbruch der Reformation in seinen Streitschriften vom Lateinischen zum Deutschen übergeht, so ist hiermit auch ein dramatischer Wechsel hinsichtlich des Empfängerkreises getroffen. Luther provoziert mit seinen (meist lateinisch und) deutsch erschienenen ersten Schriften unmittelbare Reaktionen aus Leipzig oder Köln, während das Echo auf die Werke bedeutender deutscher Humanisten aus Paris, London oder Mailand zurückhallt. Dem Deutschen fehlt zu dieser Zeit eine verbindliche Basis. Der sich abzeichnende Übergang vom frühneuhochdeutschen Schriftdialekt zu einer Gemeinsprache wird in seinem organischen Wachstum unterbro-

chen; und das Erbe der zweckgebundenen, polemisch-ag-
gressiven Reformationsliteratur ist schwer zu absorbieren.
Volkssprachliche Versuche originaler Art vor der Reformation sind selten; die meisten erhaltenen Drucke bis zur
Reformationszeit sind Adaptierungen aus dem Spätmittelalter und aus anderen Sprachen von unterschiedlicher Bedeutung; die humanistischen Übersetzungsversuche beschrän-
ken sich ziemlich auf den höfischen oder akademischen
Kreis. Erst mit der Reformation beginnt der Versuch, auf
breiter Ebene die spätmittelalterlichen Formen neu zu fassen (Kirchenlied, Drama). Luthers Bibelübersetzung hat unter anderem auch eine deutliche polemische Spitze gegen
das Latein als Lügenmittel der römischen Kurie, das nun
von der eigenen Sprache her in seiner Falschheit entlarvt
werden kann. Doch nach dem Abflauen des publizistischen
Kampfes nach 1525 werden die alten Traditionen in ihrer
Zählebigkeit deutlich sichtbar; eine Tendenz, die sich gegen
das Ende des Jahrhunderts hin immer stärker abzeichnet.
Die Humanisten suchten ihre sprachlichen und stilistischen
Muster in der Antike: neben Horaz nahmen die rhetorischen Vorbilder Quintilian und Cicero eine Vorzugsstellung ein. Die Abhängigkeit der zeitgenössischen Lehrbücher
(z. B. Melanchthons *Institutiones Rhetoricae*, Basel 1522)
ist offensichtlich. Die Rhetorik entsprach mit ihrer pädagogischen Zweckgebundenheit und der Zucht des gedankli-
chen Ausdrucks der wissenschaftlichen Haltung der Humanisten Deutschlands. Daneben gibt es wohl einige *Artes
Versificandi* (Jakob Wimpheling, 1505; Heinrich Bebel,
1506; Conrad Celtis, o. J. usw.), die der Pflege neulateinischer Lyrik dienten, die aber die zeitgenössische deutsche
Lyrik kaum berührten. Jörg Wickrams Bemühen um den
deutschen Roman entspringt nicht einer Theorie, sondern
der Lektüre von Übersetzungen. – Abgesehen von einzelnen Versuchen, lateinische Stilvorbilder im Deutschen zu
verwirklichen (z. B. Paul Rebhuns *Susanna*, 1535, in Vers-

form und szenischem Aufbau; oder die den *Dialogi* und *Colloquia* entstammende Form des Gesprächsbüchleins), ist die Wechselwirkung zwischen den beiden Sprachen sehr beschränkt. Und dies, obwohl viele Autoren der Zeit in beiden Sprachen veröffentlichten. Eine größere Ausnahme bildet vielleicht die Dramentechnik im allgemeinen Sinn. Sie fühlt sich zum Teil Terenz und Plautus verpflichtet. Doch geht auch hier jeder Autor von seinem eigenen Verständnis aus; es gibt keine zusammenhängende Dramentheorie – nur die Prologe und Vorreden der einzelnen Stücke streifen programmatisch diesen Zusammenhang. – Literaturhistorisch ist es interessant, daß sich Opitz in seiner *Poeterey* (1624) auf keine deutsche Poetik – die es auch nicht gibt – beruft, sondern auf ein Werk, das 1561 in Genf publiziert wurde: Die *Poetices Libri Septem* von Julius Cäsar Scaliger, ein umfassendes und gelehrtes Sammelwerk, rücken einem die Tatsache ins Bewußtsein, wie die lateinische Sprache jener Zeit ihrem Wesen nach internationalen Charakter hatte und über die Nationalitäts- und Sprachgrenzen hinausreichte. Das barocke Zeitalter ist in seinem Formbewußtsein von andern, neuen Voraussetzungen her zu verstehen, deren Tradition im 16. Jahrhundert nur eine sehr, sehr schmale Basis hat.

Die Reformation führte die meisten Humanisten nach anfänglicher Begeisterung wieder zur traditionellen Kirche zurück, während die evangelisch-lutherische Sache bald zum Politikum der angesprochenen deutschsprachigen Stände (Adel, Bürger, Bauern) wurde. Und somit blieb auch diese Möglichkeit, die beiden Sprachen zu einer lebendigen Symbiose zu führen, im Ansatz stecken. – Das Einbeziehen beider Literaturen war für diese Anthologie unmöglich. Abgesehen davon, daß die lateinische Literatur Deutschlands kaum als Nationalliteratur bezeichnet werden darf, würden auch moderne Übersetzungen das Bild entscheidend verfälschen. Als Ausweg ergab sich deshalb: Parallelabdrucke zeitgenössischer Übersetzungen, die schon in sich einen dokumentarischen Wert haben; sporadische Hinweise auf die sich im Deutschen abzeichnende lateinische Satzkonstruktion.

Die Periode von 1450 bis 1600

Schon im 14. Jahrhundert zeichnen sich im deutschen Kulturkreis Entwicklungen ab, welche die Periode der Renaissance einleiten. Wenn aber der Periodenschnitt dieses Bandes auf 1450 gesetzt wurde, so deshalb, weil sich um die Jahrhundertmitte drei Ereignisse gruppieren, die einen direkten und andauernden Einfluß auf das Kulturleben Deutschlands hatten.

Das Konzil von Basel (1431–49) hatte viele Deutsche in direkten Kontakt mit Vertretern des italienischen Humanismus gebracht. Der einflußreichste Vermittler, Aenea Silvio Piccolomini (1405–64; seit 1458 Papst Julius II.), war als bischöflicher Sekretär zum Konzil gekommen; später wurde er als kaiserlicher Sekretär nach Wien berufen, wo er einen Kreis Interessierter um sich sammelte, die das neue Ideengut relativ schnell weiterverbreiteten. In der Folgezeit verbrachten viele Gelehrte einen Teil ihrer Studienjahre in Italien, und der direkte Kontakt teilte sich natürlich, als sie wieder heimgekehrt waren, ihrer näheren Umgebung mit. – Der Fall von Konstantinopel (1453) erweiterte den Horizont des italienischen Humanismus bedeutend, da die griechischen Flüchtlinge Manuskripte mitbrachten, die in vielen Fällen eigentliche Neuentdeckungen für Westeuropa waren. – Im Jahre 1450 nahm Johann Gutenberg eine Anleihe auf, um eine Druckerei zu errichten; das Unternehmen scheiterte an finanziellen Schwierigkeiten. Doch eröffnete seine Erfindung (Druck mit beweglichen Lettern) eine Verfügbarkeit von Texten, die im Laufe der Jahrzehnte die Informationsmöglichkeit des Lesers revolutionierte. Das dem Manuskript gegenüber preis-

lich weit günstigere Buch bewirkte auch, daß der Kreis von
Bücherbesitzern nicht mehr auf Klöster und Adlige beschränkt blieb.

Bis ungefähr 1490 war der Anteil deutscher Publikationen
gegenüber den lateinischen Schriftwerken sehr klein. Die
»Schwarze Kunst« wurde, wie jede Erfindung, zuerst in
traditioneller Weise angewendet: als neue Art der Manuskriptherstellung für das lesekundige Publikum. Daneben
gab es aber auch Autoren – der Astronom Regiomontan
oder der Fastnachtspielautor Hans Folz –, die ihre eigenen
Werke in einer eigenen Druckerei verlegten. Mittelalterliche Ritterepen erlebten »Neueditionen« als Volksbücher
für ein bürgerliches Publikum. Flugblätter und Flugschriften informierten auf deutsch über Mißgeburten, astrologische Prophezeiungen, Naturkatastrophen und Moritaten der
näheren und ferneren Umgebung; ja, Neujahrsblätter gehören zu den frühesten deutschen Druck-Erzeugnissen.

Das *Narrenschiff* (1494) Sebastian Brants war der erste
volkssprachliche Bestseller, der nach den Maßstäben jener
Zeit ein originales Werk in Stoff und Behandlung ist. Die
Moralsatire ist von bürgerlichem Besserungsoptimismus
durchdrungen und wurde ausnahmsweise vom Deutschen
ins Lateinische übersetzt; sonst verlief der Übersetzungsweg
fast immer umgekehrt. Brant ist ein Repräsentant der
zweiten Humanistengeneration in Deutschland, die sich
nach 1480 herausbildete und den nach Deutschland verpflanzten Humanismus nun auf selbständige Weise zu
kultivieren versuchte. Mit Jakob Wimpheling zusammen
war er maßgeblich an der praktischen Planung für ein
Gymnasium beteiligt, das jedoch – weil es die bestehende
Kloster- und Domschule konkurrenzierte – erst 1538 gegründet wurde. Der Geist, der das Neue in praktischen
Ordnungen vermitteln wollte, manifestierte sich glänzender
und erfolgreicher in Wien. Dort faßte Conrad Celtis den
Plan, nach dem italienischen Vorbild der *Academia Platonica* ein eigenes Studienzentrum zu gründen; Kaiser

Maximilian gewährte ihm 1501 die Inaugurationsurkunde
für die Errichtung des *Collegium Poetarum et Mathe-
maticorum* – und damit auch das Recht der Dichterkrö-
nung. Celtis' bedeutende Leistungen auf dem Gebiet der
Rhetorik, der neulateinischen Lyrik und vor allem des
Dramas erstreckten sich aber auch auf naturwissenschaftli-
ches Gebiet; das Institut sollte auch die Realfächer pflegen
und die Naturwissenschaften fördern. – Dieser Aufbruchs-
geist zeigte sich in ganz Deutschland, als sich immer mehr
Universitäten dem Humanismus zuwandten. Das literarische Hauptinteresse galt den klassischen Sprachen, wobei
mit Reuchlins Pioniertat der hebräischen Grammatik *Rudimenta linguae hebraicae* (1506) die Reihe selbständiger
Leistungen einen glanzvollen Höhepunkt fand. Das parallel
zur Wirkungsgeschichte der zweiten Humanistengeneration
laufende Schrifttum verbreiterte sich zusehends. Die ersten
Übersetzungen romanischer Erzählungen erschienen als
deutsche Volksbücher, z. B. *Pontus und Sidonia* (1485) der
Eleonore von Österreich oder der *Hug Schapler* (1500)
von Elisabeth von Nassau-Saarbrücken. Im *Fortunatus*
(1509) findet sich eine zunehmende Tendenz, die zeitgenössische bürgerliche Wirklichkeit zu porträtieren. Im
elsässischen Raum machte Brants Beispiel Schule. Der
wortgewaltige satirische Prediger Geiler von Kaisersberg
und später Thomas Murner mit seinen Narrenwerken er-
reichten ein wachsendes Publikum. Das Volksschauspiel
erhielt durch Pamphilus Gengenbach eine anspruchsvollere
Aussagekraft. Kaiser Maximilian I. trat nicht nur als
Mäzen der Humanisten hervor, sondern erweiterte das
Suchen nach alten Texten auf die deutsche Tradition, indem er Abschriften in Auftrag gab, denen wir heute einen
großen Teil unserer Kenntnis der mittelalterlichen Literatur verdanken (*Ambraser Heldenbuch*, 1516). Der *Teuerdank* (1517), ein autobiographischer Schlüsselroman, den
der Kaiser als bibliophilen Prachtband edieren ließ, versuchte, die ritterliche Tradition lebendig in die Gegenwart

fortzusetzen. Mit dem *Ulenspiegel* (1515; frühere Drucke
muß es gegeben haben) trat die Schwanksammlung als
Unterhaltungsliteratur in Erscheinung. – Die Versuche des
Frühhumanismus, einem gelehrten Publikum durch Übersetzungen ihre Welt zu erschließen, fanden kräftigere Ansätze in der Übertragung klassischer Epen ins Deutsche.
Ab 1520 wurde das deutschsprachige Schrifttum bis zum
Ende des Jahrzehnts stark von der Reformation beherrscht.
Die publizistischen Möglichkeiten des Buchdrucks wurden
extrem ausgeschöpft. Von 1518 bis 1524 stieg die Jahres-
produktion deutscher Drucke von 150 auf rund 1000;
Luthers Schriften wurden in Erstauflagen von zum Teil
mehreren Tausend Exemplaren auf den Markt geworfen,
eine Wirkung, die durch das allgemein geübte »illegale«
Nachdrucken noch potenziert wurde. Die humanistische
Bewegung erhielt dadurch einen Schlag, von dem sie sich
nie mehr ganz erholte. – Luther ist als Autor ein beredtes
Beispiel, wie alle traditionellen Formen eine glaubens-
kämpferisch bedingte Umgestaltung erfahren: Brief, Disputation, Predigt, Erzählung, Gespräch/Dialog, Traktat, Auf-
ruf usw. greifen polemisch in die Auseinandersetzung ein.
Seit 1523 spielt das konfessionelle Kirchenlied eine größere
Rolle; auch das Drama wird entscheidend von der religiö-
sen Bewegung umgeprägt und in seiner Funktion erweitert.
Der Stil entspricht der Aktualität der Ereignisse: meist
anonym werden die polemisch und satirisch verfaßten
Sendschreiben, Flugschriften und Flugblätter zu wichtigen
Trägern der öffentlichen Meinungsbildung. Persönliche
Verunglimpfung mischt sich unbekümmert mit politischer
Stellungnahme oder geistiger Standortbestimmung; auch
die deutsch schreibenden Humanisten – Ulrich von Hutten
und der Autor des *Karsthans* – sind in ihrem Ton direkt
und grob. Das Skandalöse und Sensationelle der früheren
Einblattdrucke steigert sich jetzt zum Rufmord, der doku-
mentarischen Bloßstellung, die ihre Rechtfertigung aus dem
Glauben motivieren.

Nach 1530 bringt das Verebben der religiösen Polemik eine Zeit stetigen Wachstums in der Literatur. Die abgeschlossene Bibelübersetzung Luthers (1534) ist zeitlich umgeben von mannigfaltigen Versuchen, klassische Autoren ins Deutsche zu übertragen. Schulordnungen und -einrichtungen begünstigen die wissenschaftliche Beschäftigung mit der Sprache, die freilich immer noch in der »Lateinschule« stattfindet; das deutsch-lateinische Wörterbuch von Petrus Dasypodius (Hasenfratz) bezeugt dies (1535 ff.). Das Drama – besonders das Schuldrama – beginnt zu blühen. Deutsche Geschichtswerke von Rang entstehen: Vadianus' *Äbtechronik von St. Gallen,* Aventins *Bayerische Chronik* und Francks *Germaniae Chronicon.*

Nach 1550 illustrieren die Versuche um den deutschen Roman und die zahlreichen Schwanksammlungen, wie die deutschsprachige Literatur sich auch thematisch vom Glaubenskampf abgewendet hat. Das bürgerliche Element drängt sich hervor, sei es in der Moralsatire, im Drama oder auch in der gehobeneren Trivialliteratur; diese findet nun ein kaufkräftiges Publikum, wie etwa die ab 1569 erscheinenden deutschen Ausgaben des französischen *Amadis*romans belegen. – Es ist noch ein ungelöstes Forschungsproblem, inwieweit die autoritative Haltung der katholischen Kirche dazu beitrug, daß die nach der Reformation katholisch gebliebenen oder wieder gewordenen Gebiete literarisch offensichtlich unbedeutender sind als die evangelisch-protestantischen. Zum Teil sind die Drucker daran schuld, die mehrheitlich auf seiten der Reformation standen. Aber noch 1564, nachdem sehr viele katholische Übersetzungen der Bibel, die eigentlich nur purgierte Lutherbibeln waren, auf dem Markt zur Verfügung standen, wurde im modifizierten Trienter Index festgestellt, man erlaube den Gläubigen, die Bibel »teilweise« zu lesen.

Um 1560 machte sich die Gegenreformation in ihren Auswirkungen bemerkbar, die den protestantischen Einfluß eindämmen und wenn möglich sogar zum Verschwinden

bringen wollte. Der Kampf fand seinen Höhepunkt im 17.
Jahrhundert, doch gab es natürlich schon vorher Gefechte.
So schied etwa die Kalenderreform Gregors XIII. (Korrek-
tur durch Überspringen vom 4. auf den 15. Oktober 1582)
Deutschland schnell in zwei Lager. Die katholischen Ge-
biete nahmen sie an, während im reformierten Lager die
Tagesliteratur sofort wieder vom Antichristen sprach,
der die Welt unterwerfen wolle. Der neben Luther wahrscheinlich bedeutendste Schriftsteller des 16. Jahrhunderts,
Johann Fischart, verkörpert in seinen scharfen Satiren das
Mißtrauen gegenüber der Glaubenspolitik der Gegenreformation. Anderseits sieht man gerade bei diesem Dichter,
wie im letzten Viertel des Jahrhunderts der individuelle
Stilwille hervortreten konnte; die Vielfalt seiner Werke
zeigt auch, daß die deutsche Sprache an Ausdruckswerten
und -formen gewachsen war. In diese Zeit fällt auch die
Beschäftigung mit romanischen Vorbildern. Vor allem in
der Lyrik versuchte man, aus der französischen Literatur
(die »Pléiade«, bes. Ronsard) verbindliche Regeln in die
eigene Sprache zu übertragen. Die Wirkung zeigte sich
jedoch eher im Musikalischen als im Sprachlichen dieser
Lieder. Um 1600 macht sich ein deutliches Stagnieren in
der deutschen Literatur bemerkbar. Der Neuanfang im
Barock blickt kaum auf das zurück, was im 16. Jahrhundert geschaffen wurde; man kennt meist nicht einmal die
Namen der bedeutenderen Schriftsteller.

Die spätere Wiederentdeckung der Literatur des 16. Jahrhunderts geht auf Herder und seine Beschäftigung mit dem
Volkslied zurück. Goethes Verehrung von Hans Sachs, sein
Götz von Berlichingen und der *Faust* bringen aber deutlich zum Ausdruck, wie entfernt man von einem historischen Verständnis der Epoche war. Die Romantiker haben
mit ihren Neufassungen zahlreicher Volksbücher wesentlich
dazu beigetragen, daß jene Literatur in der deutschen Kultur fortlebte. Die Herausgabe von *Des Knaben Wunder-*

horn bildete den Auftakt zu einer Reihe von Neueditionen
der älteren deutschen Literatur, die nach 1850 zu einer
systematischen Erfassung von staunenswertem Umfang
durch die positivistischen Gelehrten führte. Die Wiederentdeckung der Renaissance als geschichtlich bedeutender
Stufe der abendländischen Entwicklung beschränkte sich
jedoch gleichzeitig fast ausschließlich auf den romanischen
Kulturraum. Als repräsentatives Zeugnis für die geringe
Wertschätzung, welche man für diese Literatur aufbrachte,
sei das Urteil von Karl Marx wiedergegeben, das sich in
seiner dialektischen Prägnanz ziemlich mit dem deckt, was
die zünftige Literaturwissenschaft über diese Periode – z. B.
Wilhelm Scherer – dachte:
»Kurz vor und während der Reformationszeit bildete sich
unter den Deutschen eine Art von Literatur, deren bloßer
Namen frappiert – die *grobianische*. Heut zu Tage gehen
wir einer dem 16. Jahrhundert analogen Umwälzungsepo-
che entgegen. Kein Wunder, daß unter den Deutschen die
grobianische Literatur wieder auftaucht. Das Interesse an
der geschichtlichen Entwicklung überwindet leicht den ästhe-
tischen Ekel, den diese Sorte von Schriftstellereien selbst
einem wenig gebildeten Geschmack erregt, und schon im
fünfzehnten und sechzehnten Jahrhundert erregte.
Platt, großsprahlend, bramarbasierend, thrasonisch, präten-
tiös-derb im Angriff, gegen fremde Derbheit hysterisch
empfindsam; das Schwert mit ungeheurer Kraftvergeudung
schwingend und weit ausholend, um es flach niederfallen
zu lassen; beständig Sitte predigend, beständig die Sitte
verletzend; pathetisch und gemein in komischster Ver-
strickung; nur um die Sache bekümmert, stets an der Sache vorbeistreifend; dem Volksverstand kleinbürgerliche,
gelehrte Halbbildung, der Wissenschaft sogenannten ›gesunden Menschenverstand‹ mit gleichem Dünkel entgegen-
haltend; in haltlose Breite mit einer gewissen selbstgefälli-
gen Leichtigkeit sich ergießend; plebejische Form für spieß-
bürgerlichen Inhalt; ringend mit der Schriftsprache, um ihr

einen so zu sagen rein körperlichen Charakter zu geben;
gern im Hintergrund auf den Leib des Schriftstellers deu-
tend, den es in allen Fingern juckt, einige Kraftproben zu
geben, seine breiten Schultern zu zeigen, seine Gliedmaßen
öffentlich zu recken; gesunden Verstand in gesundem Körper proklamierend; bewußtlos angesteckt von den subtil-
sten Zänkereien und dem körperlichen Fieber des sechzehnten Jahrhunderts; ebenso in dogmatische borniert Begriffe
festgebannt, als allem Begreifen gegenüber appellierend an
eine kleinliche Praxis; tobend gegen die Reaktion, reagie-
rend gegen den Fortschritt; in der Unfähigkeit, den Gegner
lächerlich zu schildern, ihn lächerlich scheltend durch eine
ganze Stufenleiter von Tönen hindurch; Salomo und Mar-
colph, Don Quixote und Sancho Pansa, Schwärmer und
Pfahlbürger in einer Person; rüpelhafte Form der Empö-
rung, Form des empörten Rüpels; über dem Ganzen das
ehrliche Bewußtsein des selbstzufriednen Biedermanns als
Atmosphäre schwebend – so war die *grobianische Literatur* des sechzehnten Jahrhunderts« (Marx/Engels: *Gesamtausgabe.* Berlin 1932. I, 6. S. 298 f.).
Dieses Urteil trifft eigentlich nur die Flugschriften der
Reformationszeit. Es hat sich jedoch als Pauschalurteil für
das ganze Jahrhundert bis in unsere Zeit erhalten. Die
historische Forschung, die lange in konfessionellen Vorur-
teilen befangen blieb, unterstützte diese Tendenz. Die beiden bedeutenden Studien von Günther Müller und Wolfgang Stammler (beide 1927) entwarfen für die Literatur
jener Epoche erstmals eine Gesamtschau, die nicht beim
negativen Urteil stehenblieb, sondern aus der geistesgeschichtlichen Perspektive die Eigenart der ganzen Periode
zu erfassen suchte. Erst in den sechziger Jahren wurde dieser Ansatz weiter ausgeführt; die marxistische Literatur-
forschung mit ihrer gesellschaftsbedingten Betrachtungs-
weise trat dabei auch mit eindrücklichen Beiträgen hervor.
Eine nüchterne Bewertung der deutschen Literatur von 1450

bis 1600 kann nicht übersehen, daß mit Ausnahme von
Luthers Bibelübersetzung, seinen reformatorischen Pro-
grammschriften und einigen Werken von Hans Sachs –
schon nach Friedrich Schlegels Wiener Vorlesungen die beiden erwähnenswerten literarischen Figuren jener Zeit –
sowie einigen Volksliedern und der lebendigen Kirchen-
liedtradition kaum etwas in den Kanon der deutschen
Literatur eingegangen ist. Zum europäischen Gemeingut
sind nur einige Leistungen Luthers geworden. Doch hat
auch hier die neuere Forschung den Blickwinkel geweitet.
Gerade die offene Form, das noch in der Entwicklung Be-
griffene haben für uns eine Faszination, die sich aus einer
aktuellen Problemstellung erklärt: Was ist »Literatur«?
Die historische Unsicherheit und Zerrissenheit jener historischen Epoche spiegelt sich direkt in ihren Textzeugnissen.
Hinter der Varietät unfertiger Formen erkennt man oft unversehens das individuelle Engagement – ein Wert, der
seine eigene Bedeutung hat.

Hinweis zur Sprache

Die folgende kleine Übersicht möchte dem Leser einen Wegweiser bieten durch die anfänglich fremd anmutenden
Eigenheiten des Frühneuhochdeutschen, das als Sammelbegriff eine Vielzahl von Schrift-, Drucker- und Regional-
dialekten bezeichnet. Die Texte berücksichtigen den ganzen
deutschen Sprachraum jener Zeit; dazu kommt die laut-
lich-orthographische Unsicherheit, die in jener Periode
herrschte. Und aus technischen Gründen war es nicht möglich, in dieser Anthologie die Texte nach einer durchgehen-
den Normierung zu präsentieren.

Als Faustregel darf gelten, daß man eine unverständliche
Wortfolge zuerst laut lesen soll, da einen oft nur eine geringe Lautveränderung im Schriftbild irritiert. Als näch-
ster Schritt empfiehlt sich das Nachschlagen in einem der
mittelhochdeutschen Wörterbücher (Lexer; Benecke-Müller-
Zarncke). Hilft auch dies nicht, so bleibt als letzter – und
meist erfolgreicher – Ausweg ein modernes Dialektwörter-
buch, z. B.: das *Schweizerische Idiotikon* (hrsg. von Friedrich
Staub u. a., Bd. 1 ff., Frauenfeld 1881 ff.) oder das *Schwä-
bische Wörterbuch* (hrsg. von Hermann Fischer u. Wilhelm
Pfleiderer, 6 Bde., Tübingen 1904–36). Daß auch das
Wörterbuch von Jacob u. Wilhelm Grimm (Leipzig 1854
bis 1960) konsultiert werden kann, versteht sich von selbst.
Die einzige praktische Hilfe durch die frühneuhochdeutsche
Grammatik ist Virgil Mosers *Einführung in die frühneuhochdeutschen Schriftdialekte* (Halle a. d. Saale 1909; Neudruck: Darmstadt 1971) und Alfred Götzes *Frühneuhochdeutsches Glossar* (Berlin [7]1967).

Lautstand

Monophthongierung teilweise durchgeführt: *brůder* neben *bruder*; *bůch* neben *buch*; *thůn* neben *t(h)un* usw.

Diphthongierung stärker, aber auch nur teilweise durchgeführt: *buch* neben *bauch*; *hus* neben *hauß*; *zyt* neben *zeit*; *bruchen* neben *brauchen*; *üch* neben *euch/eüch*; *fry* neben *frey* (frei) usw.

Zahlreiche Umlaute für verschiedene grammatikalische Funktionen: *hünd* (Hunde); *gülden* neben *guldin* (golden); *fröer* neben *fro(h)er* usw.

Zahlreiche Vokalfärbungen: *erkanndtnus* (Erkenntnis); *gon/gen/gan* (gehen); *wöllen* (wollen); *zwüschen* (zwischen) usw.

Wegfallen von Schlußvokalen: *end* (Ende); *die tag* (die Tage); *das fürtrefflichst* (das Vortrefflichste); *ein gůt fraw* (eine gute Frau); *ich hett* (ich hätte) usw.

Der Konsonantenstand ist im An-, Mittel- und Auslaut unregelmäßig; besonders hier kann lautes Lesen das Ungewohnte aus dem Klangbild erschließen. Das gleiche gilt für die Orthographie im allgemeinen, wo vielleicht die Kleinschreibung das große Problem ist; auch die Virgel (/) soll als sprechrhythmische Zäsur verstanden werden, wie dies besonders bei Versen klar wird.

Flexionsformen

Bei Substantiv, Adjektiv und Pronomen findet sich die oben erwähnte Apokope häufig, d. h., der die Pluralform bezeichnende Schlußvokal fällt weg: *die lüt / leüt* (Leute); *schön sachen* usw. – Auch das Adjektiv in attributiver Stellung mit bestimmtem und unbestimmtem Artikel verhält sich sehr unregelmäßig: *ein gůt man* neben *ein gůter man*; *der lieb fründ* neben *der liebe freünd* usw.

Bei den Verbalformen ist auf die folgenden wichtigsten Charakteristika hinzuweisen:

Ind. Präsensparadigma: *greyff(e-n), greyff(e)st, greyff(t); greyffen(d), greyff(en)t/d, greyffen(d)* usw.

Kontrahierte Präsenspluralformen und Infinitive: *wend* (wollen); *hand* (haben); *lon* (lassen) – *wölln; hon / han; lon / lan* usw.

Konj. Präs.: *er wöl, ir wölt; er sy(g), ir sygend* (sein); *ir farind* (fahren) usw.

Vergangenheitsform: sehr oft alte starke Formen, die scheinbar im Präsens stehen, z. B. *ich reit* (ritt), *ich steig* (stieg) usw.

Part. Perf.: wird oft mit kontrahierter oder fallengelassener Vorsilbe gebildet: *glan / lan* (gelassen); *gfunden / funden* (gefunden); *gfürt* (geführt) usw. Deswegen fällt die Partizipialform für sich genommen äußerlich oft mit dem Infinitiv zusammen.

Imperativ: *ir sagen* neben *ir saget* usw.

Syntax

Die Neben- oder Gliedsätze sind nicht so streng verbunden mit dem Hauptsatz wie im Neuhochdeutschen. Bei Versen markiert meist der Reim den Schluß des Haupt- oder Nebensatzes. Da die Satzzeichen als Markierung oft fehlen, muß man sich auf die Konjunktionen stützen, die aber breitere und unschärfere Bedeutung haben als heute, z. B.: *als* = als, da, wie, weil; *weil* = als, da, während. Aus dem Sprechcharakter des Frühneuhochdeutschen erklärt sich auch die Tatsache, daß das Verb im Nebensatz sehr oft nicht in Endstellung steht. Man wird aber auch beobachten, daß der Nebensatz sehr oft kaum vom Hauptsatz zu unterscheiden ist; z. B. sind viele Sätze mit *und* verbunden, wo nach heutigem Sprachgefühl ein Relativpronomen oder eine Konjunktion erwartet wird.

Als einführende Lesetexte von geringem Schwierigkeitsgrad sind zu bezeichnen: Hieronymus Bock: *Von Teutschem Pfeffer*; Hans Sachs: *Ein epitaphium oder klag-red ob der*

leych D. Martini Luthers; Martin Luther: *Von der Frey-heyt eyniß Christen menschen.*
Die Textproben aus verschiedenen Bibelübersetzungen am Anfang von Kap. IV können zugleich als Übergang zu schwierigeren Stücken dienen, da der Inhalt und oft auch der Wortlaut bekannt sein dürften.

I. Kulturdokumente

Die in diesem Kapitel präsentierte Textauswahl versucht nicht, ein umfassendes Bild der behandelten Epoche zu geben; schon aus Gründen des Umfangs wäre dies unmöglich. Sie kann auch nicht im Ausschnitt die bedeutendsten Ereignisse – vor allem die Reformation – skizzieren.

Die abgedruckten Proben möchten aber die Sprachleistung aufweisen, welche die Probleme aus den verschiedensten Erfahrungsbereichen hervorriefen. In der Form reicht die Skala vom Einblattdruck bis zum illustrierten wissenschaftlichen Prachtband, von der Darstellung eines fachtechnischen Problems bis zum mystischen Ausdruck einer persönlichen Überzeugung. Deutlich werden soll auch, wie der Buchdruck seinen Einfluß auszuüben begann als umwälzend neue Informationsspeicherung. In den Briefzeugnissen kommt ein anderer Grundzug jener Zeit zum Vorschein: der in deutscher Sprache vertretene individuelle Standpunkt. Der Leser kann selbst entscheiden, bis zu welchem Grade sich die Möglichkeit eines persönlichen Stils abzeichnet; sie ist gering. Aber die Identifizierung mit einer publizierten, schriftlich niedergelegten Stellungnahme und Ansicht gibt dieser Ausdrucksmöglichkeit des Individuums eine neue Dimension. Und in diesem Sinne mag es auch erlaubt sein, von »Kulturdokumenten« zu sprechen.

JOHANN HARTLIEB

Geb. um 1400 in Neuburg a. d. Donau (?), gest. 1468. Arzt und Diplomat, Verfasser wissenschaftlicher Werke *(Chiromantia,* 1448) und bedeutender Übersetzer lateinischer Schriften (u. a. Leos *Historia de preliis,* 1444; Caesarius von Heisterbachs *Dialogus miraculorum,* um 1460). Er übertrug das führende mittelalterliche Lehrbuch der Minne, *De amore libri tres* (1185/87), von Andreas Capellanus.

De Amore deutsch (Auszug)

Diese zwischen 1440 und 1450 entstandene Übersetzung
war für den Wiener Hof Albrechts IV. bestimmt. Gedruckt
wurde sie erst 1482 in Augsburg.
Der Text soll stellvertretend für den Überlieferungsprozeß
stehen, den der Buchdruck einleitete. Natürlich waren es
– neben den Einblattdrucken – vor allem lateinische Bücher,
die auf diese Weise tradiert wurden. Aber auch die höfi-
schen Romane des Mittelalters erlebten »Neuauflagen«, bis
sich um 1500 herum auch neue Werke zeitgenössischer Au-
toren dazugesellten.
Dieser Übergang brachte es mit sich, daß mit den alten
Texten auch alte Anschauungen weiter überliefert wurden.
Das im folgenden wiedergegebene Bild der Frau erlebte
zum Beispiel auch durch das ganze 16. Jahrhundert kaum
eine Änderung; eine Ausnahme ist Luther, der mit seiner
Schrift »Vom Eelichen Leben« (1522) eine Aufwertung des
Verhältnisses Mann–Frau brachte, das freilich in der volks-
tümlichen Literatur kaum widerklingt.

Das ain weib niemant mag lieb haben

Jch sag vnd tue offenbar, das chain weib yemant von grunt
yrs herczen mag lieb gehaben, wann[1] es ist kaine, die yrem
eeman oder puelen treu vnd stät[2] erzaig vnd halt, wann so
offt ain annder kümbt, so ist sy[3] yr treu verkeren vnd
wandeln. Wann[1] ain weib mag golt, silber vnd klainait[4]
nit lassen, wann man die yr anpeutt, vnd darumb mag sy
yr aigen leib nit versagen zue mittailen. Auch so ain weib
wais vnd verstet, das chain ding dem rechten pueler vasst[5]

1. *denn.*
2. *Beständigkeit, die Grundeigenschaft des mittelalterlichen Ritterideals.*
3. *so ist die Frau geneigt . . .; typisch lat. Infinitivkonstruktion.*
4. *Kleinod.*
5. *so sehr.*

laidigt vnd betrüebt, dann so ain weib mit yrem leib ainem
andern lieb vnd mynn mittailt, vnd so sy das ye durch
gewinn vnd gab tuet kainem versagen, so magst du da pey
wol versten, wie ain weib ain lieb hat, so sy durch gab,
myet[6], golt, silber, clainat ains frembden, vnbekannten
manns yr mynn vergynnen[7] thuet vnd schambt sich nit, das
sy laydigt, betrüebt, quelt, peinigt yrs manns oder yrs
puelers willen vnd hercz vnd gedenncken vnd darzue yr
lob, ere, wird vnd treu verliesen tuet[8]. Es mag auch chain
weib yren man noch puelen mit solichen treuen so treu-
lichen nit vertreut sein, ob sy nit hilff vnd gab was wart-
ten[9] von yrem puelen vnd liebhaber, auch von yrem mann,
von stund ist sy von ym zweyfeln[10] vnd ym frömd als ain
pilgram[11]. Darumb ist kainem weisen zimlich, das er sich
verpflicht vnder die weib vnd verpint, wann sy kainem
lieb vnd mynn lieblich vnd mynigklich wider gelten vnd
bezalen tuen. Wann[1] es ist offt vor mit starcken argumenten bebärt[12], das ain weib als ain laydlich, vnuersuecht tier ist.
Darumb sol sy niemant jnprünstigklich lieb haben.

NIKLAS VON WYLE

Geb. um 1410 in Bremgarten (Aargau), gest. nach 1478 in Stuttgart.
Studierte an italienischen Hochschulen, lehrte anschließend in Zürich
und war später als Stadtschreiber in Radolfzell, Nürnberg und Esslingen
(ab 1447) tätig, wo er auch eine Privatschule leitete und als Geschäfts-
träger im Dienste verschiedener deutscher Fürsten stand. In den *Translatzen* hat er sein großes Talent als Übersetzer und Vermittler, aber
auch als Redaktor bewiesen. Die sorgfältige Auswahl, die viele Formen

6. *Miete, d. h. Lohn.*
7. *vergönnen, zugestehen.*
8. *Würde und Treue verliert.*
9. *daß sie nicht auf etwas Hilfe und Geschenke lauern.*
10. *dann aber ist sie über ihn im Zweifel.*
11. *Pilger.*
12. *dargeboten, gezeigt worden.*

der Kunstprosa umfaßt (Novelle, Brief, Streitgespräch, politische Rede), ist ein lebendiger Ausdruck seines sichern Gefühls für bedeutende literarische Werke und Autoren seiner Zeit. Wyles Übersetzungen, beeinflußt von Aenea Silvio, von den Nürnberger Humanisten und der als Förderin der höfischen Epik bekannten Pfalzgräfin Mechthild, stehen literaturhistorisch am Anfang der neuen deutschen Kunstprosa. Wyle stellte auch als erster Humanist systematische Übersetzungsregeln auf; seine Verdeutschung von Ciceros *Colores Rhetoricales* ist leider nicht vollendet worden.

Translatzen (Auszüge)

Die 1461–78 in Einzeldrucken, 1478 als Sammelausgabe erschienenen »Translatzen« wollen die humanistische Stoffwelt, die neuen Anregungen und Gefühlsbereiche einem adligen Publikum in anspruchsvoller sprachlich-stilistischer Form erschließen. Es sind insgesamt 18 Übersetzungen bedeutender Werke von Humanisten (u. a. Poggio: humanistische Übersetzung einer Boccaccio-Novelle), von denen nur die letzte Wyles eigenes Werk ist (rhetorisch-stilistische Anweisungen).
Die Einleitung zu den »Translatzen« bringt von Wyles Übersetzungsprinzip zum Ausdruck. Mit unserer Auswahl aus dem X. Brief haben wir denjenigen Autor berücksichtigt, der auf Niklas von Wyle den größten Einfluß hatte. Aenea Silvio (1405–64; seit 1458 Papst Julius II.), mit dem Wyle spätestens seit 1452 brieflichen Kontakt hatte, ist wahrscheinlich die bedeutendste Mittelsperson des italienischen Humanismus für Deutschland. Sein Lehrbrief, in dem er das Bild des humanistisch gebildeten Fürsten entwirft, entwickelt denn auch mit beredten Argumenten Sinn und Zweck des humanistischen Ideals. Er zeigt das Selbstbewußtsein des Humanisten, dessen Erkenntnisquellen nicht nur dem Studium förderlich sind, sondern den gesellschaftlichen Forderungen in höchstem Maße gerecht zu werden vermögen.

[Vorrede zu den gesammelten *Translatzen*, 1478]

Dem edeln hochgelerten und strengen herrn Jergen von absperg ritter und doctor der rechten minem lieben herren günner fründ und gebieter Enbütt ich niclas von wyle / des hochgebornen herren herrn Ulrichs grauen zů wirtemberg und zů Mümpelgarte etc. mines gnedigosten herren minster cantzler vil hails[1]. du hast (fürtreffender und wytverrümpter mane) vor langem, als du des jetz genanten mines gnedigosten herren lanthofmaister gewesen bist, min translatze und tütschung boecy de consolacione philosophie[2] zů meren malen gelopt und mir geraten, die gedruckt / usz zegeen lassen Und als ich das dozemal nit tůn mocht / ursachen halb / daz das letscht bůche nit gantz zů end gebracht was, rietest du, daz ich doch dann etlich ander miner translatzen und schriften, die ich in vergangen zyten uß schwerem und zierlichem latine nit ane arbeit zů tütsch gebracht hett[3], wölt lassen trucken und usgeen, umb daz die menschen / vil klůger dingen dar Inne begriffen, und so zewissen gůt sint ouch antailhåftig werden möchten / und ir gemůt zů zyten darmit in kurtzwyle ergetzen. wie wol ich nu waisz dero vil sin, die dise min translaciones schelten und mich schumpfieren werden und sagen, daz die an vil enden wol verstentlicher möchten worden gesetzet sin / dann von mir beschechen syg noch dann[4] dinem rate und gůt beduncken nach (die ich acht sin oraculum appolinis)[5] so wil ich sölich min translaciones jetz lassen uszgeen, bis

---

1. Die Vorrede ist ohne lat. Vorlage deutsch geschrieben; aber bereits der erste Satz verrät mit seinem komplizierten Gefüge die Abhängigkeit des Autors von der lat. Satzstruktur.
2. »De Consolatione Philosophiae« (Vom Trost der Philosophie) von Boëthius (5./6. Jh. n. Chr.), eines der meistgelesenen Bücher des Mittelalters, übertragen durch Notker Labeo (10./11. Jh.).
3. Das Werk ist nicht erschienen. Mit ›zierlich‹ ist die zeitgenössische Stilbezeichnung ›kunstvoll, elegant‹ gemeint.
4. wie auch dann.
5. die ich beachte wie das Apollinische Orakel.

uf boecium den ich noch etlicher ursachen halb wil verhalten. und gestee disen maistern minen schumpfierern irer schuldigung nechst gemelt danne war ist / daz ich[6] in der ersten translatze von Euriolo an den anfange in der andern epistel von Enea siluio an marianum sozimum gestellet,[7] dise latinischen wort (Sed inuenies aliquos senes amantes / amatum nullum) Also hab getütschet und transferyeret, du findest alber etlich alt liebhabend mane, aber liebgehapten kainen. Welche wort Ich wol verstentlicher hett mugen setzen also. du findest aber etlich alt mane die frowen liebhabent, Aber kainen alten findst du, der von frowen werd lieb gehept. ich waiß ouch daz mir so wyt ußlouffe hier Inne erloupt gewesen wer[8] nach dem und oracius flaccus in siner alten poetrye[9] (als du waist) schribet, daz ain getrüwer tolmetsch und transferyerer, nit sorgfeltig sin sőll, ain jedes wort gegen aim andern wort zeverglychen / sunder syge gnůg, daz zů zyten ain gantzer sine gegen aim andern sine verglychet werd[10]. als ich dann ouch oft und vil in disen nachfolgenden translatzen an andern orten getan han und etwenne genőtiget tůn můst, von gebruch wegen tütscher worten gegen den latinischen[11], dero der grösser folle ist / in dem latine[12] (als wir dann oft mit

6. *Ich gestehe diesen Lehrern, meinen Beschimpfern, zu, daß ihre nächste zitierte Beschuldigung wahr ist, daß ich nämlich ... – Diese kritischen Stimmen bezogen sich auf die in Einzeldrucken erschienenen Übersetzungen, die hier im Sammelband vorliegen.*
7. *Das zitierte Beispiel findet sich tatsächlich in der 1. Übersetzung: Die Liebesgeschichte von Euryalus und Lukrezia in der Fassung von Aenea Silvio, die Niklas von Wyle dem Juristen Marianus Sozius gewidmet hat.*
8. *daß mir so weitschweifig zu übersetzen erlaubt gewesen wäre.*
9. *Die »Ars Poetica« (der 3. Lehrbrief über die Dichtkunst) des Horatius Flaccus (1. Jh. v. Chr.) war die Poetik für Mittelalter und Humanismus; mit ihrer Forderung »ut pictura poesis« (der bildhafte Charakter der Dichtung) beschäftigte sie die Geister bis zum Ende des 18. Jh.s.*
10. *sensus de sensu, das Übersetzungsprinzip, mit dem sich später Martin Luther verteidigte.*
11. *im Verhältnis zu den lateinischen.*
12. *von den Wörtern gibt es eine größere Fülle im Latein.*

ainandern von sôlichen worten / etas senium senectus. und
mens animus. felix beatus[13]. und der gelychen hunderterlay
geredt hant) daran uns gebruchh ist aigenlicher tütscher
worten[14] und darumbe man die umbreden mûß. daz Ich
aber kom da hin ich wolt / und verstanden werd / warumb
ich dise translaciones uf das genewest dem latin nach
gesetzet hab, und nit geachtet, ob dem schlechten gemainen
und unernieten man[15] das unverstentlich sin werd oder nit.
das ist darumb. Ich waisz du hast gelesen daz leonardus
aretinus der grôst und beste redner und dichter[16] / so zû
unsern zyten gelept hat in ainem tractat de studys literarum, schribet der hochgebornen und wolgelerten fürstin
baptiste de malaleste / die dann zû diser kunst wolredens
und dichtens (die wir nennent oratoriam) entzündet waz,
daz sy nit durch ützit[17] belder und bas zû sôlicher begerter
kunste komen noch die erfolgen möcht[18], danne daz sy
oft und vil lese in geschriften gûter und zierlicher gedichten und sich darInne emsenklich übte, und lesung grober
und unzierlicher gedichten vermitte und die fluch als ain
dinge hieran aller grösten schaden geberende. disen rate
hat ouch geben der hochgelert poet Eneas silvius dem
durlüchtigen fürsten und herren hertzog Sigmunden von
ôsterrych zû zyten siner Jünglikait in ainer epistel[19] die in
disen minen nachfolgenden translacionen ouch funden wirt.

13. *Die lat. Begriffe bezeichnen die Bedeutungsnuancen folgender Wör-*
ter: Greisenalter; Geist; glücklich.
14. *in dieser Bezeichnung fehlen (gebricht es) uns (an) entsprechende(n)*
deutsche(n) Wörter(n).
15. *dem gewöhnlichen, einfachen und ungelehrten Menschen.*
16. *Aretinus' Erläuterungen zum Traktat des Kirchenvaters Basilius, wie-*
weit man Nutzen aus heidnischen Schriftstellern ziehen könnte, waren
eben in Nürnberg im Druck erschienen.
17. *irgend etwas.*
18. *noch darin Erfolg haben könnte.*
19. *Der Originalbrief an Siegmund von Tyrol von Aenea Silvio entstand*
1443.

X

Item in der zechenden translatze an den durlüchtigen hertzog sigmunden von ôsterrych gestellet etc. wirt funden ain
rate zu lernung der geschriften und was nutzes und frucht
hiervon entsteen mugen und besunder fürsten und herren
so land und lütte regieren söllen, und des gelychen den
landen selbs und Iren undertanen.

[. . .]

Nim dir ainen man grosser kunst und lere. Und sich nit an
ainchen costen wavon dir grosser nutze komend ist. Du
fragst villicht was nutzes? Ich sag dirs mit wenig worten /
Umb daz du nit sôlichen nutze der geschrift tûgest verachten. Wenne du die manlichen jare erraichet hast, So wirt
dir die eere und der nutze hiervon entsteen, daz so du in
dem rate redest, die andern alle schwygent. wyle du ainiger
me danne die andern alle kanst waist und versteest. Niemant mag dich betriegen / niemant getar sprechen das ist
recht das ist unrecht / das billich das unbillich / Es syge
dann daz er aigenlich und warlich wissz sôlichs also war
sin. Ist daz aincher Im fürnimpt etwas unerbers zeraten
oder zefürdern, So bist du berait da / sôlichs mit gegrûnd-
ten ursachen zewiderreden und zeverwerffen. Wilt du an-
reden das folcke? Welcher massz zereden syg, tûnt dich die
geschriften underwysen. Wilt du aber jemant loben oder
schelten / das tûnt dich Quintilianus und tulius[20] leren. Ist
krieg ufzenemen? und sich der waffen oder der weere zege-
bruchen? des tût dir vegecius[21] (welcher massz das beschechen söll) underrichtung. ouch des gelychen Titus Livius
und quintus Curcius und Justinus und Luctius Flaccus und
swetonius[22] und Salustius Crispus und die gantz schare der
schribern der historien. DarInne du die stercke des grossen

---

20. Cicero.
21. *Flavius Vegetius; verfaßte um 400 n. Chr. ein Handbuch der Militär-*
wissenschaft.
22. *Sueton.*

Alexanders und die listikait hanibals und die behendikait
und ufsetze Faby und die wyshait Cipionis[23] und kriegens
maisterschaft July des kaisers und die türstikait Sertory
und Marcelli[24] und die geschidikait Jugurte[25] und die kunst
aller dero / die kriegens und strytbarer dingen gepflegen
hant / finden wirdest. Und magst durch aigen erfarung
niemer so vil erlernen / als vil du des mit lesung der geschriften wirdest underrichtet. Wilt du aber / wie du ain
regiment gemaines nutzes regieren söllest wissen? So sint
dir die bůcher polliticorum (die Aristotiles gemachet und
Leonardus Aretinus in latin gebracht hat) zelesen. Aber
die alten translatz der selben bůcher lassz růwen und tů
dich dero nützit bekümmern / danne sy ain zierlichkait des
gedichtes, laster und gebrechen haben und zevil die verstent-
nüsz Irren tůnt. Zů regierung hushabliches dinges / ouch
dines husgesinds und din selbs, Ist fruchtbar nütze und gůt
yconomica Aristotilis und Tuly in dem bůch Officiorum[26]
und die santbrief Senece und alle des selben bůcher. [...]
Darumb so ůbe dich und lise in den bůchern und geschrifften
der maistern / so die bewertern sint / die Ich dir vor genennet
han die selben hör und folg den selben nach, ist daz du
wilt vil und mangerlay dingen wissend werden und ain
fürst sin in dem gantzen umbkraisz der welte für andern
wunderbar und loblich. Doch rat Ich nit daz du in dinem
leben und regiment die gemainsame[27] des folckes fliechest,
wil ouch nit daz du ainig[28] syest. Es were dann so du in
tieffe diner vernunft von andern lüten abgeschaiden etwas

23. *Scipio und Quintus Fabius Maximus (Cunctator) waren die offen-
siven bzw. defensiven Gegner Hannibals.*
24. *die kühne Verwegenheit des Sertorius (1. Jh. v. Chr., Gegner des
Sulla) und Marcellus Claudius (1. Jh. v. Chr.; von Cäsar besiegt und
begnadigt).*
25. *numidischer König, der am Ende des 2. Jh.s v. Chr. ein röm. Heer
besiegte, bevor er Marius zum Opfer fiel.*
26. *Ciceros »De officiis«.*
27. *Gemeinschaft, Umgang mit.*
28. *einsam.*

allain wôltest ain zyt und wyle betrachten. Ja rat Ich daz
du grůsbar syest und gemain allen und dich selbs gebest
zesechen und jetz disen dann den anredest, rat haltest /
selbs dar in gangest und zů gesetzten tagen und zů berůf-
fungen und samlungen dines folckes in aigner persone
komest, dich inen erbietest und selbs redest / dann ich
waisz nütz fruchtbar und gůt sin / was die menschen durch
geschrift gelernet haben / daz sy das durch practik üben
tryben und bewâren. Und Ich lob niemer die menschen die
sich der geschrift also gantz gebent daz sy hie durch alle
ander dinge verachtent Als gewesen sint democritus und
dyogenes / die allain Inen selbs gelebt hant. Aber die menschen sint wirdig der hôche alles lobes / die den regimen-
ten gemaines nutzes recht und wol dienent / Und darby
die kunst und lere der geschrift ouch nit underwegen las-
sent noch versument Als wir finden getan han Platonem
Aristotilem Demostenem Julium Ciceronem Plinium Ma-
cenatem et Augustum / Dise jetz genempten was die kunst
oder wyszhait ussz der geschrift je geschôpft hant[29], das
haben sy alles geübt und mit jren wercken getriben und
volbracht in diensten gemaines nutzes. Das selb du ouch
tůn solt, wo du anders ain aller bester man und fürst sin
und genennet werden wilt. Gib ain zyt zů lernung der
geschrift und ain zyt dem regiment gemaines nutzes. Machh
jetz gericht. hab jetz rate. Jetz handel werck ritterlichen
dingen. besich jetz den nutz dines hofes und hushablichen
dinges. Und in dem allem wirst du gewar und Innen
bracht wie grosz und vil die geschrift hier zů dienet nütz
und gůt ist. Und so du also den nutz diner růw und
můsse / daz ist dines studierens mit dem nutze anderer
diner arbait zů samen bringst, so tůst du mengklichem ain
wunderbar hoffung von dir machen. Also daz du allain
oder mit wenig andern fürsten in der gantzen welt für
ainen wunderbaren fürsten gehalten wirst. Und nit die

---

29. *diese eben genannten Männer, was immer sie für . . . geschöpft haben.*

schöne diner gestalt (Wie wol die fürpündig[30] ist) noch dine
guldine klaider, noch die geziert dines hares / noch das
gebreng diner pferten und rossen / tůnt dir so vil lobs
und eeren zů füren, als vil tůt die geziert der geschriften
und der lümde der tugenden[31]. welcher tugenden angesicht
so schon ist (als Aristotiles schribt) daz die (wo sy ge-
sechen werden möcht) vil hüpscher und schöner wer dann
der morgenstern lucifer / Oder der aubent stern hesperus
genennet[32].

ALBRECHT DÜRER

Geb. am 21. Mai 1471 in Nürnberg, gest. am 6. April 1528 in Nürnberg.
Erlernte wie sein Vater in Nürnberg das Goldschmiedehandwerk, wurde
aber später ein Meister in allen Techniken der darstellenden Kunst. Zusammen mit dem jüngeren Holbein vermittelte er bildlich die italienische Renaissance für Deutschland. Seine Reisen, von denen Briefe und
exakte Tagebucheinträge existieren, führten ihn ins Elsaß, nach Italien
und in die Niederlande.
Schon seine Publikationen lassen erkennen, wie vielfältig sein genialer
Geist sich ausdrückte: Im *Frauen-/Männerbad* (1496) beobachtet er die
verschiedenen Menschentypen, schreibt mit der *Unterweisung der Messung* (1525) ein geometrisches Lehrbuch, greift mit dem *Unterricht zur
Befestigung der Städte* (1527) ein konkretes technisches Problem auf und
läßt in seinem Todesjahr das Buch *Von der menschlichen Proportion* erscheinen, das schon im Titel ein Problem visuell abhandelt, das als Grund-
problem der Renaissance im weitesten Sinne gelten darf.

Die menschliche Proportion (Auszüge)

*Die vorliegenden Ausschnitte betreffen eine handschriftliche
Aufzeichnung von 1528 zur Proportionenlehre (Dürer
hatte das Werk schon für 1523 geplant), eine Notiz von*

30. ausgezeichnet.
31. der Ruhm der Tugenden.
32. Die Sternmetaphern sind interessant, weil sie sonst eher in der geistlichen Lyrik gebraucht werden.

1507/08 und eine unabhängig davon entstandene Zeichnung eines Frauenkörpers im Profil und Halbprofil aus dem gleichen Zeitraum. Damit soll zum Ausdruck kommen, wie auch in der Kunst das Lehrbuch nach einer genauen Sprache verlangte, die aber schon vom Leserkreis her deutsch sein mußte. Die detaillierte Beschreibung des Körpers belegt, wie Dürer dieser Forderung nachkommen konnte.

[Vorrede oder Einleitung in die Lehre von menschlicher Proportion]

In diesem puch will jch allein vom punct zu punct die eüßerlichen gestalt und form dieser bilder antzeigen, aber von den jnnerlichen dingen des leibes[1] auff dismahl nichtz handeln.

Solcher bilder zu machen, mügen sich geprauchen die moler, bildhauer vom holtz, steinmetzen, des gleichen die metallgiesßer, goltschmit, seidensticker, die van leimen streichen[2], haffner etc., das ich denen zu hülff vor geschriben hab[3], darin von den linien, ebenenn undt körpern angezeiget, wie man die meßen mag[4]. Dem werden meine andere büchlein hernoch desto leichter zu verstehen sein. Dann alle sollen sie, ob sie meister wöllen sein, diese kunst wißen. So mügen sie gewis und frey arbeiten, auch von des wegen, daß dos werkh dest gewaltiger und behender von statt gee.

Es ist ÿr ferechtlich zu bedencken, daß so uill großen müe, fleis vndt arweit mit sambt langer verlornen zeit jnn einen werkh an künst[5] verzert sollen werden. Darum pitt jch, die ferstendigen wöllen diesen dingen nachtrochten. Welche

---

1. *vom innern Organismus, der Anatomie.*
2. *Keramiker.*
3. *vorher geschrieben habe.*
4. *die »Unterweisung der Messung« (1525).*
5. *ohne Wissen.*

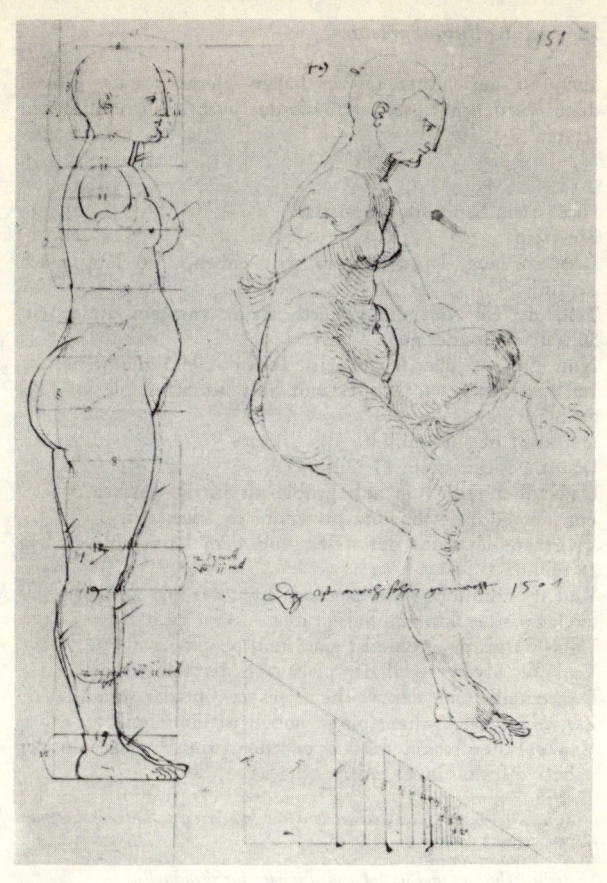

Aus dem Dresdener Skizzenbuch (1507)

aber for gar nichtz meßen haben glerneth noch künen, denn würden nutz sein, daß sie dos puch lesen undt lernen fersten[6].

Daz ist ein besundre proportian[7]

Ein weib

Item so lang dw daz weib wilt haben, also lang mach ein linj.

Teill dy linj mit eim zwerch strich van ein ander ein 50 teill[8] vnder der mit.

Nun nym daz ober lenger teill. Teill daz jn 3 gleiche teill.

Im obersten ist der kopff vnd hals begriffen pis jns hals grüble.

Der kopf ist ein 9 teill.

Daz angesicht ist ein 11 teill.

Daz ander teill vom hals grüble pis jn dy weichen.

Fan der höch des hawbtz pis vnder dy vxen[9] $1/5$.

Zwischen der hoch der axlen vnd dem halsgrüble ist ein 18 teill.

Vnd dy schultern gewelben sich hÿnawff pis zw ent[10] der axell zwischen kin vnd hals grüble.

Vom kin pis jns gruble ist ein 8 teill.

Vnd sten dy wertzell der prüst[11] jn der selben höch.

Daz triteill vonn der weichen[12] pis zw ent der scham.

Zw vnderst der scham pis jn nabell ist ein 8 teill.

Van ent der scham pis zw ent der pruch[13] oben, do der nabell anfocht ein 25 teill.

6. *d. h., diejenigen, die Geometrie nicht beherrschen, sollen zuerst die* »Unterweisung der Messung« *lesen.*
7. *eine Proportion für sich.*
8. ›*teill*‹ *steht hier und im folgenden immer für* ›Bruchteil‹*.*
9. *Achselhöhle.*
10. *hinauf bis zum Ende.*
11. *Brustwarzen.*
12. *Hüfte.*
13. *bis zum Ende der Gürtellinie.*

Zwischen rist vnd der solen ist ein 18 teill.
Zwischen dem hals grüble vnd dem rist awff dem fus sind
3 gleiche teill. Dy 2 linj, dy sy scheiden, dy erst ent dy
hüft, dy ander gett myten durch dy knÿ.

Daz ist als gemacht[14].

JOHANNES REUCHLIN

Geb. am 22. Februar 1455 in Pforzheim, gest. am 30. Juni 1522 in Bad
Liebenzell. Wirkte nach ausgedehnten Studien in Paris, Basel, Rom und
Poitiers als Rechtsanwalt in Württemberg. Seine humanistischen Interessen
erstreckten sich auf die klassischen Sprachen, die Magie und das Hebräi-
sche (*Rudimenta linguae hebraicae*, 1506; *De arte cabbalistica*, 1517; *De
accentibus et orthographia linguae hebraicae*, 1518); und in diesem Fach
schuf er sich einen internationalen Ruf. Als Dichter besonders erfolgreich
mit seiner Satire *Sergius* (1504) und dem Schwank *Henno* (1497).

Ratschlag ob man den Juden alle ire bůcher nemmen / abthun unnd verbrennen soll (Auszüge)

Als ein getaufter Jude, Johannes Pfefferkorn, die Forde-
rung erhob, alle jüdischen Bücher zu vernichten, und damit
an Kaiser Maximilian gelangte, der die Angelegenheit an
den Erzbischof Uriel von Mainz überwies, gehörte Reuch-
lin zu den Sachverständigen, die in bischöflichem Auftrag
gebeten wurden, ein Gutachten über diese Angelegenheit
einzureichen. Pfefferkorn war über die im Gutachten des
schwäbischen Bundesrichters Reuchlin enthaltenen Angriffe
dermaßen erbost, daß er im Frühjahr eine Kampfschrift,
den »Handspiegel«, ausgehen ließ; und die Antwort Reuch-
lins im »Augenspiegel« ließ nicht lange auf sich warten
(September 1511). In dieser Schrift brachte der Humanist

14. Die verschiedenen Typen hatte Dürer schon im »Männerbad« und
»Frauenbad« (1496) dargestellt.

nicht nur den vollen Wortlaut seines Gutachtens, sondern deckte – neben dem Abdruck von andern Urkunden – 34 Unwahrheiten seines Gegners auf. Der Erzbischof von Mainz unterdrückte auf der Frankfurter Herbstmesse den Verkauf von Reuchlins Schrift. Ein päpstliches Gericht fällte über den sich entwickelnden Rechtshandel 1514 einen Spruch, der Reuchlin weitgehend entlastete. Statt ihn aber freizusprechen, wurde von der zweiten Instanz 1516 die Entscheidung bis auf weiteres vertagt.

Dieser Rechtsstreit hatte zur Folge, daß die berühmten »Epistolae obscurorum virorum« von Humanisten, die für Reuchlin Partei ergriffen, veröffentlicht wurden; durch diese »Dunkelmännerbriefe«, Satiren über die Ungebildetheit und die Korruption konservativ-kirchlicher Kreise, entwickelte sich der Gelehrtenstreit zu einer öffentlichen Scheidung der Geister. Wichtig ist diese Tatsache insofern, als die reformatorischen Kreise später annahmen, Reuchlins Parteigänger, unter denen sich prominente Leute befanden, würden sich der Reformation anschließen – eine Erwartung, die zum größten Teil nicht in Erfüllung ging.

Der Text bringt Reuchlins originale deutsche Fassung. Man merkt den geschickten Argumenten den Juristen an, der seine Beweisführung auf das Politisch-Mögliche richtet. Darüber hinaus wird aber – in zeitgenössischer Beschränkung – das humanistische Ideal manifest, die Möglichkeit zur Erkenntnis zum obersten Kriterium zu erklären, was sich als menschliche Toleranzhaltung konstituiert.

[...] Uff dise frag zu anntwurten ist not zu bedencken was zizania und unkraut und was triticum oder waissen[1] sei / damit ains nit mit dem andern ußgeraufft werd / wie das hailig evangelium spricht Matthei xiij.[2] Nun find ich unnder den judenbüchern das sie seien mannicherlai gestalt. Zum erstenn die hailig schrifft haissen sie Essrim varba das

1. Weizen.
2. Matth. 13, 29.

ist xxiiij. dann so vil haben sy bůcher inn ir bibel. Zum
andern den Thalmud das ist ain versamelte leer und auslegung aller gebott und verbott / so in der thora das ist in
den fünff bůchern Moysi inen gegeben / der so sechshun-
dert und xiij. inn der zal / durch vil irer hochgelerten vor
langen zytten beschriben sind. Zum dritten find ich die
hohe haimlichhait[3] der reden und wŏrter gottes / die sie
haissent Cabala. Zum vierden find ich scribenten und doc-
tores die do glos und comment schreiben über yeglichs buch
der bibel innsunderhait. Solliche comment oder commen-
tarien haissen sie perusch. Zum funfften find ich sermones[4]
[...].
Disem allem nach uff die fürgehalten[5] frag sag ich das
der Thalmud nit zu verbrennen ist noch abzethon / uß
ursachen hie oben erzelet / und die hernach volgent / Zum
ersten / dan kund und wissend ist das menschlich vernunfft nit mag darvor sein / es müssen aberglauben und
irrtumb sein[6] / als das schreibt der hailig Paulus in der
ersten epistel zu den Corinthiern am xi. capitel[7] / und geschicht durch gottes verhengknus / darumb das die recht-
glaubigen und probierten[8] mŏgen herfürkomen / wie der
genant apostel an dem yetzt gemeltten ort clerlich darvon
redt / und werden sollich menschen gehaissen aberglaubig /
die do die hailig schrifft unrecht ußlegen / und daruff
muttwilliglich beharren / anders dan der syne des hailigen
gaistes daz erhaist / xxiilj. q. iij. c. inter heresim et. c.
heresis. Und wiewol recht zu reden die juden nit seien
heretici[9] / dan sy sind nit ab dem cristenglauben gefallen /

3. *die erhabenen Geheimnisse.*
4. *Reden, Predigten. Da es im folgenden um den Talmud geht, sind diese Erörterungen ausgespart.*
5. *vorgelegte.*
6. *Es ist allgemein bekannt, daß die menschliche Vernunft es nicht ver-hindern kann: Es muß Aberglauben und Irrtum geben.*
7. *1. Kor. 11, 19 ff.*
8. *Erprobten, Erfahrenen.*
9. *Häretiker, d. h. die von der rechtgläubigen Lehre der Kirche abweichen.*

die nie darinn gewesen synd. Darumb sie auch nit mögen
noch sollen ketzer noch ir hendel ketzerei genent werden /
cle. j. de usur. et in glo. in ver. hereticum. Yedoch so werden sy alhie in denen worten des apostels eingeschlossen /
dann er redt von denen die unains im glauben sind / als
auch wir und die juden unains im glauben sind / Darumb
ist es uns nütz und gut das der Thalmud sei und beleib /
und ye ungeschickter der Thalmud ist / ye mer er unns
cristen geschickt macht wider in ze reden und ze schreibenn.
[. . .]
Zum andern. So gründ ich meinen rat uff[10] das hailig evangelium das der Thalmud nit sol verbrent werden. Dan
unser herr Jesus cristus hat zu den juden gesagt Johan. v.
Erfragent suchent oder erforschent die schrifften sovil ir
wenen in denselben das ewig leben zu haben / und dieselbigen synd von mir zeugknus gebende. Diewyl ich aber
mein grundtfeste diß ratschlags uff dise red will setzen /
so gebürt mir die aigenschafft[11] der wörter vorhin an tag
zu legen / vil ynrede der widersecher[12] ob die ufferston
wurden zu vermeiden. Der herr spricht erstlich / erforschent / das wirt in griechescher sprach darinn das hailig
evangelium am allerersten geschriben ist / also gelesen
ἐρευνᾶτε / und dasselbig wort kumbt von zwaien ursprun-
genn wie die wolgelerten griecheschen schulmaister darvon
schreiben / das ain ἐρῶ pro ἐρωτῶ haißt fragen oder suchen. Das ander ἐυνὴ haißt ain kammer oder sal darinn
man ruwt als were es ain schul nam schola dicitur vaca-
tio[13] / Und so die zwai inn ain ainig wort zusamengesetzt
werden ἐρευνω / so bedeüt es zu fragen / zu forschen und
zu suchen in der schul mit ruw unnd mit spehung des
gemüts[14]. Als wölte unßer herr Jesus sprechen / Ir sollent

10. *ich begründe mein Gutachten mit.*
11. *die eigentliche Bedeutung.*
12. *Einwände der Gegner.*
13. *denn Schule meint Muße.*
14. *mit scharfblickendem, d. h. aufmerksamem Sinn.*

disputiern in der schul uß den schrifften darin ir wenen[15], das ewig leben zu haben / dieselben geben mir auch gezeugknus. [...]

Zum dritten so gründ ich meinen rat uff den baum der kunst des gutten und des bösen / denselbenn baum hat gott selbs in das paradeis gesetzt und gepflanzt. Gene. ij. ca.[16] darumb er von kainem menschen ist ußzerauffen / dan es ist von got verbotten Deutero. xx.[17] da geschriben stat. Du solt nit ußhawen die baum darvon man essen mag. Und wiewoll Adam und Eva den tod darvon geessen haben / noch dan hat got den baum nit ußgehauen noch verbrent / sunder er hat in lassen ston bis uff disen heutigen tag / des wir teglich empfinden[18]. Wiewol nun ettlich der unsern sagen das vil böses im Thalmud stand geschriben / noch dan ist es nit böß das wir dasselbig böß lesen und lernen / nit daz wir dem bößen wöllen nachfolgen / sunder daz wir dest leichtlicher mögen erkennen was gut ist und demselben anhangen xxxvij. distin. qui de mensa. Und Aristoteles in dem buch elenchorum[19] spricht / daz die kunst[20] böser ding sy nit böß sunder gutt und erlich. Was hat Moises künden oder mögen von den Egyptiern guts lernen[21] / die alle abgötterei angenommen / und katzen hund / schlangen und natern für ire gött gehalten habenn / wie der hailig Athenagoras schreibt zu Marco Aurelio Antonino und Lucio Aurelio Commodo baiden römschen kaißern als er zu inen von den cristen in ainer legacion und botschafft geschickt ward / [...][22].

---

15. *in denen ihr wähnt, glaubt.*
16. *1. Mose 2, 9.*
17. *5. Mose 20, 19.*
18. *wie wir es täglich erfahren.*
19. *Die Aristotelische Schrift »Sophistische Widerlegungen«; sie handelt von Fragen der philosophischen Folgerung.*
20. *Kenntnis.*
21. *Die Argumentenreihe wird fortgesetzt mit Daniel und Salomon usw. und will beweisen, daß gewisse Kenntnisse gut, d. h. nützlich sind, wenn man damit das Schlechte bewußt von sich fernhalten kann.*
22. *Athenagoras von Athen, christl. Philosoph, schrieb gegen Ende des*

Ich zel[23] aber der Thalmud were ursach das sie nit cristen
würden / darumb soll ich niemant das sein nemmen und
verbrennen / dan mir stat das nit zu ze urtailnn. Der jud
ist unsers herrgots alls wol als ich / stat er / so stat er
seinem herrn / fallt er / so falltt er seinem herrn / ain
yegklicher würd für sich selbs müssen rechnung[24] geben.
Was wöllen wir aines andern seelen urtailn. / got ist wol
so mechtig das er in mag uffrichten / Das alles schreibt
clarlich der hailig apostel Paulus ad Romanos decimo
quarto[25]. So wissen wir auch aus dem evangelio / das unßer
herr seine junger Jacobum und Johannem gar hart straffte
da sie begerten das ain stat der unglaubigenn die Cristum
und seine junger nit woltten ynnemen solt verbrent werden / Luce nono capitulo[26]. Daraus will ich die oberkait
entschuldigt haben / dann sie verwilligt nit inn das übel /
aber sie laßt es geschehen / dicit. c. consuluit de judeis / et
Augustinus de Ancona in libro de ecclesiastica potestate.
q. xxiiij. §. ad secundum / und kan es nit wenden sie thu
dann den leütten unrecht das doch nit sein soll[27].
Zu beschluß dis hanndels[28] / so kan ich fürwar nit gedencken daz daraus ettwas unßerm cristenlichen glauben
möcht zu guttem kommen / oder der gotsdienst gemeeret
werdenn. Ich kan aber wol ermessen das vil args möcht
daraus entston / so wir inen die bücher verbrentten. [. . .]
Als aber unser allergnedigster herr der römisch kaißer
ůwern fürstlichen gnaden auch bevolhen hat daruff rat
zehaben / welchermaßen und uff was grund und weg die

2. *Jh.s n. Chr. tatsächlich eine Bittschrift an die erwähnten Kaiser,
worin er in hellenistisch-christlicher Weise die Existenzberechtigung der
Christen den philosophisch interessierten Herrschern, Vertretern der
heidnischen Stoa, klarmachen wollte.*
23. *ich unterstelle, d. h.: wenn ich einmal von der Voraussetzung aus-
gehe.*
24. *Rechenschaft.*
25. *Röm. 14, 4.*
26. *Luk. 9, 53 ff.*
27. *was doch nicht gestattet ist.*
28. *um zum Schluß dieses Streitfalles zu kommen.*

sach anzefahen und zethun sei / wie mir das auch von
denselben üwern fürstlichen gnaden zu bewegen und zu
raten uffgelegt ist / kan ich fürwar bessers nit raten nach
meiner klainen verstentnus / dan das die K. M. umb gottes
und unsers cristenliches glaubes willen by den hohen
schulen in teutschen landen verfüge / das ain yegkliche
universitet müß x. jar zwen maister[29] haltten die do künden[30] und sollen die studenten und schuler inn hebraischer
sprach leren und underweißen / wie die Clementin anzaigt
und ußweißt / sub titulo de magistris prima[31]. Darzu sollen uns die juden so in unsern landen sitzen und wonen
mit leihung der bücher gutwilliglich und nachbeürlich beholffen sein / uff zimlich caucion[32] und un iren schaden /
so lang bis wir durch den truck oder handtgeschrifft aige
bücher überkommen möchten. So hab ich kainen zwyfel in
kurtzen jarn werden unßere studenten inn sollicher hebraischer sprach so gelert / daz sie mit vernünfftigen und
freuntlichen worten die juden künden und mögen senfft-
mütigklich zu uns bringen / nach inhaltung des gaistlichen
rechtes[33]. c. qui sincera et. c. de jude. xlv. dis. darin mit
ußgetrückten worten also stat. Welche die syent die uß
luterer mainung des cristenlichen glaubes frembde auß-
lüt[34] begerennt zu rechtem glaubenn zu bringen / die sollent
das mit senfften wortten und nit mit rawher mainung
unnderston[35] / uff das nit der widerwil diejhene ver-
trybe / dero gemütt wol möcht ain gutte vernunfft von
der irrung abwenden. Und welche anders thund / und sie

29. *Dozenten.*
30. *die dort in der Lage wären.*
31. *unter dem Titel »Über die Lehrer, I. Teil«. – die »Constitutiones
Clementinae« – nach Klemens V. benannt und seit Beginn des 14. Jh.s in
Kraft – bilden den 3. Hauptteil des »Corpus iuris canonici«, des offi-
ziellen Kirchenrechts. Vgl. Anm. 33.*
32. *angemessene Kaution.*
33. *unter Wahrung des kanonischen Rechtes.*
34. *Fernstehende.*
35. *nicht mit hartem Sinn beginnen.*

under verborgener gestallt von gewonlichen sitten wöllent
abwenden / die mag man erkennen das sie nit gottes handel / sunder ire aigene henndel treiben / et infra[36]. Darumb
sol man in also thun / das sie mer durch vernünfftig ursach und senfftmütigkait beweget / vil lieber uns wöllen
nachvolgen dan fliehen / damit wir sie aus iren aigen
büchern augenschynlich zu unser muter der cristelichen
kirchen mit der gotshilff mögen bekern. Das sind ongever-
lich die wort der angezogen cristenlichen satzung[37] dicit.
ca. qui sincera / wie wir es inn disen stuck mit den juden
hallten sollen [...].

Hochwirdigster fürst gnedigster herr / ich wil dise meinen
schrifften und mainungen üwern fürstlichen gnaden als
meinem ertzbischoff underworffen / und nichtz anders geschriben haben / dan das durch üwer fürstlich gnad und
die hailig cristenlich kirch zugelassen wirt / des ich mich
allhie protestier und bezeug[38]. Urbüttig[39] üwern fürstlichen
gnaden allzeit undertenigen dienst willigklich zu beweisen.
Datum zu Stuttgarten an dem sechsten tag octobris. Anno
1510.

DESIDERIUS ERASMUS VON ROTTERDAM

Geb. am 28. Oktober 1469 in Rotterdam, gest. am 12. Juli 1536 in Basel.
Er war der bekannteste und führende Vertreter des Humanismus seiner
Zeit. Nach ausgedehnten Reisen in Europa lebte er ab 1521 – von einem
Aufenthalt in Freiburg i. Br. nach dem Bildersturm 1529 abgesehen – in
Basel. In enger Verbindung mit bedeutenden Druckern und Verlegern
(Aldus Manutius in Venedig; Johann Froben in Basel) gab er eine Samm-
lung antiker Sprichwörter (*Collectanea adagiorum*, 1500) und die klas-
sischen Schriftsteller nach kritischen Grundsätzen heraus, die noch heute

36. *und anderes mehr.*
37. *des herbeigezogenen Kirchenrechtes.*
38. *Dies vertrete ich hiemit ausdrücklich und zeichne.*
39. *ehrerbietig.*

editionstechnisch als beispielhaft gelten. Seine prüfende Einstellung zeigte er unter anderm darin, daß er sein Textprinzip auch auf die Herausgabe des (griech.) Neuen Testamentes anwendete; für damalige Verhältnisse eine revolutionäre Tat. Er wurde von den Zeitgenossen wegen seiner Kenntnis der alten Sprachen und seiner philosophisch-theologischen Bildung gerühmt und verehrt, war aber auch bekannt durch seine geistvolle Kritik der herrschenden Mißstände (*Enkomion morias seu laus stultitiae* [*Lob der Torheit*], 1511; *Colloquia familiaria*, 1518 ff.). Vor allem deswegen glaubte Luther fest, in ihm auf einen Parteigänger zählen zu dürfen, was aber nicht der Fall war. Erasmus scheute vor dem Bruch mit der Kirche zurück und geriet mit dem Reformator wegen der Frage der Willensfreiheit in eine heftig geführte Kontroverse. Seine zwölf Bände umfassenden Briefe zeigen den weitreichenden Einfluß auf seine Zeitgenossen.

Querela Pacis mit der Übersetzung von Leo Jud (Auszug)

Man hat Erasmus – wie den meisten Humanisten – den Vorwurf gemacht, daß er an den dringlichsten Problemen seiner Zeit vorbeigesehen habe. Das stimmt nur bedingt, wie der Text belegt. Bereits mit dem »Enchiridion Militis Christiani« (Handbuch des christlichen Streiters, 1504) hatte er bewiesen, wie seine Idee eines christlichen Pazifismus gerade aus den Mißständen der damaligen Zeit heraus entwickelt ist. Auch die »Querela Pacis« (1516/17) wurde durch ein konkretes historisches Ereignis veranlaßt: Man plante einen Fürstenkongreß in Cambrai, an dem alle akuten Streitfragen zwischen den – durch einen historischen Zufall – auffallend jungen Herrschern der verschiedenen Länder aus der Welt geschafft werden sollten. Er kam leider nicht zustande.
Der vorliegende Werkausschnitt ist aber nicht nur ein Fürstenspiegel, wie die 1515 entstandene »Institutio Principis Christiani«, sondern greift das Problem im allgemeinsten Sinne auf. Der Friede tritt als Figur auf, begründet seine Notwendigkeit aus der Natur, dem Christentum und antiker Weisheit, geht dann die verschiedenen Stände geist-

licher und weltlicher Art vom Bischof/Fürsten bis zum
Mönch/Bauern durch; sogar die Unrentabilität des Krieges
wird erwähnt, bis zum Schluß ein Friedensaufruf den
Traktat beschließt. Der Textauszug möchte die verschie-
denen Arten der Argumentation und das Publikumsspek-
trum verdeutlichen, das hier angesprochen wird. Die Ur-
sache des Unfriedens oder Krieges wird durch alle Stände
und Erscheinungsformen bloßgelegt bis zum eigentlichen
Grund: der menschlichen Natur. Gerade darin zeigt sich
Erasmus' humanistisches Anliegen.
Die 1521 entstandene Übersetzung des Zürcher Humani-
sten Leo Jud (1482–1542), der sich als Freund von Zwingli
um die Publikation reformatorischen Schrifttums sehr
verdient machte (auch mit der »Zürcher Bibel«, 1531),
weicht in diesem Ausschnitt von der Vorlage kaum ab.
Der Lateinkundige kann jedoch unschwer sehen, wie sich
geschliffene Humanistensprache und rauhe Volkssprache
gegenüberstehen. Das Werk selbst ist bis 1590 in rund
30 lateinischen und 3 deutschen Ausgaben bekannt; es muß
also damals auf ein reges Interesse gestoßen sein.

Quo me vertam, toties ex-
perta mihi data verba?
Quid superest, nisi una ve-
luti sacra anchora Reli-
gio? Hujus professio licet
sit Christianorum omnium
communis, tamen eam isti
peculiariter profitentur titulo, cultu, cærimonijs, qui

Wo sol ich mich doch hinuß
keren? Ich hab nun so dick
erfaren das ich betrogen bin.
Noch ist die letste zůflucht /
das ist der geistlich stadt.
Und wie wol diß wörtlin
geystlich gmein ist allen
Christen / so haben doch
die / sőlichs inen sunderlich
zů geeygnet / und verje-
hen[1] die mit dem namen /
mit der kleydung / und mit
neiß was[2] usserlicher gebru-

1. *verkündet.*
2. *ich weiß nicht, was.*

vulgo sacerdotum cogno-
mento commendantur. Hos
itaque procul intuenti cunc-
ta spem faciunt, portum
mihi paratum esse. Arrident
vestes candidæ, meoque co-
lore insignes, video cruces
pacis symbola, audio dulcis-
simum illud fratris cognomen, eximiæ charitatis argu-
mentum, audio salutationes
pacis, læto omine felices,
cerno rerum omnium com-
munionem, conjunctum col-
legium, templum idem, leges
easdem, conventus quoti-
dianos. Quis hic non confi-
dat paci locum fore? Sed
o rem indignam, nusquam
fere collegio convenit cum
episcopo, parum hoc, nisi &
ipsi inter sese factionibus
scinderentur. Quotusquis-
que sacerdos est, cui non

chen[3] / die man gmeinlich
nennet priester. So ich die
von wytniß an sych[4] / so
verhoff ich uß allen dingen /
ich werd by inen ein sicher
ort und růwig statt finden.
Darzů (als mich bedunckt)
denen die die wyssen kleyder / mit minen zeichen ge-
zierd / und miner farb /
ich sich crütz die da sind
neiß was[2] sunderer anzeyg
und zeichen des fridens /
ich hŏr das sy einander
brůder nennen / mit dem
früntlichen namen das da ist
ein anzeyg einer fůrtreffli-
chen lieby / ich hŏr frid-
same grůß / die etwas glůck-
lichs bedůtent / ich sich das
sy alle ding gmein haben /
ein versammlung / ein tempel / ein gsatzt / ein ort da
sy tåglich zů samen kumen.
Wer wolt da meinen / das
der fryd nit platz fundy[5]?
Aber O des unzimmlichen
dings / kein collegium findet man das eins sy mit
dem Bischoff / und das wer
ein kleins / wann sy nit
ouch undereinander uneins
weren. Wie vil sind prie-

---

3. *Zeremonien.*
4. *von weitem ansehe.*
5. *fände.*

sit cum aliquo sacerdote lis?
Paulus rem non ferendam
censet, quod Christianus li-
tiget adversus Christianum,
& sacerdos cum sacerdote,
episcopus cum episcopo cer-
tat? Verum his quoque for-
sitan ignoscat aliquis, quod
longo jam usu propemodum
in prophanorum consortium
abierunt, posteaquam eadem
cum illis cœperunt posside-
re. Age fruantur ij sane suo
jure, quod ceu præscriptione
sibi vindicant. Unum ho-
minum genus superest, qui
sic adstricti sunt religioni,
ut etiam si cupiant, nullo
pacto queant excutere, non
magis profecto, quam testu-
do domum. Sperarem apud

ster da einer mit dem andren uneins sy? Paulus
schetzt[6] das es nit zů lyden[7]
sy / das ein Christ mit dem
andren uneins sy und krieg
/ Und kriegt jetz ein priester / ein Bischoff mit den
andren? Doch so möcht man
inen vylicht verzyhen / und
diß übersehen / deßhalb das
sy jetz durch ein langen
bruch[8] schier den leyen glich
sind worden / nach dem sy
mitt inen ouch hand an-
gfangen zytlich gůt[9] besitzen. Nun wolan / laß sy
ir recht bruchen / das sy
jetz als vil als mit einer
lantweer[10] inen erobret
hand. Noch ist ein
gschlecht[11] vorhanden die
sich also gar der geistlikeit[12]
verknůpfft und verbunden
haben / das sy (ob sy schon
wolten) in keinen weg[13] die
geistlikeit möchten von inen
thůn / minder dann ein
schneck ir hůßlin / By denen hofft ich mir ein sicher

6. ist der Ansicht.
7. dulden.
8. Brauch, Gewohnheitsrecht.
9. weltliche Güter.
10. Stadtbefestigungslinie.
11. Art von Menschen.
12. dem geistlichen Leben.
13. keineswegs.

hos mihi fore locum, nisi toties frustrata spes me prorsus desperare docuisset. Et tamen ne quid intentatum relinquam, experiar. Quæris exitum? A nullis resilij magis. Nam quid sperem, ubi religio cum religione dissidet? Tot factiones sunt, quot sunt sodalitia, Dominicales dissident cum Minoritis, Benedictini cum Bernardinis, tot nomina, tot cultus, tot cæremoniæ studio diversæ, ne quid omnino conveniret, sua cuique placent, aliena damnat, & odit quisque. Quin idem sodalitium factionibus scinditur,

ort finden / wann ich jetz nit so dick[14] betrogen wer / das ich schier gar verzwyflen. Aber doch da mit ich nůt unversůcht laß / so wil ich das ouch erfaren / und versůchen. Fragst du warumb ich wider haruß[15] gang? Nienan blib ich minder dann[16] by denen. Dann was wolt ich da gůts hoffen / da ein orden mit den andren uneins ist? Es sind so vil orden / als vil clôster und samlung / Die prediger sind wider die parfůsser[17] / Die Benedictiner sind nit eins mit den Bernardinen[18]. Es sind so vil namen / so vyl kleidung / so vil usserlicher ceremonien / und gebrůch / die all wydereinander sind / und da mit sy gar in keinem ding eins syend / so gfalt jetlichem sin ding wol / und haßt und verachtet das ander. Ja in einer samlung[19] sind sy zwyträchtig / Die barfůsser die observantz halten has-

---

14. *oft.*
15. *heraus.*
16. *nicht eher als.*
17. *Dominikaner/Minoriten.*
18. *Zisterziensern.*
19. *Ordensgemeinschaft.*

observantes insectantur Co-
letas, utrique tertium genus,
quod a conventu cognomen
habet, cum nihil inter istos
conveniat. Jam ut par est,
omnibus rebus diffisa, opta-
bam vel in uno quopiam
monasteriolo latitare, quod
vere tranquillum esset. In-
vita dicam, quod utinam
non esset verissimum, nullum adhuc reperi, quod non
intestinis odijs ac jurgijs esset infectum. Pudor sit re-
censere, quam nihili de nu-
gis tricisque quantas cieant
pugnas viri senes, barba pal-
lioque verendi, postremo, ut
sibi videntur, impense tum
eruditi, tum sancti. Arride-
bat spes nonnulla, fore, ut
alicubi inter tot conjugia
qualiscunque daretur locus.
Quid enim non pollicetur
domus communis, fortuna
communis, lectus communis,

sen die Coleten[20] / und die
beid hassen die conventual
so sy doch undereinander
nit eins sind. Jetz so ich an
allen dingen verzwyflet
bin / begert ich doch (als
billich wer) etwo[21] in einem
klösterlin oder einsidelhuß
verborgen lygen / das da
warlich still und frydsam
wer. Aber (ich müß sagen
o ich nit gern sag / wolt
gott es wer nit war) ich
hab noch keins niena fun-
den / das da nit mit heim-
lichem nyd und zanck ver-
gifftet sy. Ein schand ist es
zů sagen / wie grossen stryt
sy haben umb unnütze
nůtsóllende[22] ding / ja die
alten mann / die man uß[23]
dem bart und mantel möcht
eren würdig schetzen / und
die sich selbs fast glert und
heylig duncken. Ich hat ein
hoffnung das mir doch etwo
ein örtlyn geben wurd un-
der so vil eelüten[24] / dann
was wolt ich mich nit versehen zů denen / die ein
huß / ein wesen / ein bett /

20. *verschiedene Ordensgemeinschaften.*
21. *irgendwo.*
22. *zwecklose.*
23. *entsprechend.*
24. *Eheleuten.*

liberi communes? Denique corporum ipsorum jus mutuum, ut unum potius hominem credas e duobus conflatum, quam duos? Huc quoque sceleratissima illa Eris irrepsit, totque vinculis copulatos dirimit dissidijs animorum. Et tamen inter hos citius contingat locus, quam inter eos, qui tot titulis, tot insignibus, tot cæremonijs absolutam charitatem profitentur.

Tandem illud in votis esse cœpit, ut saltem in unius hominis pectore daretur locus. Ne id quidem contigit, idem homo secum pugnat, ratio belligeratur cum affectibus, & insuper affectus cum affectu conflictatur, dum alio vocat pietas, alio trahit cupiditas: Rursum aliud suadet libido, aliud

gmeine kinder haben? Darzů sind sy als vil als ein lyb / je eins hat recht über das ander / das du möchtest achten[25] / das sy mer weren ein mensch uß zweyen gemacht / dann zwey. Da hin ist ouch kummen die schantliche Aeris[26] (Aeris ist krieg / zwytracht) / und hat mit zwytracht zertrent die gemüt die mit so vil banden verknüpfft sind doch wolt ich ee platz by inen finden / dann by denen / die mit so fyl namen / mit so vil zeychen / mit so vyl ceremonien ein volkumne lieby für geben[27]. Zum letsten hab ich angfangen begeren / das ich doch in eines menschen hertzen möchty statt haben / das hatt mir ouch nit mögen gedyhen. Ein mensch stryt mit im selber / die vernunfft stryt mit den anfechtungen / und da by ein anfechtung mit der andren / So in erberkeit da hin zůcht[28] / böse begird dört hyn / anders ratet im fleyschlicher mütwill / an-

---

25. *glauben.*
26. *Eris, griech. Göttin der Zwietracht.*
27. *vorgeben, -spiegeln.*
28. *zieht.*

ira, aliud ambitio, aliud avaritia. Et hujusmodi cum sint, non pudet tamen illos appellari Christianos, cum modis omnibus dissideant ab eo, quod Christo præcipuum est ac peculiare. Universam ejus vitam contemplare, quid aliud est quam concordiæ mutuique amoris doctrina? Quid aliud inculcant ejus præcepta, quid parabolæ, nisi pacem, nisi charitatem mutuam?

ders zorn / anders eergyt[29] / anders gytikeit[30] / Und so sy die sind / schamen sy sich doch nit Christen geheyssen werden / so sy doch in all weg nit eins sind mit dem / das Christus für das sunderlich fürtrefflichst und gröst achtet[25]. Besich und nimm war sines gantzen lebens / was ist es anders / dann ein leer und underwysung der eynhellikeit und früntlichen lieby / so menschen zů samen sollen haben? was anders vermanen sin gebott und leer / so dick[14] so mit grossem flyß und ernst / was sine glychniß und verborgne red / dann fryden und lieby?

ULRICH VON HUTTEN

Am 21. April 1488 als Sohn eines Reichsritters in der Nähe von Fulda geboren, gest. am 29. August oder September 1523 auf der Insel Ufenau. Sollte Geistlicher werden, entfloh aber 1505 der Klosterschule und studierte als fahrender Student an mehreren Universitäten. Folgenreich wurde ein Italienaufenthalt – als Abschluß seiner juristischen Studien notwendig, um am Hofe des Albrecht von Mainz eine Stellung zu erhalten –, der ihm eine persönliche Kenntnis der Zustände in Rom vermittelte und ihn in Berührung mit führenden Humanisten brachte. So entdeckte er 1517 die bisher ungedruckte Schrift des Humanisten Lorenzo

29. *Ehrgeiz.*
30. *Geiz.*

Valla *De donatione Constantini*, ein Beweis, daß der päpstliche Anspruch auf die weltliche Herrschaft über Rom, Italien und alle abendländischen Provinzen des Römischen Reiches (der Name leitet sich aus der
angeblichen Schenkung durch Konstantin den Großen her) seinen Ursprung einer gewöhnlichen Dokumentenfälschung verdanke; und 1519/20
veröffentlichte er sie mit einer polemischen Widmung an Papst Leo X.
Zu diesem Zeitpunkt hatte er sich aber schon durch andere Publikationen
(Gedichte und Dialoge) einen Namen gemacht und sich viele Feinde geschaffen. Mit großer Sicherheit ist er der Hauptverfasser des zweiten
Teiles der *Epistolae obscurorum virorum* (vgl. Kap. 1: Pfefferkorn-
Reuchlin-Streit). Aus dem gleichen Jahr stammt der erste einer Reihe
von Dialogen, *Phalarismus* (1517; es handelt sich um eine als Toten-
gespräch maskierte bittere Anklage gegen den tyrannischen Herzog Ulrich). Hutten benutzte diese Form, um später scharfe Anklagen als Flug-
schriftsteller herauszuschleudern, die nun aber auch die Kirche heftig und
unmißverständlich angriffen. Seit 1520 vertrat er Luthers Sache und erreichte auf dem Reichstag von Worms (1521), wo er ihn verteidigte, seinen Höhepunkt als gefürchteter und verhaßter Publizist. Als er dann
begann, seine Anklagen und Prozesse in Form ritterlicher Händel aus-
zutragen – er hatte sich schon vorher Franz von Sickingen angeschlos-
sen –, zerstritt er sich nicht nur mit den Autoritäten, sondern auch mit
den Humanisten, vor allem mit Erasmus. Nach der Niederlage der Sik-
kingischen Ritter flüchtete er nach Zürich ins politische Asyl, das ihm
Zwingli gewährte.

Ein Klagschrift Herrn Ulrichs von Hutten (Auszüge)

*Der Text soll neben dem ritterlichen Standpunkt des
Verfassers und dem direkten Angriff gegen Rom noch
etwas zeigen, das in der »Beschlußred« zum Ausdruck
kommt: Huttens Entscheidung, seinen publizistischen
Kampf auf deutsch fortzusetzen. 1520 schrieb Hutten auf
der Ebernburg eine Reihe von Klagschriften (Conquaestio-
nes), die neben der lateinischen Version auch auf deutsch
gedruckt wurden, weshalb er im Volksbewußtsein als ritterlicher Vorkämpfer der nationalen Sache sich einprägte.
Die vorliegende Schrift – die auszugsweise abgedruckt ist –
ist wohl die einzige, die Hutten selbst übersetzt hat. Damit machte er den Anfang zu einer Flut von Kampfschriften, die in den nächsten Jahren anschwoll und die*

öffentliche Meinung entscheidend prägte. Der lateinische Dialog verpflanzte sich ins »Gesprächsbüchlein« (1521), und aus den antiken Allegorien wurden schnell deutsche Bauern, Bürger und Geistliche, die unverhohlen ihre Meinung zum Zeitgeschehen ausdrückten.

Und daß ihr recht Verstand haben, wer mich verfolge und mir nachstelle: Das seind die Ursacher, Stifter und Handler aller der Ding, die, wo von mir in meinen Büchern und Geschriften nit gestraft und gescholten wären, möcht ich sonder Anfechten und Entgeltnüs bleiben, hätte ich sie aber gelobt, wär ich selig gemacht. Diese kehren allen Fleiß an, geben Hilf, Rat, Fürschub und Fürdernüs darzu, daß teutsch Land je mehr und mehr von den Romanisten beraubet und geschunden werde. Ich meine die untreuen Kurtisanen, die verfluchten symoneischen Ketzer[1], die ein verhaßte, schandliche, lästerige Praktik in Gebrauch haben bracht, darauß Gott geschmächt und verspottet, die Wahrheit verblendt, teutsch Nation nit allein durch Abnehmung und Beraubung ihres Geldes und zeitlicher Güter beschädigt, sonder auch durch bös Exempel und Beispiel, so sie von Rom herausbringen, an gemeinen Sitten verkehrt und geergert wird. Dann seitmal sie als Diener, Ausrichter und Schaffner des Bapsts ihm zu den unbillichen, überschwenklichen Gewalt, darzu er ahn ihr Fürschub nie kommen wär, verholfen, haben sie allen bösen Händlen und Wesen Ursach geben. Durch dieser Fleiß regiert der Aberglaub und bleibt die wore[2] Gottesehr ausgeschlossen. Durch diese seind die Bäpst dohin behertziget worden, daß sie die wahrhaftig evangelischen Geschrift des Mehrteils vertruckt[3], und etliche Gesetz allein zu ihrem Gewinn und eigen Nutz beschrieben haben. Diese ätzen[4] den römischen

1. *jene, die ein geistliches Amt durch Geld erwerben.*
2. *wahre.*
3. *unterdrückt.*
4. *ernähren.*

Geldschlund und speisen den unersättlichen Geitzworm, der hie unsere väterlichen Güter verschlindt und von dorther wiederumb von ihm speiet Zerstörung guter Sitten. Diese haben es dohin bracht, daß uns die Bäpst einen Strick angelegt, den wir (sie werden dann ausgereutet) nimmer aufknüpfen mögen. Dieses seind die bösen Anreitzer, zu Schaden des Vaterlands geboren, dies seind des römischen Tisches Weidleut, die für und für derselbigen Fresserei zujagen. Und nit minder jagen sie zuviel, dann auch Rom solcher Ding unersättlich ist. Hierumb tund auf euere Augen, ihr Teutschen, und secht, wer euch hie beraub und in frembden Landen zu Nachred bringe, von wem ihr am meinsten Schaden, Nachteil und euers Stadts Ergernüs[5] habt. Nehmpt wahr der schalkhaftigen Ablaßkrämer, der schädlichen Kaufleut, die euch Gratien, Dispensation, Absolution und allerlei Bullen zum Markt bringen, die treiben Kaufmannschatz[6] mit geistlichen und heiligen Dingen in der Kirchen Gottes, darauß er etwan[7] trieb und schlug, die doch nur schnöde und weltliche War kauften und verkauften. Dies seind die kunstreichen[8] Werkmeister aller böser Fünd, die listigen und gescheiden Stifter alles Betrugs, von denen herkummpt Vertruckung und Gefänknüs dieses Lands. Solche haben mich in Verhindernüs bracht, unrüwig und leidig gemacht, in Farhe[9] und Not gesetzt, umb keiner anderen Ursach willen, dann daß ich ihre Kunst außgeben, ihre Schand entblößet, ihrer Rauberei zugegen gewest, ihrer unbarmhertzigen Schinderei Verhindernüs geton. Und vielleicht durch mich nit wenig ihrem Gewinn entzogen, dem rechten wahren Christenglauben etwas zugangen. Allweg hab ich Uffruhr vermitten und nit wöllen des gemeinen

5. *eures Standes Verschlechterung.*
6. *Handel.*
7. *einstmals; Anspielung auf Christus, der die Kaufleute aus dem Tempel vertreibt; vgl. Matth. 21, 12 ff.*
8. *listigen, verschlagenen.*
9. *Gefährdung.*

Volks Entbörung Ursach geben. Und daß ihr merket, daß
mein Meinung nie gewest, Umbkehrung des geistlichen
Stands zu erwecken, so hab ich bisher, was desselbigen
Mißleben und Ungebär antrifft, in Latein geschrieben, als
ihn heimlich ihre Gebrechen anzeigend. Dann wiewohl ich
das zu tun gute Fug und mehr dann gnugsame Ursach gehabt, so wollt ich doch diese Ding dem gemeinen Haufen
noch nit offenbaren. Dieweil ich aber jetzo sieh, daß sie
durch keine gütige Vermahnung sich bekehren wöllen, sonder gegen brüderlicher getrüwer Vermahnung Mörderi
und Austilgung wenden, so will ich dannoch auch also
nichts Ärgers gegen ihnen vürnehmen, sonder, wie ich auch
jetzt von ihn, umb daß sie mir Gewalt und Unrecht tun,
klagen, euer Gnaden und Gunst, Hilf bewerben und Bei-
stand anrüfen, nit daß ihr sie verderbet, sonder daß ich
durch euch vor ihnen mög enthalten werden. Dann wiewohl sie mir so mannigfältig und oft Ursachen gegeben,
will ich doch auch noch nit, daß sie umb ihre Missetat gestraft werden, sonder daß ihnen gewehret, solichs hinfür
gegen mir oder jemands fürzunehmen, raten und weisen,
welchs der Billicheit zu achten, daß ob ich schon nit umb
euch begehrte, sollt es die Sache aus ihr selbs von euch
erlangen. Und zweifel nit, daß wo ihr dieselbig also zu
Hertzen nehmet, als sie euch scheinbarlich vor Augen ist,
mir hernach euch umb Hilf anzusuchen nicht vonnöten sein
werden. Des ich mich auch auf diesmal meiner jetzgehabten
Bitte und Begierde und der Sachen Billicheit nach zu euweren
treuwen Genaden und Günsten als unabwendlichen Anhängern der evangelischen Wahrheit, Liebhaber göttlicher
Gerechtigkeit, Beschirmer des Vaterlands gemeiner Freiheit
und Vorfolger alles Unrechts, Schanden und Laster ver-
sich und getröste. Und will das also vor euch beschehen,
allzeit untertänigklich und freindlich mit allem meinem
Vormegen wieder zu vertienen willig und geflissen sein.
[...]

Seitmal ich auch verstanden hab, wie daß etliche mir zu Nachteil meine Bücher und Geschrift bei den Unverständigen übel auslegen und anders, dann die an ihn selbs verstanden werden mögen, verteutschen, domit ich mich dann bei jedermann alles Verdachts erledige und auch gemeinem Mann, wie billich oder unbillich ich gehandelt, und ob ich dem Bapst oder seinen Romanisten je Ursach geben hab, mich obenangezeigterweis zu verfolgen, erkenntlich sei, so habe ich mir fürgenommen, alle meine Bücher, die ich bisher in Latin geschrieben und drucken hab lassen, darinnen dann ⟨als ich nun erst sieh[10]⟩ dem Bapst seines Gefallens nit von mir gelebt, in teutsche Sprach, so best ich immer mag und sich das schicken will, zu transferieren und auslegen. Dann ich gantz kein Abscheu trage, sonder begehr von Hertzen, daß jedermann Wissen hab, welches die Braut sei, darumb man mir tantzen zugemut. So zweifel ich nit, wo dieselbige meine Gschrift ins Teutsch kommen (als dann, ob Gott will, bald geschehen soll), man werd erfinden, daß ich anders nit dann ehrbarlichen, ehrlich und als eim Frummen vom Adel nit ungebührlich geschrieben. Das hab ich meiner Notdurft nach zuvor anzeigen und verkünden wöllen.

MARTIN LUTHER

Von der Freyheyt eyniß Christen menschen (Auszug)

Die »Freyheyt eyniß Christen menschen« ist zeitlich die letzte der drei großen Schriften, die der Reformator 1520 erscheinen ließ. Hatte er im Sendschreiben »An den Christlichen Adel deutscher Nation« eine radikale Neuordnung der Kirche gefordert und in »Von der babylonischen Ge-

10. sehe.

*fangenschaft der Kirche« von den sieben Sakramenten nur
noch drei (Taufe, Abendmahl, Buße) gelten lassen, so
gab doch diese Schrift das umfassendere Bekenntnis; Luther hat selbst über dieses Büchlein geurteilt, daß »die
ganze Summa eines christlichen Lebens darin begriffen
sei«.*

*Die Lage hatte sich für den Reformator zugespitzt: Nach
den fruchtlosen Disputationsbekehrungsversuchen, welche
die Kurie eingeleitet hatte, war bereits auf Betreiben von
Johann Eck die Bannandrohungsbulle auf dem Weg nach
Wittenberg. Luther wußte dies noch nicht, wie der diesem
Sendschreiben vorangestellte (freilich auch als Separatdruck
erschienene »Sendbrief an den Papst Leo X.« zeigt. Dort
versuchte er noch einmal, seine Reformation als innerkirch-
liche Reformierung zu verteidigen, obwohl der geistige
Bruch eigentlich schon vollzogen war. – Luther hat die
Bannandrohungsbulle am 10. Dezember 1520 in Wittenberg öffentlich verbrennen lassen; und damit war die offene Trennung Wirklichkeit geworden.*

*Der Traktat, von dem ein gutes Viertel abgedruckt ist in
unserer Textprobe, hat einen durchaus friedfertigen Charakter – besonders, wenn man die sich überstürzenden Zeitereignisse berücksichtigt. Luther entwirft sein Konzept des
gläubigen Christen, der nicht Erlösung in der »Werkge-
rechtigkeit« suchen soll, sondern im direkten Kontakt mit
Gott sein Heil finde. Die stark der Mystik verpflichteten
Begriffe werden insofern neu verstanden, als Luther dem
Wort der Heiligen Schrift den außerordentlichen Rang zu-
weist, wie es sich nachher in seiner Bibelübersetzung und
der Stellung des Schriftwortes im evangelischen Gemeinde-
gottesdienst noch deutlicher zeigt.*

*Das Sendschreiben erschien im November 1520, und zwar
zuerst die deutsche Fassung – wahrscheinlich nach zeitgenössischer Predigttechnik als lateinische Disposition entworfen –, dann erst die lateinische. Luther verwendet mit der
punktmäßigen Aufteilung ein traditionelles Predigtschema;*

und auch die beiden paradoxen Sätze zu Anfang des Trak-
tats folgen der rhetorischen Disposition, die zuerst eine —
später zu erläuternde — These verlangt. Die ineinander
verketteten Paragraphen verraten den praktischen Seel-
sorger in der Aufreihung der Argumente, die mit einge-
worfenen Erläuterungen geklärt werden. Wortwiederholun-
gen, Begriffsvariationen, Durchhalten des antithetischen
Anfangs geben dem Text eine Straffheit und leuchtende
Knappheit des Ausdrucks, die in der Prosa des 16. Jahrhun-
derts einzigartig dastehen. — Er weicht in der lateinischen
Version in einigem ab: die Einleitung ist ausführlicher, und
auch die Behandlung des Themas wirkt gerundeter. Wenn
man aber den Publikationscharakter betrachtet — wahr-
scheinlich eine in mehreren Tausend Exemplaren erschie-
nene Erstauflage —, so ist bei der deutschen Fassung zu
bewundern, wie umwälzende theologische Gedankengänge
in einer gemeinverständlichen Form dargestellt werden.
Und es wird auch klar, wie dieser Text in der Folgezeit
auf eine gewaltsame Änderung der politischen Verhältnisse
hin verstanden wurde, die sich in den Bauernkriegen erup-
tionsartig manifestierte.

Jhesus
Zum ersten. Das wir grundlich mügen erkennen, was eyn
Christen mensch sey, und wie es gethan sey umb die frey-
heyt, die yhm Christus erworben und geben hatt, davon
S. Paulus viel schreybt, will ich setzen dyße zween be-
schluß:
Eyn Christen mensch ist eyn freyer herr über alle ding
und niemandt unterthan.
Eyn Christen mensch ist eyn dienstpar knecht aller ding
und yderman unterthan.
Diße zween beschlüß seynd klerlich sanct Paulus 1. Cor. 9.[1]
»Ich byn frey yn allen dingen, und hab mich eynß yder-

---

1. 1. Kor. 9, 19.

man knecht gemacht«. Item Ro. 13.[2] »Ihr solt niemand ettwas vorpflichtet seyn, den das yr euch unternander liebet«.
Lieb aber, die ist dienstpar und unterthan dem, das sie
lieb hatt. Alßo auch von Christo Gal. 4.[3] »Gott hatt seynen
ßon außgesandt, von eynem weyb geporen und dem gesetz
unterthan gemacht«.

Czum andern, Diße zwo widderstendige rede der freyheyt
und dienstparkeyt zuvornehmen, sollen wir gedencken, das
eyn yglich Christen mensch ist zweyerley natur, geystlicher
und leyplicher[4]. Nach der seelen wirt er eyn geystlich, new,
ynnerlich mensch genennet, nach dem fleysch und blut wirt
er eyn leyplich, allt und eußerlich mensch genennet. Und
umb diße unterschiediß willen werden von yhm gesagt yn
der schrifft, die do stracks widdernander seyn, wie ich
itzt gesagt, von der freyheyt und dienstparkeit.

Czum dritten, So nhemen wir fur uns den ynwendigen
geystlichen menschen, zusehen was datzu gehöre, das er eyn
frum, frey, Christen mensch sey und heysse. So ists offenbar, das keyn eußerlich ding mag yhn frey, noch frum
machen, wie es mag ymmer genennet werden[5], denn seyn
frumkeyt und freyheyt, widerumb seyn bößheyt und ge-
fencknißß, seyn nit leyplich noch eußerlich. Was hilffts die
seelen, das der leyp ungefangen, frisch und gesund ist,
ysszet, trinckt, lebt, wie er will? Widderumb was schadet
das der seelen, das der leyp gefangen, krang und matt ist,
hungert, dürstet und leydet, wie er nit gerne wolt? Dißer
ding reychet keyniß biß an die seelen, sie zu befreyhen
oder fahen, frum oder böße zu machen.

Czum vierden, Alßo hilffet es die seele nichts, ob der

2. Röm. 13, 8.
3. Gal. 4, 4.
4. *Diese Unterscheidung gibt dem Traktat die Struktur: vom innern
Menschen (3–18), vom äußern Menschen (19–29); dem folgt ein Schluß-
paragraph.*
5. *Luthers Bemerkung spiegelt eine sprachliche Gegebenheit: Erst mit der
Reformation erhielt ›fromm‹ (tüchtig, kundig, geschickt) seine religiöse
Bedeutung.*

leyp heylige kleyder anlegt, wie die priester und geystlichen thun, auch nit, ob er ynn den kirchen und heyligen stetten sey, Auch nit, ob er mit heyligen dingen umbgah, Auch nit, ob er leyplich bette, faste, walle⁶ und alle gute werck thue, die durch und ynn dem leybe geschehen mochten ewiglich. Es muß noch allis etwas anders seyn, das der seelen bringe und gebe frumkeyt und freyheyt. Denn alle diße obgenanten stuck, werck und weyßen mag auch an sich haben und üben eyn bößer mensch, eyn gleyßner⁷ und heuchler. Auch durch solch weßen keyn ander volck, denn eyttell gleyßner werden. Widderumb schadet es der seelen nichts, ob der leyp unheylige kleyder tregt, an unheyligen örten ist, yßt, trinckt, wallet⁶, bettet nit, und lessit alle die werck onstehen, die die öbgenanten gleyßner⁷ thun.

Czum funfften, Hatt die seele keyn ander dinck, widder yn hymel noch auff erden, darynnen sie lebe, frum, frey und Christen sey, den das heylig Evangely, das wort gottis von Christo geprediget. Wie er selb sagt Joh. 11.⁸ »Ich byn das leben und aufferstehung, wer do glaubt yn mich, der lebet ewiglich«. Item 14.⁹ »Ich byn der weg, die warheyt und das leben«. Item Matt. 4.¹⁰ »Der mensch lebet nit alleyn von dem brot, sondern von allen worten die do gehen von dem mund gottis«. So mussen wir nu gewiß seyn, das die seele kan allis dings emperen on¹¹ des worts gottis, und on das wort gottis ist yhr mit keynem ding beholffen. Wo sie aber das wort hatt, ßo darff¹² sie auch keyneß andern dings mehr, sondern sie hat in dem wort gnugde¹³, speiß, freud, frid, licht, kunst, gerechtickeyt, war-

---

6. *wallfahrte.*
7. *einer, der etwas vortäuscht; beliebtes Schimpfwort für die Katholiken in der Folgezeit.*
8. *Joh. 11, 25.*
9. *Joh. 14, 6.*
10. *Matth. 4, 4.*
11. *außer.*
12. *bedarf.*
13. *Genüge.*

heyt, weyßheyt, freyheit und allis gutt überschwenglich.
Alßo leßen wir ym Psalter, sonderlich ym 118. psalm[14],
das der prophet nit mehr schreyet den nach dem gottis
wort. Und yn der schrifft die aller hochste plag und gottis
zorn gehalten wirt, ßo er seyn wort von den menschen
nympt, Widderumb keyn grösser gnade, wo er seyn wort
hyn sendet, wie psalmus 106.[15] stet »Er hat seyn wort auß
gesandt, damit er yhn hatt geholffen«. Und Christus umb
keyns andern ampts willen, den zu predigen das wort
gottis, kummen ist. Auch alle Apostell, Bischoff, priester
und gantzer geystlicher stand alleyn umb des worts willen
ist beruffen und eyngesetzt, wie woll es nu leyder anders
gaht.

Czum sechsten, Fragistu aber »wildıs ist denn das wort,
das solch grosse gnad gibt, Und wie sol ichs gebrauchen?«
Antwort: Es ist nit anders, denn die predigt von Christo
geschehen, wie das Evangelium ynnehelt. Wilche soll seyn,
und ist alßo gethan[16], das du hörist deynen gott zu dir
reden, Wie alle deyn leben und werck nichts seyn fur gott,
sondern müßsist mit allen dem das ynn dir ist ewiglich
vorterben. Wilchs ßo du recht glaubst, wie du schuldig
bist, so mustu an dir selber vortzweyffelnn, und bekennen,
das war sey der spruch Osee[17]: » O Israel, yn dir ist nichts,
denn deyn vorterben, alleyn aber yn mir steht deyn hulff«.
Das du aber auß dir und von dir, das ist auß deynem
vorterbenn, kommen mügist, ßo setzt er dir fur seynen
lieben ßon Jhesum Christum, und leßsit dir durch seyn
lebendigs trostlichs wort sagen: Du solt ynn den selben
mit festem glauben dich ergeben, und frisch ynn yhn vor-
trawen, So sollen dir umb desselben glaubens willen alle
deyne sund vorgeben, alle deyn vorterben uberwunden
seyn, und du gerecht, warhafftig, befridet, frum und alle

14. *Ps. 119, 1 ff.*
15. *Ps. 107, 20.*
16. *beschaffen.*
17. *Hos. 13, 9.*

gebott erfullet seyn, von allen dingen frey sein. Wie
S. Paulus sagt Ro. 1.[18] »Ein rechtfertiger Christen lebt
nur von seynem glauben«, Und Ro. x.[19] »Christus ist das
ende und fülle aller gebot denen, die ynn yhn glauben«.
Czum siebenden. Drumb solt das billich[20] aller Christen
eynigs werck und übung seyn, das sie das wort und
Christum wol ynn sich bildeten[21], solchen glauben stetig
ubeten und sterckten. Denn keyn ander werck mag eynen
Christen machen. Wie Christus Joh. 6. zu den Juden sagt[22],
da sie yhn fragten, was sie fur werck thun solten, das sie
gottlich und Christlich werck thetten, Sprach er: »Das ist
das eynige gotliche werck, das yhr glaubt yn denen, den
gott gesandt hatt«, Wilchen gott der vatter allein auch
dartzu vorordnet hatt. Darumb ists gar ein uberschwenck-
lich reychtumb, ein rechter glaub yn Christo, denn er mit
sich bringt alle seligkeit, und abnympt alle unseligkeyt.
Wie Mar. ult.[23]. »Wer do glaubt und taufft ist, der wirt
selig. Wer nit glaubt, der wirt vordampt«. Darumb der
prophet Isa. x.[24] Den reychtumb des selben glaubens an-
sach und sprach: »Gott wirt eyn kurtz summa machen
auff erden, und die kurtz summa wirt, wie eyn syndflut,
eynfliessen die gerechtickeit«, das ist, der glaub, darynn
kurtzlich aller gebot erfullung steht, wirt uberflussig[25]
rechtfertigen alle die yhn haben, das sie nichts mehr bedurffen, das sie gerecht und frum seyn. Alßo sagt S. Pauel
Ro. x.[26] »Das man von hertzen glaubt, das macht eynen
gerecht und frum«.

18. Röm. 1, 17.
19. Röm. 10, 4.
20. gerechterweise.
21. in sich formen, sich einprägen.
22. Joh. 6, 28 f.
23. Mark. 16, 6.
24. Jes. 10, 22.
25. überreich; Luther variiert den Gerechtigkeitseinfluß des vorhergehenden Nebensatzes.
26. Röm. 10, 10.

Czum achten, Wie gaht es aber zu, das der glaub allein
mag frum machen, und on alle werck ßo überschwencklich
reychtumb geben, ßo doch sovill gesetz, gebot, werck, stend
und weyße uns furgeschriben seyn ynn der schrifft? Hie
ist fleyßsig zu mercken und yhe mit ernst zubehalten, das
allein der glaub on alle werck frum, frey und selig machet,
wie wir hernach mehr hören werden, Und ist zu wissen,
das die gantze heylige schrifft wirt yn zweyerley wort ge-
teyllet, wilche seyn Gebot oder gesetz gottis und vorhey-
schen oder zusagunge[27]. Die gebott leren und schreyben uns
fur mancherley gutte werck, aber damit seyn sie noch nit
geschehen. Sie weyßen wol, sie helffen aber nit, leren was
man thun soll, geben aber keyn sterck dartzu. Darumb
seyn sie nur datzu geordnet, das der mensch drynnen sehe
sein unvormügen zu dem gutten und lerne an yhm selbs
vortzweyffeln. Und darumb heyssen sie auch das alte
testament, und gehören alle ynß alte testament, Als, das
gebott »Du solt nit böß begird haben«, beweysset, das wir
allesampt sunder seyn, und kein mensch vormag, zu sein on
böße begirde, er thue was er will, Darauß er lernet an
yhm selbs vortzagen und anderßwo zu suchen hulff, das er
on böße begird sey, unnd alßo das gebott erfulle durch
eynen andern, das er auß yhm selb nit vormag: alßo sein
auch alle andere gebott uns unmuglich.

Karsthans (Auszug)

*Der Anfang 1521 veröffentlichte »Karsthans« (früher dem
St. Galler Humanisten Joachim von Watt zugeschrieben)
ist thematisch, formal und publizistisch vielleicht die in-
teressanteste Kampfschrift der frühen Reformationszeit.
Der Name bezeichnet eigentlich einen »Bauerntölpel«, erhielt aber in dieser Zeit der Bauernunruhen symbolischen*

27. *Verheißung.*

Gehalt als Anführer der Aufständischen (der Name verschwindet bezeichnenderweise nach 1525 für einige Jahrzehnte vollständig). Sprachlich gehört diese Schrift in das
Gebiet der damaligen Schweiz; sie erlebte in kurzer Zeit
10 Auflagen.
Der Verfasser ist ein Humanist, wie die lateinischen Bemerkungen beweisen (die Gestalt des Totengottes Merkur,
der in einer deutschen Bauernstube auftritt, findet sich
schon in Huttens »Phalarismus«); aber auch die formale
Gewandtheit, die Vertrautheit mit den aktuellen Zeiterig-
nissen, die Verquickung von Glaubens-, Bildungs- und
Sozialproblemen verraten den Gebildeten, der in dieser
Verkleidung satirisch auftritt.
Ziel des Spotts ist Murner, der 1520 auf Luthers drei große
Schriften relativ versöhnliche Gegenschriften hatte erscheinen lassen; darüber hinaus werden aber auch politische Ereignisse im Zusammenhang mit der jüngsten Entwicklung
der Reformationsbewegung zur Sprache gebracht. Kein
Wunder, daß in kurzer Zeit mindestens vier Flugschriften
herauskamen, welche den »Karsthans« zur Hauptfigur
machten: Pamphilus Gengenbachs »Novella«, der anonyme
»Karsthans und Kegelhans«, Heinrich Füesslis »Göttliche
Mühle« und Martin Bucers/Huttens »Nüwer Karsthans«,
der nun offen zur Gewalt auffordert. Daneben wird der
Begriff in vielen Flugschriften auf solche Weise erwähnt,
daß die Kenntnis dieser ersten Flugschrift vorausgesetzt
wird. Daran läßt sich erkennen, wie wichtig die Flugschrift als meinungsbildendes Informationsmittel geworden
war. Eine Klage Murners in Straßburg auf Konfiskation
der ursprünglichen Flugschrift wurde abgelehnt. – Die
Flugschrift läßt auch das Bedürfnis nach der Verfügbarkeit
der Bibel erkennen, das der volkstümlich gezeichnete Luther
rund anderthalb Jahre später mit der »Septemberbibel«
erfüllte.
Nach einer kurzen Murner angreifenden Vorrede beginnt
das von Merkur mit satirischen Glossen begleitete Gespräch

zwischen Karsthans und seinem scholastisch geschulten
Studentensohn. Ein katzenähnliches Geschrei unterbricht
den Dialog; und der Mensch mit einem Katzenkopf, der
die Stube betritt, enthüllt sich als Barfüßer Thomas Murner. Während der Student beeindruckt ist, bringt Karsthans
den Mönch mit direkten Fragen in einige Verlegenheit,
zum Beispiel, als er ihm vorwirft, Kampfschriften anonym
zu veröffentlichen, wogegen Murner sich mit dem Argument wehrt, sein guter Stil, mit volkstümlichen Sprichwör-
tern geschmückt, würde für sich selbst sprechen und dem
Kundigen den Autor verraten. Der folgende Dialog um
Luthers Leipziger Disputation mit Eck usw. wird abge-
brochen, weil Luther auftritt und Murner vor ihm Reißaus
nimmt. Luther beklagt sich über die Blindheit der Deutschen. Die Rede kommt auf Luthers Gegner Hochstraten,
den Reuchlin-Streit und die Verbrennung von Luthers
Schriften in Mainz. Karsthans, obwohl er das Latein immer
satirisch mißversteht, erweist sich plötzlich als bibelfester
Mann. Sein Selbstbewußtsein kommt zum Ausdruck, als
sich die Diskussion auf den Primat des Papstes verlegt.
Karsthans betrachtet kritisch die vier einschlägigen Bibelzitate, die als theologische Argumente für diesen Anspruch
gelten:

K a r s t h a n s. es sind eben by vier zylen im gantzen
    euangelio, die halten sy so starck, das sy im vil zů vil
    thon.
S t u d e n s. das wil ich gern hôren.
K a r s t h a n s. die erst zeil (son du, hilff mier, ich kan
    nit wol latin): du bist petrus, vnd vff den sant peter
    würd ich buen myn kilchen. (M e r c u r i u s. O das ist
    ain kôstliche zill, tregt vill nutz). Die ander zil: weydet
    meine schoff, die drit zil: was sy uch sagen, das thůn, die
    vierd zil: wer uch veracht, der veracht mich[1].

1. Matth. 16, 18; Joh. 21, 15 f.; Joh. 2, 5; Luk. 10, 16.

Titelholzschnitt der »Beschrybung der goettlichen müly«, einer Flugschrift von H. Füessli, Zürich (1522). Eine beliebte Allegorie, das gemahlene Korn als Verbreitung des göttlichen Wortes, wird hier abgewandelt in ein Porträt der zeitgeschichtlichen Situation. Die literarische Figur des Karsthans steht zum Schutz von Luther und Erasmus da und will den banndrohenden Drachen erschlagen. Erasmus sammelt die Kardinaltugenden Glaube, Liebe und Hoffnung ein.

S t u d e n s. wie meinstu aber, weren die vier zilen nit,
was wer vnser ding?

K a r s t h a n s. die vier zilen haben vill ain ander meinung, dan ir vnß für geben, die gantz welt gat yetz mit
den vier zilen umb.

S t u d e n s. die vier zilen syn die heimmlichen stück[2] des
Christlichen gloubens, die doctor Murner sagt verbotten
syn zů rütlen vnd erforschen.

K a r s t. wie, vatter Martinus, was sagen ir dar zů, so
ich vnd min schloderentz (wie heißt student?) also fechten mit einander?

L u t h e r. was am lichten tag ligt, darff nit, das man mit
einer kertzen dar zů lücht, es ist selbs luther gnůg[3]. Vmb
diser vier zilen willen bin ich in angst vnd not komen,
wan wer die vier zilen rechtuertigen wil, der hat den
hals verloren.

K a r s t. nit also, lieber herr, es gehört mer dar zů: ich
hab etlich büchlin, so ir gemacht haben, hören lesen, vnd
wan ich hindersich oder fürsich gedenck, so ist es eben die
warheit.

L u t h e r. die warheit bringt mich in not, das ich nynder
sicher bin.

K a r s t h a n s. lieber her Luther, Schriben in vnser sprach
zů dütsch die gotlich warheit, vff das wir einfeltigen
leyen ouch mögen lesen, doch das es war sig vnd in der
heligen geschrifft verfasset, als dan nachent all üwer
schriben gůt anzeigen gibt, vnd lassen vns sorgen, ob wir
üch erretten von gwalt des bapsts vnd der breitten
hůtentrager[4], es sy dan das vnß gůtt füst, schwerd, harnisch vnd hållebarten sampt gůtem geschütz nit helffen
mag. Tütschland hat von alter her noch (von gots gnaden) den priß gemeinlich behalten: es sy wellisch oder

2. *der verborgene Sinn.*
3. *Diese Namensdeutung war ein sehr beliebtes Wortspiel; es findet sich
auch in anderer Form ganz am Schluß der hier abgedruckten Textprobe.*
4. *Kardinälen und Bischöfen.*

frantzosisch, haben sich vnser rûchen kopff müssen vffs
wenigst entsytzen⁵, wo kem wir do hien? wer das heylig
euangelium recht lernet, den wolt der bapst mit gwalt
verderben? nit deß dings! wo ist myn pflegel?

S t u d e n s. Insanit!⁶

M e r c u r i u s. seruet iustitia⁷.

L u t h e r. nit, lieber fründt, es sol von mynet wegen niemant fechten noch todschlagen; wan Christus sôllichs het
wellen, er het wol zwelff legion zû hilff vermôgen der
engel, noch all zwôlffbotten solichs nüt begert hant, sunder gedultig vmb der warheit willen den tod vnd marter
gelitten. Ich far witers, môgen beider parthein meinung
lesen vnd das nützest daruß lesen vnd nemen, got sy
mit üch allen!

K a r s t. lieber her, got bewar üch alzit! O sun, das ist vil
ein bescheidner her dan der Murner.

THOMAS MÜNTZER

Geb. am 21. Dezember 1490 in Stolberg (Harz), gest. am 27. Mai 1525.
Priester, der nach der Begegnung mit Luther bei der Leipziger Disputation (1519) ein eifriger Anhänger der Reformation wurde. Er wollte das
Erneuerungsprogramm auch im Sozialen verwirklichen. Als Pfarrer der
armen hussitischen Weber in Zwickau begann er das Ende der Zeiten zu
predigen, das heißt die Ankunft einer neuen Welt, die frei von säkularer
und spiritueller Autorität sein würde. Die Stationen seiner Flucht (u. a.
Prag) endeten vorläufig in Allstedt, wo er eine Gemeinde nach Luthers
Weisungen einrichtete und vor allem mit seinem kirchlichen Gemeinde-
gesang bahnbrechend vor Luther wirkte, aber bald mit seinen heftigen
Angriffen Kirche und Staat herausforderte. 1524 verband er sich endgültig mit den aufständischen Bauern, war in eine heftige Fehde auch
mit Luther verwickelt und wollte in Mühlhausen mit einem »Ewigen
Rat« die evangelische Gleichheit und Brüderlichkeit in die Tat umsetzen.

5. *Italiener und Franzosen haben sich vor unsern rauhen Schädeln ganz
schön entsetzt, gefürchtet.*
6. *Er ist toll geworden!*
7. *Die Gerechtigkeit nehme ihren Lauf.*

Nach der vernichtenden Niederlage der Bauern bei Frankhausen (1525)
ergab sich die Stadt, und Müntzer wurde gefangengesetzt und hinge-
richtet.

Manifest an die Mansfelder Bergknappen

Müntzers Manifest ist kurze Zeit vor der Niederlage bei
Frankhausen (1525) entstanden. – Er hatte in der Stadt
Mühlhausen, in der es unabhängig von ihm bereits einen
politischen Aufstand der mittleren und untern Schicht ge-
geben hatte, nicht den Zulauf gefunden, den er erhofft hatte.
Deshalb richtete er seinen Blick ins Mansfeldische Erzgebiet,
um die Bergarbeiter, die eine relativ homogene und organi-
sierte Berufsgruppe bildeten, in die Vorbereitungen der
Bauernheere einzuschalten; seine Namensnennungen ent-
sprechen von ihm berufenen Verbindungsmännern. Die Orts-
namen betreffen Beispiele aus der unmittelbaren Umgebung
von Mühlhausen. – Müntzers Aufruf ist charakteristisch in
seinem ekstatischen Stil; die Bibelzitate sind wörtlich ge-
meint: Genesis 2 = Auftrag des Herrn an Moses, seine Wun-
dermacht vor Pharao zu beweisen; Matth. 24 sind die Warn-
reden von Christus über die Zerstörung Jerusalems. Die
hektischen Aufrufe, die den Ton dieses Manifests prägen,
machen es deutlich, daß Müntzer aufgrund realer politischer
Tatsachen – er dachte wirklich, daß in andern Ländern die
gleichen Erhebungen stattgefunden hätten – davon über-
zeugt war, daß die Ereignisse endzeitlichen Charakter hät-
ten. Und er geht völlig in der Rolle eines alttestamentlichen
Propheten auf. Der Text ist aber auch typisch für Müntzers
Gedankenwelt, wie Ernst Bloch in »Thomas Müntzer, Theo-
logie der Revolution« (1921) überzeugend dargelegt hat.

Die reyne furcht Gottes zuvor, Lieben brüder, wie lang
schlafft yhr? wie lange seit yhr Gotte seynes willens nicht
gestendig, darumb das er euch nach ewrem ansehen ver-

lassen hat? Ach wie viel hab ich euch das gesagt, wie es
muss seyn, Gott kan sich nicht lenger offenbaren, yhr müst
stehen, thut yhrs nicht, so ist das opffer eyn hertz betrübts
hertzeleid umb sonst, yhr müst darnach von newem auff
widder ynn leyden komen, das sage ich euch, Wolt yhr
nicht umb Gottes willen leyden, so müst yhr des teuffels
merterer seyn, Darumb hüetet euch, seyt nicht verzagt,
nachlessig, schmeychelt nicht lenger den verkarten fantasten,
den gottlosen bösswichten, fanget an und streyttet den
streyt des HERRN, es ist hohe zeyt, haltet ewre brüder
all darzu, das sie Göttlichs gezeugnis nicht verspotten,
sonst müssen sie all verterben. Das gantz Deutsch, Frantzö-
sisch und Welsch land ist wag, der meyster will eyn spiel
machen, die bösswichter müssen dran. Zu Fulda sind ynn
der Osterwochen vier Stifftkirchen verwüstet, die bawrn
zu Klegen ym Hegaw und Schwartz wald sind auff, als
drey mal hundert tausent starck, und wird der hauff yhe
lenger yhe grösser, alleyn ist das meyn sorge, das die
nerrischen menschen sich verwilligen ynn eynen falschen
vertrag, darumb das sie den schaden noch nicht erkennen,
Wo ewer nur drey ist, die ynn Gott gelassen alleyne seynen
Namen und erhe suchen, werdet yhr hundert tausent nicht
furchten. Nhu dran, dran, dran, es ist zeit, die bösswichter
sind frey verzagt wie die hunde, Reget die brüdere an, das
sie zu frid komen und yhr bewogen gezeugnis holen. Es
ist uber die masse hoch, hoch von nötten, dran, dran, dran,
Last euch nicht erbarmen, ob euch der Esau gute wort
fur schlecht, Genesis 33. sehet nicht an den iamer der gottlosen, sie werden euch also freundlich bitten, greynen,
flehen wie die kinder, lasts euch nicht erbarmen, wie Gott
durch Mosen befohlen hat Deutero. 7, Und uns hat er auch
offenbart dasselbige, Regt an ynn dörffern und stedten
und sonderlich die berg gesellen mit anderer guter burssen;
wilche gut darzu wird seyn, wyr müssen nicht lenger
schlaffen. Sihe, da ich die wort schreib, kam myr Botschafft
von Saltza, wie das volck den Amptman Hertzog Jörgen

vom Schloss langen wôllen umb des willen, das er drey
hab wôllen heymlich umb bringen. Die bawrn vom Eys-
feld sind uber yhr Junckerrn frôlich worden, kurtz sie wôllen yhr keyne gnade haben, Es ist des wesens viel, euch
zum eben bilde, yhr mûst dran, dran, es ist zeit, Baltzar
und Barthel krump, Valten und Bischoff, gehet seyne an.
Diesen brieff lasset den berg gesellen werden, meyn
drucker wird komen ynn kurtzen tagen, Ich hab die Botschafft kriegen, ich kan es itzund nicht anders machen,
selbs wolte ich den brûdern undericht gantz geben, das yhn
das hertz viel grôsser sollt werden denn alle Schlôsser und
Rûstung der gottlosen bôsswichter auff erden, dran, dran,
weyl das feur heis ist, Lasst ewr schwerd nicht kalt werden von blut, Schmidet pinckepanck auff den Ambos
Nymrod, werfft yhn den Torm zu boden, Es ist nicht
mûglich, weil sie leben, das yhr der menschlichen furcht
solt los werden, Man kan euch von Gott nicht sagen, die
weyl sie uber euch regieren, dran, dran, dran, dieweyl yhr tag
habt, Gott gehet euch fur, folgt. Die geschicht stehen beschrieben, Mat. 24 erkleert, Darumb last euch nicht ab-
schrecken, Gott ist mit euch, wie geschrieben 2. Paralipo. 2.
Dis sagt Gott, yhr sollt euch nicht furchten, yhr sollt disse
grosse menge nicht schewen. Es ist nicht ewer, sonder
des HERRN streyt, yhr seyts nicht, die yhr streyttet,
Stellet euch furwar menlich, yhr werdet sehen die hûlffe
des HERRN uber euch. Da Josophat disse wort horte,
da fiele er nidder, Also thut auch durch Gott, der euch
stercke on forcht der menschen ym rechten glauben. Amen.
Datum Mûlhausen Im .XXV. Jar.

                    Thomas Mûntzer eyn knecht
                    Gottes widder die gottlosen.

HULDRYCH ZWINGLI

Geb. am 1. Januar 1484 in Wildhaus, gest. am 11. Oktober 1531 bei Kappel. Anders als Luther wollte Zwingli die Reformation in politischen Formen durchführen, und sein Einfluß auf den Rat von Zürich (wo er seit 1519 Prediger war) bewirkte, daß sich diese Stadt 1523 zu massiven Kirchenreformen entschloß. Zwingli, der in früheren Jahren geistlicher Betreuer von Schweizer Söldnern in Italien gewesen war, bewies in der Politik eine geschickte Hand; da er mit Luther nicht übereinkommen konnte in der theologischen Frage der Eucharistie (Marburger Gespräche 1529), nahm seine Reformation eine durchaus eigene Form an, was sich wiederum politisch manifestierte. In den beiden Kappeler Kriegen, wo sich die reformierte und die katholische Eidgenossenschaft gegenüberstanden, erlitt das protestantische Lager eine Niederlage – Zwingli, der als Truppenkaplan mitgezogen war, fand den Tod auf dem Schlachtfeld. Seine Kirche jedoch widerstand diesem Schlag, und die Freunde des Reformators führten seine Sache weiter.

Burgrecht-Gutachten

Dieser Text bringt in der Argumentation eine interessante Mischung von pragmatischen und theologischen Überlegungen, die Zwinglis Stellung innerhalb der Stadtgemeinde gut zum Ausdruck bringen. Das Gutachten ist für den Großen Rat von Zürich bestimmt (1527?) und befaßt sich mit einer konkreten Bündnispolitik, die den Orten Bern, Basel und St. Gallen vorgeschlagen werden soll, um die Gefahr eines neuen Schwabenkrieges (durch Maximilian I., 1499) schon im Ansatz zu bannen.

[Warum man sich mit Konstanz, Lindau, Straßburg etc. in ein Burgrecht einlassen soll]

Frommen[1] und gûtes dises handels.
Erstlich dient er zû der er gottes und ufnung[2] sines heligen wortes. Wiewol es mit menschenkreften nit mûs noch mag[3]

1. Nutzen.
2. Vermehrung, Verbreitung.
3. kann.

erhalten werden, sunder allein uss der kraft gottes, noch[4] so gibt gott dem menschen offt hilff und schirm durch den menschen als durch ein instrument und gschirr. Wo nun gott dise einung[5] und handel vergünstet[6] ufgericht werden, ist es offembar, das er inn zů gůtem bruchen wil.

Zum andren reicht er zů friden, růwen, billicheit und grechtigheit; dann er wirt allein darumb gemacht, das die, so unbillich getrengt werdend mit übergwaltigung[7], gefristet[8] und geschirmt werden mögind und sich fräfnen[9] gwalts vor mencklichem entsagen[10].

Zum dritten dient er zů erhaltung der obergheit und zů ghorsame der undertanen eynr ieden statt. Dann wo sich einer statt undertanen vermeintind ze rotten[11], wurdind der andren stetten so vil sin, das sy sich widrumb zerlassen wurdind[12].

Zum 4. wurde er einn zoum ynlegen allen denen, die mit disen stetten in pündtnus oder pflicht stond[13] und aber inen ze überlegen sin wellend. Dann diser handel sol allen vordrigen pündtnussen und pflichten unabbrüchig sin etc.

Zum 5. weisst mencklich, was schwären costens ünser herren *Eydgnossen* erlidten habend in vergangnem *Schwabenkrieg*, allein mit *Costentz* und *Lindow*, welcher aller, so verr krig entston (davor gott sye!), erspart wurde. Ja, es wurdind nit allein die zwo stett uns nit schaden, sunder zum höchsten fürderlich sin, ouch den gantzen *Bodensee* innhaben und den nidren see[14].

4. *dennoch.*
5. *Vereinbarung, Vertrag.*
6. *vergönnt, gestattet.*
7. *Vergewaltigung.*
8. *vor Schaden bewahrt.*
9. *frevelhafter, unverschämter.*
10. *sich befreien, sich erwehren.*
11. *Aufstand anzetteln.*
12. *sich zerstreuen würden.*
13. *stehen.*
14. *den Untersee.*

Zum 6. sol nieman ab *Strassburg* grusen[15], dann sy dienend wol zur sach. Sy wurdind mit inen bringen *Sletstat* und *Colmar*, da durch allweg gûten zûgang die stett haben möchtind. Es wirt ouch *Strassburg* ein vorbuw[16] denen von *Costentz* und *Lindow*. Dann wo kaiserlich majestät denen beden stetten útzid[17] wölte ynreden, mögend sy allweg *Strassburg* fürwenden, das sy in glychem vertrag sygind.

Zum 7. Wiewol ungezwyflet ist, das kaiserlich majestät gheinen krieg hierumb mit iemandem wurd anfahen, wo aber ye sölchs uff ban kem[18], davor gott lang sin welle, so dient aber[19] *Strassburg* träffenlich. Dann zwüschend inen und üns ligend die zwey unbewerten land *Suntgöw* und *Elsäss*, die möchtind sich nit erwerren; wir wöltind's mit gott ynnemen und also zemen brechen, das von oben hinab hie diset[20] *Ryns* bis gen *Strassburg* ein volck und pündtnus wurde.

Zum 8., das in kriegsnöten (da gott vor sye!) ghein so grosser zúg[21] uff üns nit möcht gefürt werden, wir möchtind allweg zwen zúg, dero ietwedrer 15 000 starck wer, an zwey tor schicken, einen oben am *Ryn* hinus in *Hegöw* und see[22], den andren in's *Suntgöw* und *Elsäss*, oder bed wider einen zúg der fygenden[23], sy hinden und vor anzegriffen etc.

Noch vil gelegenheyten sind, dero etlich uss ursach nit gezellt[24], etlich aber eim yeden ring[25] begrifflich sind.

---

15. zurückschrecken vor.
16. Vorbau, d. h. Stütze, Hilfe.
17. etwas vorhat, sich einmischen möchte.
18. in Gang käme.
19. abermals, ebenfalls.
20. diesseits.
21. Kriegszug, Truppenverband.
22. Bodensee.
23. Feinde.
24. mit gutem Grund nicht offen aufgezählt.
25. leicht, ohne weiteres.

PARACELSUS

Philippus Aureolus Paracelsus Theophrastus Bombastus von Hohenheim, geb. am 10. November 1493 in Einsiedeln, gest. am 24. September 1541 in Salzburg, einziges Kind des Klosterarztes von Einsiedeln. Er bereiste ganz Europa, dozierte in Freiburg i. Br. und in Basel und verbrachte sein letztes Lebensjahrzehnt als fahrender Arzt. In seinem Bemühen, die Krankheiten an Ort und Stelle zu studieren (womit er seinen angeblich unsteten Lebenswandel in den *Defensionen*, 1537, verteidigte) und die alte Schulmedizin mit einer auf Erfahrung gegründeten Kenntnis zu überwinden, provozierte er die zeitgenössischen Doktoren und Zunftgenossen. 1528 mußte er aus Basel fliehen, weil er seine Vorlesungen auf deutsch hielt und so den anachronistischen Bildungsprimat, den das Latein auf naturwissenschaftlichem Gebiet mit sich brachte, brechen wollte. Seine im gleichen Jahr entstandenen Syphilisbehandlungsschriften und das *Spitalbuch* wurden vom Druckverbot des Nürnberger Rates beziehungsweise der Leipziger Fakultät im Verdammungsspruch betroffen. Die meisten seiner Schriften wurden erst nach seinem Tode gedruckt, aber auch vieles ihm zugeschrieben, was er nicht verfaßt hat.

Paracelsus war eine Renaissancepersönlichkeit im wahrsten Sinne. Neben seinem Beruf befaßte er sich mit theologischen und philosophischen Problemen, das heißt, er suchte nach einer allumfassenden Synthese, die als Theosophie Erkenntnisse jeder Art zusammenfassen würde. Geistesgeschichtlich führt er die großen philosophischen Traditionen weiter in seinem Streben nach einer – stark pantheistisch orientierten – Welterklärung.

Hauptwerke: *Buch Paragranum* (ethisch-naturwissensch. Grundlagenlehre, 1528); *Große Wundarznei* (1537).

Das Buch der Erkanntnus (Auszüge)

Die Textprobe bringt Ausschnitte aus einem Traktat, der zwischen 1528 und 1534 entstanden sein muß. Er verrät die mystische Grundhaltung, die Paracelsus in seinem Suchen nach wahrer Erkenntnis einnimmt. Das dualistische Prinzip von Gut–Böse entwickelt er in der (auszugsweise abgedruckten) Einleitung, fächert es im folgenden in 5 Punkte auf (5. Punkt teilweise wiedergegeben) und wird in Angriffen in einem 2. Buch polemisch gegen konkrete Erscheinungsformen der institutionalisierten katholischen Kirche. – Paracelsus neigte stark zur lutherischen Theologie,

*brach aber nicht offen mit seinem alten Glauben. – Der
Text ist deshalb schwierig zu lesen, weil Begriffe und Sätze
lückenlos ineinander übergehen; er zeigt aber auch gerade
damit, wie die deutsche Sprache – wie schon im Mittelalter – durch mystische Gedankengänge in Neubildungen
erweitert wurde in ihrer Ausdrucksmöglichkeit.
Paracelsus konnte kaum hoffen, daß dieser Angriff jemals
Papst Clemens VII. (1523–34), dem der Traktat gewidmet
ist, unter die Augen käme. Der Charakter der Kampfschrift liegt schon deshalb ziemlich eindeutig in seiner
Betonung des Erkenntnisprinzips auf einer höheren geistigen Ebene. Auf der andern Seite zeigen die polemischen
Stellen mit ihren direkten Angriffen, wie nun Paracelsus
abstrakte Spekulation mit aktueller Zeitkritik in einer
Weise aktualisieren kann, die ihn zu einem der großen
Prosaschriftsteller dieses Zeitalters macht.*

Ein gutter baum gibt gutte frucht / der bose / bose frucht /
vnnd nachdem der baum ist / allso ist auch die frucht[1] /
wie nun vß ainem guten baum gute frucht wachsen / allso
jnn ainem guten menschen wechst nichts böß / darumb so
bleibet er vf seiner gute / vnd stirbet darinn / wie aber
der böse mensch sein seure / sein bittere / sein colloquint[2]
nit lest / allso thut derselbig böse mensch auch / er legts
von jm nit / dann er ist allso domit eingewurtzt / das
nichts auß jm mag / vnd glaubt vf daß jm selbs / darauf
bleibet er / vnnd stirbet darjnn / es ist nichts annderst jnn
jm / so nun die menschen allso seindt / wie die zwo arth
der baum / so ist noth anzutretten die erkhanntnuß / guter
vnd boser baum / dann der gute baum hat sein erkhanntnus / der böß auch / ain yglicher vogl erzaigt sich bei seinem gesang ain yedlicher baum bei seiner frucht[3] / allso
jnn die zwaj mussen wir auch gonn / vnnd am aller ersten

1. Vgl. Matth. 7, 16 ff.
2. hier: die Anlage.
3. Vgl. Matth. 12, 33 f.

erkhennen die zaichen der menschen / wes baums sie seindt /
so waist mann nach dem von jnen zudenncken / dann be-
triegclich ist es / drincken von brunnen / den man nit
kennth / oder essen vom baum / den man nit kennth / wie
ballt ist der todt gessen / auß erkhanntnuß versucht man
die speiß / vf solches geburt sich dem menschen gleich so
wol zubeschreiben waß baumß er sej / dieweil er derselbe
baum ist / das mer ist / dann der leib baum[4] / vnd mehr
frucht gibt / vnd listiger / vnd manichfalltig / suß / saur /
bitter / reß / &c vnd aber wie nit alleß suß ding gut ist /
nit alle bitter &c / allso hie auch / daß vermag die natur / das sie herfur zaigt jr krafft / was böß / gifft / guts /
jnn jr ist / so vermags auch der mennsch / so er dem nach
denckt / daß jnn jm ist / die bosen baum vf der erden
mussen herfur / die erden lest nichts jnn jr / es muß
herauß / allso treibt auch der deuffel das boß herauß / so
jm mennschen ist / demnach so treibt got hervß die frucht
jm guten baum / damit das khain schatz verhallten oder
verborgen bleib[5] / allso last das sein die vorredt vnd argument / vnd dir ain vnderricht deren dingen / so jch
tractieren will / allain zugon vf[6] erkhanntnus guter vnd
boser baumen /

Zum funfften

Das ist zu hoch getrieben / so wir treiben mehr / dann
Cristus / vnnd sein apostell / auch Pauluß / alls sie haben
lassen bleiben die zehen gebot vnuerruckt / glauben jnn
ain got / der mensch aber hat sich selbst auch dohin[7] ge-

4. d. h., weil er der von Christus in der Metapher beschriebene Baum
ist, der über dem bloß natürlichen Baum steht.
5. Vgl. Matth. 10, 26.
6. die ich im Traktat behandeln will und die in ihrer Ansicht gerichtet
sind auf.
7. d. h. an die Stelle von Gott.

satzt / sagt / glaub mir an seine stath / glaub meiner auß-
legung / vnnd wir sollen allain jnn got glauben / warumb
ist khain annder mittl do gesetzt / darumb / das der gaist
gottes ist / vnd nit des menschen / jnn dem wir erleucht
werden / durch welche erleuchtung wir selig werden / darumb so mussen wir dem gehaisß glauben vß gott / vnnd
nit vß denn menschen / nun wirt er vns durch denn
mennschen / darumb so thundt gute werckh vnd wort mit
ainannder / allso auch / du sollt nit schweren[8] / allso
lassents die appostl bleiben / vnnd machen khain weiter
geschwetz / die aber nit ganntz appostl seindt[9] / machen
jurament / aidt / pflicht / geburnus / trew / jnn der
hanndt[10] / vnnd dergleichen / dann sie seindt nit ganntz
appostl / oder vollkommen im ambt / jnen zerrint vill /
allso auch du sollt nit annders guts begern[11] / das haben
die rechten appostell lassen bleiben / aber die vngerechten
appostell setzen zehennden / opffer / annder stipulation /
necessitates vnnd ist ains wie das annder / deren zehenden
oder prouision / haben die appostl nit gedacht / noch genossen / daß alles khompt auß den gethaillten appostlen /
die allain das maul haben / vnd die werckh nit / sagen
das wort gottes vnnd jr worth darneben / darfur warnet
vnns Cristus / do er sagt / was sie thunt / so jnn seinem
namen khommen[12] / warumb sagt er jnn seinem namen /
vnd was sie thun werden / allain / das wir vnns hueten
vor denen die nit allso seindt / ob sie schon reden das
wort gottes / mit was frucht vnd nutz siß reden / allso
kans auch der deuffel / vnnd so er mensch wer / so
wurdt ers auch nit anderst predigen / dann von der ehe /
wie sie thunt / vom stelen / &c / wie sie thundt / [...]
Darumb nun so wissen / das wir / die do seindt schaff

8. 2. Mose 20, 7.
9. d. h. der Klerus.
10. Treuversprechen in die Hand.
11. 2. Mose 20, 17.
12. Vgl. Matth. 24, 5.

Cristi[13] / niemandts durffen / allß vnsers negsten[14] / des /
der nit vnser negster ist / des bedurffen wir nit / nun mugen wir durch vnnser einfallt nit wissen / wer der negst
ist / allain aber auß dem / wie vns Cristus zuuerston geben / hat durch ain exempell mit dem jnn Jericho[15] / durch
dasselbig verstannden / wer vnnser negster ist / jst nit
allso / das der priester vnd leuit die nasen verhueben vnnd
wollten nit schmeckten[16] denn armen mennschen / der do
verwundt war / vnd gienngen furvber / vnd namen sich
seiner nichts an / was bedeut das / allain daß wir sie nit
haben sollen / der priester / bedeut denn romischen stuell /
vnd sein orden / der leuit bedeut die predicannten / so der
römisch stuell ketzer haist / sie seindt vnns baid nichts
nutz / das seindt nun die / vor den vnns Christus warnet /
die er haist falsche propheten fallsche apostell vnnd dergleichen[17] / vrsach[18] sie geenndt jm selbigen stanndt / vnnd
setzen sich vf den stuell[19] steigen aber jnn das hauß /
gonndt nit zur thur hinein[20] / sollen wir vnns vor jnn
hueten / warumb beichten wir dann jnen / warumb horen
wir jr stim / warumb lassen wir vnns nit ain exempell
sein / das sie selbst zwitrechtig seindt / was bedeut das /
das jr reich nit gantz ist[21] / vnnd nichts soll / was nichts
soll / das zerthaillt sich jnn secten / jnn vill weg / was
soll / das bleibet jnn aim ewig / geet nit ab jnn jrrung /
so nun diß die seindt / die vnnß verfueren / was steet
vns darauf / nichts alls allain verdamnus / sollen wir dardurch verdamnus erwarthen / vnd deren gewiß sein / so
ist billich das wir sie khennen / wellen wir der leer vnd

13. Vgl. Joh. 10, 2 ff.; 1. Petr. 2, 25.
14. Luk. 10, 27 ff.
15. Luk. 10, 30 ff.
16. nicht wahrnehmen, d. h. übersehen.
17. Vgl. Matth. 7, 17.
18. deshalb, weil.
19. Matth. 23, 2.
20. Vgl. Joh. 10, 1.
21. Vgl. Matth. 12, 25.

worten Cristi nit glauben / nit zuhertzen fassen / vnnd
seiner appostl / die solches deutlich anzaigen / so mussen
wir deutlicher genndt jnn den grundt der warhait / so haben wir khain anndern weg / allß allain die propheten /
deren mundt alle ding außbreith vnd vor sagt mit erkhanntnus vnd furbildung / der do mit glaubig will werden / vnd fliehen vom bösen hauffen / dem ist got vnd
sein reich nit lieb / der stellt nach der ewigen verdamnus /
man sagt man muß priester haben / das wort gottes aber
sagts nit / man muß predicannten haben / das wort Cristi
sagts nit / sunder sie baide fliehen / sie seindt tagloner[22] /
das sagt die geschrifft / geet hin jnn die wellt / vnd ver-
kunden das euanngelion[23] / was ist das / geet hin zun
turcken / Tattern[24] / haiden &c / dann die cristen kennen
Cristum / wellen sie jn nit jm hertzen tragen / der jnen
vor 1500 jaren verkhundt ist worden / so bleiben sie auf
jrem judischen weg / sie haben der verkhundung genug /
geeth hin verkhunden den vnwissenden / nit allß die prediger / die do aigen stall / futter / weib / kinder &c haben / vnnd liegen wie die pleyklotzen jnn sannffter rue /
sonder wie die appostl gered hon / so werden euch alle
ding muglich sein / berg jnn das mehr zu werffen[25] / aber
bey euren weibern vnd polster khöchin wirts nit geschehen /

SEBASTIAN FRANCK

Geb. am 20. Januar 1499 in Donauwörth, gest. 1542 in Basel; Priester,
lutherischer Prädikant, Seifensieder, Buchdrucker und freier Schriftsteller. Als Verfechter christlich-evangelischer Frömmigkeit, der die Erlösung
nicht in einer institutionalisierten Kirche suchen und finden will, mußte

22. *Vgl. Joh. 10, 12.*
23. *Mark. 16, 15.*
24. *Tataren.*
25. *Vgl. Matth. 17, 20; 21, 21; biblisches Bild für die Kraft des Glaubens.*

er sich sein Leben lang den Anfeindungen stellen, die sein »sektiereri-
scher« Standpunkt herausforderte.

Neben Liedern, einer umfangreichen Sprichwörtersammlung (1541) und
dem *Weltbuch* (1534) sind vor allem zwei Werke hervorzuheben, die von
bedeutendem Rang sind: *Germaniae Chronikon* (1537) und *Paradoxa*
(1534). In der 1531 vorausgegangenen *Geschichtsbibel* ist eine Aufzählung
der »römischen Ketzer« interessant, wo sich neben Erasmus auch Luther,
Zwingli und die Wiedertäufer befinden. Das *Germaniae Chronikon*
bringt im Ansatz ein neues Geschichtsverständnis, das den wirklichen
Ursachen von Ereignissen nachgeht und diese in einer sittlich-theologi-
schen Periodenlehre darstellen will.

Paradoxa (Auszug)

*Die »Paradoxa« sind weitgehend frei von offener Polemik,
bringen aber dafür in einer meisterhaften Prosa mystische
Spekulationen, Ausdruck einer Strömung, die vor allem
im 17. und 18. Jahrhundert immer breiter wird. In 280
Abschnitten enthüllt Franck seinen Weg zu Gott, wobei
der verhüllende und offenbarende Charakter der Sprache
von zentraler Bedeutung ist, wie schon der Aufbau der
einzelnen Betrachtungen verrät.*

7 Deum nemo novit, nisi Deus.
Gott kennet niemandt / dann Gott.

Der Gott sůcht / und nit inn Gott / und mit gott / den
laß ich wol suchen / er würt den aber lang nit finden /
Man můß das liecht im liecht / gott inn gott / sehen /
suchen / und finden / wie David sagt Psalm / In lumine
tuo videmus lumen. Herr in deinem liecht wöllen wir
das liecht sehen. Dann gott kent niemandt / dann er sich
selbs. Darumb mag gott kurtzumb / von nichts erkant
werden / dann von gott / das ist / von jm selbs / durch
sein krafft / die man den hailigen gaist nent. Derwegen
bleibt und ist es ewig war / Wer gott nit bei gott / mit
gott / und in gott suchet / der würt allweg suchen / und

doch nichts finden. Wer jn allain mit hoher spitziger kunst
und maisterschafft / auß dem Buͦchstaben der schrifft /
durch vil lesens wil lernen erkennen / der überkompt wol
ain liebloß / gottloß wissen vonn Gott / das in nit bessert / ob es in wol gelerter macht / aber nit die lebendige
machende kunst gottes / die das ewig leben ist. Ursach /
Was gott ist / und wil / waiß niemandt / dann gott / und
der aus gott ist. Also muͦß sich Gott selbs leren / loben /
wissen / bitten / erhoͤren / geweren / woͤllen / und erkennen / sonst ist es zuͦmal alles verloren / darumb so vil-
faͤltig allenthalb in der Schrifft verfaßt ist / das wir die
kunst gottes von got allain muͤssen leren / durch sein
krafft / almechtigs wort / und stimm des Lambs in uns /
das von anfang / wie in Abel erwürgt[1] / also in aller
gelassenen hertzen gelert / und gepredigt hat. Und diß ist
der tag des Herrn und ir Christus gewesen / den sie gesehen / gehoͤrt / der sie vor dem Vater vertretten / ver-
suͤnet / vermittelt / und in gott bracht hat. Von diser leer
der salbung / liß Esa. 54. Hiere. 31. Joan. 6. 1. Joan. 2.

Gott kent allain sich   Summa / gott selbs muͦß es alles im
selbs, in allen Creaturen. menschen sein / was er nit selbs
ist / thuͦt / liebt / bitt / waißt / in uns / das ist sünd. Er
kroͤnt allain sein aigen werck in uns / was sein gaist in
uns mit unaußsprechlichen seüfftzen nit selbs bitt / das
würt er lang nit erhoͤrenn / er kennet / weyß / hat /
liebt / und sihet sich allain selbs / als guͦt und umb
guͤttes willen / wer etwas bessers / dann er / er hasset
und verleugnet sich selbs / und haͤng demselben an. Darumb bleibt es war / gott kan niemand suchen / finden /
lieben / sehen / wissen / bitten etc. Dann bei / in / und
mit Gott / das liecht im liecht. Also kent / liebt / bitt /
erhoͤrt / Ja gott kan niemandt erkennen / lieben / bitten
etc. dann gott / Math. 11. Niemandt kent den Vater /
dann der Sun / und wem es der Sun wil eroͤffnen. Item

---

1. *nach dem Sinnzusammenhang wohl: erwirkt, d. h. gewirkt hat.*

Johan. 1. Gott hat niemandt jhe gesehen etc. Der aus
got ist / hŏrt gottes wort / ir aber kŏndt es nicht hŏren
oder glauben / dann ir seid nit aus gott / Joan. 8, 10.

HIERONYMUS BOCK

Geb. 1498 in Heidelsheim bei Bretten (Baden), gest. 1554 in Hornbach
(Pfalz). Lehrer in der Rheinpfalz. Darf als einer der ersten systematischen
Botaniker angesehen werden. Die Bedeutung seines *Kräuterbuches* (1539)
bezeugen die zahlreichen Neuauflagen (1546 u. ö.) mit mehrfachen Erwei-
terungen von eigner und später von fremder Hand.

Von Teutschem Pfeffer (Kreütterbuch, Kap. 148)

Die Beschreibung des deutschen Pfeffers spiegelt – beson-
ders im Vergleich mit der vorangehenden Paracelsus-Text-
probe – einen interessanten sprachlichen und wissenschaft-
lichen Tatbestand wider. Die Illustration zeigt die ver-
schiedenen Wachstumsphasen der Pflanze, in der dazuge-
hörigen Beschreibung wird nur noch das hinzugefügt, was
die graphisch-exakte Schilderung nicht wiedergeben kann:
Farbe und Qualität. Schon der Anfang beweist, wie dieses
Kräuterbuch aus Exkursionen erwachsen ist: das geographi-
sche Vorkommen des Gewächses ist lokalisiert. Auch Bock
hat einige Zweifel am Informationswert der alten medizi-
nischen Autoritäten. Doch ist er behutsamer als Paracelsus
und schreibt die Abweichungen in humanistischer Weise der
(verderbten) Textüberlieferung zu. Der Aufbau dieses Ar-
tikels ist ein glückliches Beispiel dafür, wie die Straffheit
der lateinischen Form zu dieser Zeit im Deutschen über-
nommen werden konnte.

Von Teutschem Pfeffer. Cap. CXLviij.[1]

Im Herbst als ich umbher zog allerhand frembde gewåchs zů
erforschen / fand ich auch zů Speir in des Ehrwůrdigen
Herrn von Lewensteins Garten / ein schönes liebliches gewåchs / dem geschach sein wartung[2] gleich wie dem Rosma-
rein / das wůchs als ein kleines drauschelechts[3] Båumelein /

---

1. *Als Randglosse zum Textanfang stehen die lat. Namen: Piperitis seu
Siliquastrum (oder Hülsenfrucht) Plinii ... Indianischer oder Calecuti-
scher Pfeffer.*
2. *Pflege.*
3. *wildes?*

mit vilen runden holen åstlein / die waren mit schwartz-
grünen zarten blettern bekleidet / die bletter vergleichen sich
beynahe den gemeinen Nachtschatten blettern / wiewol
schmåler und spitziger / die blůmlin waren bleichfarb
weiß / nicht grösser dann der gemeinen Nachtschatten /
darauß folgen grüne Schotten fingerslang / und ehe das sie
zeittigen[4] / wurden sie zůvor am stammen gantz schwartz /
gar bald verwandelt sich die schwartze farb in Menigroht /
also das ein jede zeittige frucht wie ein rohte Corall / oder wie
ein rohte Krebsscheer anzůsehen mich bedaucht / dise Frucht
hat vil breiten samen in ihr verschlossen / der was weiß
und eines hitzigen geschmacks / scharpffer und hanniger
dann kein Pfeffer / von solchem Samen mag man jårlichs
newe stöcklein gegen dem Frůling auffzielen. Mich wolt
aller ding beduncken es were ein Sommer frucht / und
möge kein Winter dulden / doch will ichs selbs in meinem
Garten auffzielen / wa es anderst mir gerathen will[5] / nach
der hand seind mir dises gewåchs noch mehr geschlecht[6]
zůkommen / etlichs mit langen / und etlichs mit kurtzen
breiten Schöttlein.

Von den Namen

Nach dem ich des schönen gewåchs namen zů wissen be-
geret / ward mir geantwortet es were Pfeffer / aber aller
Alten zeugnuß vom Pfeffer wolten sich dahin nit schicken[7] /
es were dann ein sonderer Pfeffer / von dem die Alten nichts
gewißt hetten / das ich bey mir nicht weiß zů befinden /
wiewol die Lehrer im Pfeffer auch nicht zůsammen stimmen.
Marcellus Vergilius[8] schreibet vom Pfeffer also / wie das

4. *reifen.*
5. *sofern es mir dennoch gelingt.*
6. *von ähnlicher Art.*
7. *dazu passen, übereinstimmen.*
8. *P. Vergilius Maro (70–19 v. Chr.), dessen Lehrgedicht »Georgica« (der*

ihm ein blatt vom stauden des Pfeffers sey zůkommen / sey
gewesen einer spannen lang / vier finger breit / von farben
bleichgrůn / durchauß mit siben Rippen / beynahe anzůsehen als ein Wegerich[9] blatt / doch spitzer / und die ge-
meltem[10] Vergilio solch blatt brachten / redten also darvon / wie das der Pfeffer nicht auff Båumen / sonder an
den stauden wachß / die sich / wie die Waldreben oder
Lynen / an die Båum anbinden[11] / daran sie auffwachsen /
ferners so tragen gedachte Reben stauden / die frucht den
Pfeffer nicht in Schotten oder Schefen[12] / sonder bloß
klotzecht bey einander gedrungen[13] / wie das Beynhůltzen
Ligustrum genandt[14] / erstmals grůn / wůrt in der heissen
Sonnen mit der zeit in schwartz verådnert / dann die Ein-
wohner samlen den Pfeffer wann er noch grůn ist / und
dôrren denselbigen folgendts in der brennenden Sonnen /
biß das er schwartz und rumpffet[15] erscheinet / etc.
Die Histori Marcelli Vergilii vom Pfeffer / und darnach
die Historien beyde Theophrasti und Dioscoridis[16] schicken
sich gar nicht zůsammen. Welches hie und sonst in vil
orten nicht geringe ursach / sonder vil mal argwohn bringet[17] / wie das die Bůcher der alten in vilen stucken

---

*Landbau) durch das ganze Mittelalter hindurch eine autoritative Stellung
hatte.*
*9. Diese wie auch die folgenden erwähnten Pflanzengattungen decken
sich meist mit den heutigen Pflanzennamen.*
10. dem erwähnten.
11. sich als Schmarotzerpflanzen um die Bäume winden.
12. Hülsen.
13. sondern offen klötzchenartig dicht beieinander liegen.
14. wie die Beinhülse, die Ligustrum (Rainweide) genannt wird.
15. runzelig.
*16. Theophrastus von Lesbos (4./3. Jh. v. Chr.), griech. Philosoph, von
dessen Werk außer Fragmenten nur zwei botanische Werke erhalten sind
(»Pflanzenkunde« und »Pflanzenphysiologie«), genoß zusammen mit dem
röm. Arzt Dioskurides Pedanius (1. Jh. n. Chr.), dessen Werk über »Arz-
neistoffe« über 600 Arzneipflanzen aufführt, besonders im 16. Jh. hohes
Ansehen.*
*17. nicht als bedeutungslos abgetan werden darf, sondern einem den
Verdacht aufkommen läßt.*

depraviert[18] / oder unfleissig zům ersten mal von den
Schreibern an das liechte kommen. Weiters schreiben Dios-
corides und Plinius[19] / Pfeffer wachß in India / so schreibet
Aloysius im dritten Bůch seiner Meerfahrt oder Schiffung
cap. lxxxiij. der Pfeffer werd fernjehnseit der Calecutten[20]
auß einem Thurn ans Land bracht etc. Herwiderumb
bezeuget Plinius lib. xij. cap. vij. wie der Pfefferbaum zů
seiner zeit in Italien kommen sey / dem Myrrhen oder
Cubeben gewåchs nicht ungleich / etc. Solches alles hab ich
zůsammen getragen / und anzeigen wőllen / dieweil etliche disen argwohn haben / als solt obangezeigt gewåchs
rechter Pfeffer sein / demnach alle zeugnuß und beschreibung der alten und newen / sampt der sichtbarlichen gestalt selber des Pfeffers nicht darzů stimmen / kan ichs
bey mir nicht fůr Pfeffer halten noch mittheilen / darmit
aber anregte schőne Frucht auch bey den Teutschen ihren
namen behalte / haben wir den namen Pfeffer umb des
hitzigen geschmacks willen bleiben lassen / man nennet doch
auch andere kreutter nach dem Pfeffer / als Hydropiper
und Piperitis / sonst will mich beduncken / das diß schőn
gewåchs mit seiner rohten frucht gar wol stůnde / under
dem Siliquastro Plinii[21] / lib. xx. cap. xvij. und under dem
capitel Zinziber Caninum[22] in Avicenna[23] / bey uns nennet
man diß frembd gewåchs Piper Indianum / Hispanicum.

18. *entstellt, verderbt worden seien.*
19. *Plinius aus Comum (1. Jh. n. Chr.) kam als kaiserlicher Prokurator fast im ganzen Römischen Reich herum; erhalten ist von ihm die »Naturalis Historia«.*
20. *Kalkutta.*
21. *d. h.: Es wäre unter dem Stichwort Hülsenfrucht bei Plinius.*
22. *Hundegewächs.*
23. *Ibn Sina Avicenna, arab. Philosoph u. Arzt (980–1037 n. Chr.); seine im »Kânûn« gesammelten naturwissenschaftlichen Werke galten im Mittelalter als Grundlagenwerk.*

Von der krafft und Würckung

Pfeffer wůrt in der Artzney bey den Alten gelobet / ist
aber von Natur hitzig und drucken[24] / also mag der Indianisch Pfeffer auch sein.

Innerlich

Harn
Dawung
Grimmen
Schleim
Flecken
Bauchgrimmen
Husten
TodteGeburt

Der recht und gemein Pfeffer / so wir in der
Kuchen brauchen / dienet sehr wol zů der
Artzney / dann seine Würckung ist den Harn
zů bewegen / der Dawung zů helffen / auß-
zůziehen / den Schleim zertheilen / das Grimmen zůstillen / und Flecken vertreiben. Dann
also lißt man vom Pfeffer / so er gebraucht
wůrt in der Speiß / soll er helffen Dawen / und das
Bauchgrimmen stillen / wann man ihn mit Lorbeer bletter
eintrinckt / den zähen Hůsten oder Schleim umb die Brust
soll er zertheilen / in Latwergen eingenommen. Treibet
(also genützet) den Harn und todte Geburt auß / in
summa / der Pfeffer gehört in die Kuchen und Apotecken.

Eusserlich

Hirnfluß
Flecken under
den Augen
Zanfleisch
Geschwulst
Saubere Haut
Speiß ferben

Pfeffer zerkewet mit Staphis agria / såubert
das Hirn von zähen flůssen / Pfeffer mit
Salpeter temperiert und angestrichen / zertheilet und vertreibet flecken under den Augen.
Der Indianisch Pfeffer soll gůt sein dem
Zanfleisch und den Zånen / sagt Plinius. Der vorgeschri-
ben Calecuttisch Schottenpfeffer zertheilet harte Geschwulst / und Knollen / mit Honig temperiert und angestrichen / reiniget und såubert die Haut von allerhand
Flecken und Målern. Der Samen kan für anderen Pfeffer
in der kost genützt werden / macht dieselbig zůgleich
hůpsch Saffrangålb.

24. *trocken.*

Abconterfaytung[1] D. Martin Luthers

*Als Luther 1546 starb, hatte sich die Reformation kirch-
lich und gesellschaftlich so weit gefestigt, daß dies auch
von der katholischen Kirche anerkannt werden mußte.*

1. *Abbild; kann sich sowohl auf die bildliche wie auch auf die sprachliche Porträtierung beziehen.*

*Denn die einsetzende Gegenreformation war sich zumin-
dest ideologisch bewußt, daß die Rückbekehrung auf brei-
tester Ebene einsetzen mußte und nicht einfach mit politischen Druckmitteln oder Disputationsunterdrückungsversu-
chen vonstatten gehen konnte. Das anonyme Flugblatt
»Abconterfaytung D. Martin Luthers« zeigt im Text und
im Holzschnitt, wie Luthers Tat rückblickend aufgenommen
wurde von jenen Volkskreisen, die sich zur Reformation
bekannten (s. Abbildung).*

PHILIPP MELANCHTHON

Geb. am 16. Februar 1497 in Bretten (Kurpfalz), gest. am 19. April 1560
in Wittenberg; Großneffe von Johannes Reuchlin, getreuester Mitarbeiter
Luthers. Er war nicht nur die Hauptstütze Luthers für die Bibelübersetzung, es ist auch seiner Umsicht und Tatkraft zu verdanken, wenn die
Bedeutung der humanistischen Ausbildung in den Wirren der Zeitereignisse nicht aus dem Auge verloren wurde. Er pflegte mit seinen Schülern
intensiv die Kunst der Rhetorik, und seiner Initiative ist es zuzuschreiben, daß das humanistische Gedankengut im Schulunterricht organisations-
mäßig verwirklicht wurde. Als Persönlichkeit – er war von Natur aus
ein wissenschaftlich orientierter, eher introvertierter Charakter – wirkt
er eindrücklich in seiner vermittlerischen und versöhnlichen Tätigkeit;
von den Zeitgenossen als »Praeceptor Germaniae« gefeiert, steht er auch
heute noch als leuchtende Verkörperung des humanistischen Ideals da.
Werke: *Apologia pro Luthero* (1521); *Loci communes rerum theologi-
carum* (1521); *Confessio Augustana* (1530); *De potestate Papae* (1537);
Reformatio Wittenbergensis (1545).

Oratio, Uber der Leich des Ehrwiridigen D. M. Luthers (Auszug)

*Melanchthons Nachruf zeigt nicht nur das Lutherbild der
Anhänger, sondern auch die vornehme Persönlichkeit des
Humanisten, dessen Anteil an der Reformation bedeutend
war. Da er beinahe ausschließlich lateinisch schrieb, ist*

*die Hilfe eines sonst unbekannten Übersetzers beigezogen
worden. Rhetorisch hat der folgende Ausschnitt seinen
festen Platz in der Festrede als Teil der Argumentation,
das heißt, die »refutatio« soll mögliche Einwände von
Gegnern entkräften.*

Darumb ist kein zweivel / frome Christliche hertzen / werden fur und fur / bis zu ewigkeit / die Göttliche wolthat
rhůmen und preisen / die er durch diesen D. Luther seiner
Kirchen gegeben / Und werden erstlich Gotte dafür lob
und danck sagen / Darnach auch fur alle Welt öffentlich
bekennen / das sie dieses teuren Mans trewer vleis und
arbeit / in schrifften und predigten viel gebessert / und im
dafur danckbar zu sein schuldig / sind / Ob wol die andern
Epicurer und Gottlosen leute / welche die gantze Kirche
Gottes / und der Kirchen lere und regirung verlachen /
und fur unnütz / nichtig kinderwerck / oder auch fur lauter torheit halten.
Es sind auch nicht / wie die Naseweisen sagen / vergeb-
liche unendliche gezenck und Disputation erregt / die niemand verrichten könne / Und ist nicht / wie etliche hönisch
davon reden / solche Lere in die Kirchen gestrewet / darob
man sich nur zancken und hadern solle / wie die Poeten sagen / das etwo ein schöner lůstiger Apffel[1] unter etliche Jung-
frawen geworffen / darob sie sich unternander zanckten. Es
ist auch diese Lere nicht finster / tunckel Retzle[2] / die niemand verstehen könne / Denn verstendige Gottfürchtige
hertzen / und die nicht mutwillige Sophistrey und ver-
kerung rechter Lere suchen / können leichtlich sehen und
verstehen / so sie die Artickel widerwertiger Lere gegen-
ander halten / welche der Göttlichen Lere gemess sind /
und damit uberein stimmen / oder nicht / Ja / es ist bey

1. *Eris, die griech. Göttin des Streites, warf bei der Hochzeit des Peleus
und der Thetis einen Apfel unter die Gäste, der über das Paris-Urteil
schließlich der Grund für den Trojanischen Krieg wurde.*
2. *Rätsel.*

allen Gottfürchtigen / diese Religion sache schon geortet /
und gewislich beschlossen / welchs die rechte warhafftige
Lere sey / Denn dieweil sich Gott hat wollen offenbaren /
und zuerkennen geben / durch der Heiligen Propheten und
Apostel mund und Schrifft / sol man nicht dafur halten /
das solch wort und schrifft ungewis und unverstendlich
seien / als der Sibillen[3] oder dergleichen tunckel reden
und weissagungen.

Das aber etliche / auch guthertzige Leute ihe[4] zu zeiten
geklagt / D. Luther were etwas zuhart und rauch gewesen
im schreiben. Davon wil ich nichts Disputirn / weder in zu
entschüldigen / noch zu loben. Sondern lasse es bey der
Antwort / die hievon Erasmus offt gegeben / Gott habe
der Welt zu dieser letzten zeit / darin grosse und schwere
seuche und gebrechen uberhand genomen / auch einen harten scharffen Artzt gegeben[5].

Und so Gott ein solch Werckzeug / wider die feinde des
Evangelii / so mit grossem stoltz / vrecheit und frevel /
wider die warheit lauffen / erwecket / wie er zu dem
Propheten Jeremia spricht / Sihe / ich habe meine wort
in deinen mund gelegt / das du ausreissen / zubrechen /
verstören und verderben solt / und pflantzen und bawen
etc.[6] Und so er sie also mit D. Luthers harten Schrifften
hat schrecken wollen / so mögen sie Gott darumb zu
rede setzen / werden aber vergeblich mit im darob rechten.

Gott regiret seine Kirche nicht nach menschlichem Rat und
Weisheit / und machet seine Werckzeug / so er erwecket /
nicht aller ding gleich / das ist aber allzeit / und bey allen
also / das gemeine eingezogene[7] und sittige leute / nicht

3. *röm. Wahrsagerin.*
4. *immer wieder.*
5. *Melanchthon blieb auch mit Erasmus in Verehrung verbunden, nachdem Luther mit ihm gebrochen hatte.*
6. *Jer. 1, 10.*
7. *einfache, stille.*

gefallen haben an grosser hefftigkeit in andern / sie sey gut oder bōse. Als Aristides zu Athen / da er sahe / wie Themistocles mit grosser freidigkeit / sich der Regierung understund / und im glūcklich fort gieng / wiewol er seinem Vaterland solche wolfart gerne gōnnet / Bevliesse er sich doch / so viel er kund / die grosse geschwindigkeit in Themistocle zu messigen / und im zaum zu halten.

So will ich auch nicht verneinen / das im solche grosse hefftige Leute / unterweilen zu viel thuen / Denn es ist doch in dieser schwachen elenden Natur / und menschlichem leben / niemand on alle gebrechen / Aber doch / wo etwo ein solcher Man ist / wie die alten Griechen / von Hercule / Timone / und dergleichen gesagt haben / der nicht allzeit Hōflich / aber sonst ein auffrichtiger / fromer / redlicher Man ist / der ist billich als ein ehrlicher teurer man zu loben / Und wo er in der Kirchen sich erzeigt (wie S. Paulus sagt) als der Ritterlich streitet[8] / und behelt den Glauben und gut gewissen / So ist er auch Gotte gefellig / und von den Leuten aller ehren werd zu halten.

Nu wissen wir / das Doctor Luther ein solcher Man gewest / Denn er hat ob der reinen Lere bestendiglich / und mit trewem vleis gestritten / und sie allzeit verteidingt / So hat er auch ein gut auffrichtig unverletzt gewissen behalten. So mus auch ein jeder / der in recht erkand / und offt umb in gewesen / dieses zeugen / das er seer ein gūtiger Man gewest / und wo er unter leuten gewesen / mit allen reden holdselig / freundlich und lieblich / und gar nicht vrech / sturmisch / eigensinnig oder zenckisch / Und war doch daneben ein ernst und tapfferkeit in seinen worten und geberden [...].

---

8. *z. B. Eph. 6, 11.*

SEBASTIAN MÜNSTER

Geb. 1489 in Ingelheim, gest. am 23. Mai 1552 in Basel. Franziskaner, der
später in Heidelberg und Basel reformierte Theologie unterrichtete. Münster ist vor allem als Kosmograph bekannt geworden. Seine *Cosmographei* (1544) ist die erste große deutsch geschriebene Weltkunde. Der
Autor übersetzte sie – was als Übertragungsweg eine der großen Ausnah-
men des Zeitalters ist – später selbst ins Lateinische. Bis 1600 sind nicht
weniger als 33 Auflagen bekannt, einschließlich der lateinischen, französischen, italienischen und einer tschechischen Ausgabe. Außer antiken
Vorbildern benutzte er auch die Werke von Vorgängern in seinem Kulturraum (Schedels *Weltchronik*, 1493; Beatus Rhenanus' *Rerum Germa-
nicarum libri tres*, 1531; Sebastian Francks *Weltbuch*, 1534). Neben
Reuchlin war er der namhafteste Hebraist seiner Zeit. Die bedeutendste
Pionierleistung Münsters war eine Edition der gesamten hebräischen
Bibel mit Übersetzung (1535).

Cosmographei (V. Buch, Auszug)

*Der Text bringt die Auswertung einer beinahe zeitge-
nössischen Vorlage, die des berühmten Briefs »De insulis nu-
per inventis« von Christoph Kolumbus, in dem der Ent-
decker von Amerika König Ferdinand und Königin Isa-
bella von Spanien das Ergebnis seiner abenteuerlichen Fahrt
mitteilt. Das spanisch geschriebene Dokument wurde 1493
in Barcelona veröffentlicht; und schon 1494 beziehungsweise 1497 erreichte die Kunde in einem lateinischen und
einem deutschen Druck den damaligen deutschen Sprachraum. Wenn man sich vergegenwärtigt, daß knapp 50
Jahre später eine geographisch exakte Karte zum Beispiel
von Kuba (unser Bild entstammt der im gleichen Jahr
erschienenen lat. Ausgabe) vorlag, erhält man einen Eindruck
von der Informationsträchtigkeit, die der Buchdruck mit
sich brachte. Sebastian Münster versucht in seiner »Cosmographei« ein Gesamtgeschichtsbild zu entwerfen, indem er
so viele Quellen und Gewährspersonen wie möglich berücksichtigt. Der Text gibt eine Probe, wie eine völlig
neue Welt im buchstäblichen Sinne beschrieben wird; die*

*fabelhaften Züge lassen sich zwar andeutungsweise erken-
nen, doch herrscht der Wille zu einer möglichst vielfältigen
Schilderung vor, die in ihrer anthropologischen Ausrichtung recht erstaunlich ist.*

Von den neüwen inseln (Auszug)

Von disen inseln[1] ist gemelter[2] Christophorus Columbus
fübaß gegen dem Occident drey und zwentzig tag und
nåcht gefaren / und hat kein lannd gefunden / biß zů
letst der wechter in der hőhe des schiffs sahe etliche inseln / den schifften sie zů / besunder zwo wolten sie be-
sichtigen / und gaben inenn auch namen / eine nempten
sie Johannam / die ander Hispanam[3]. Sie schifften umb
die insel Johannam / und hőreten ein groß vogel gesang /
besunder hőreten sie umb sant Martins tag[4] die nachtgallen
mitt voller stimm singen / sie sahen daß groß lauter und
süß wasser auß iren flüssen in dz mőre[5] fallen / schifften
also ein hundert Teütscher meilen oder zwey / und ge-
sahen doch niemand / do kerten sie umb und wendten sich
gegen der anderen inseln / do sahen sie wie die leüt in
der selbigen inseln fluhen von inen in die wåld / und als
sie auß den schiffen naher eilten / ergriffen sie ein weib /
und fůrten es ins schiff / gab ir wein zů trincken / und was
sie gůts hetten zů essen gaben sie ir auch / darnach legten
sie ir an hübsche kleider / und schickten sie widerumb zů
den iren. Do dieselbige sahen diß weib also bekleidet /
dann sie giengen all nacket / und das weib inen sagt was
gůts sie gessen und truncken het / lieffen sie mit scharen
zum mőre / und gaben den Spaniern gold umb håfen und

1. *Von den Kanarischen Inseln.*
2. *erwähnter.*
3. *zwei kleine Inseln der Bahamas.*
4. *11. November.*
5. *Meer.*

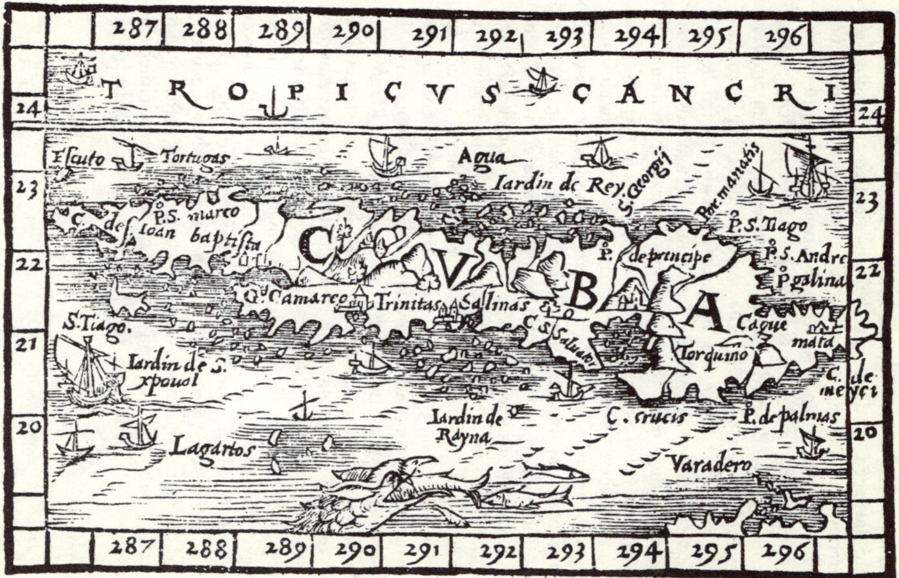
TROPICVS CANCRI
CVBA
Escuto
Tortugas
Agua
Iardin de Rey
S. Georgij
Por. manatis
P.S. Tiago
P.S. Andre
P. galina
P. de principe
P.S. marco
C. de
S. Ioan baptista
Q. Camareo
Trinitas
Salinas
C. S. Salvator
Cague
mata
Torquino
C. de meyci
S. Tiago.
Iardin de S. xpouol
Iardin de Rayna
C. srucis
P. de palmas
Lagartos
Varadero
287
288
289
290
291
292
293
294
295
296
24
23
22
21
20

gleser / ja sie hetten nichts so kindisch im schiff es ward inen
gold dargegen. Und als sie zů beiden seiten einander dorfften
vertrauwen / und mitteinander vertauscheten / haben die unsern wie sie mochten erforschet ir leben / wesen und sitten /
und vermerckten das sie ein künig hetten / zů dem giengen
sie hinauß / und wurden auch freüntlichen von im empfangen und eerlich tractiert. Die jnwoner diser inseln machen
brot auß wurtzeln / die schmacken gleich als frische und
neüwe kesten[6] / das gold ist bey inen in etwas achtung / sie
faren nit auß irem land kauffmanschatz zů treiben / sie
lesen das gold auff im sand eines grossen wassers / das
vonn etlichen hohen bergen hårab falt / schmeltzen es
darnach und machen guldine blech darauß. Der thier halb
findt man bey in küngelin[7] / item groß mechtig aber on-
schedlich schlangen / gros tauben wie unsere enten / genß
schnee weyß als die schwanen / die haben rote köpff / vil
psittich[8] von mancherleien farben / dar bey die Spanier wol
mochten mercken das sie nit fern von India waren. Sie
funden auch in diser inseln mastix / aloe / rot pfeffer
körner / zimmet und imber. Die weil nun Columbanus in
diser inseln was mit seinen mit geferten / klagten im
die jnwoner grosse not über etliche völcker die sie Canibalen nennen / wie die auß irem land schiffeten in andere
inseln und fiengen die leüt / schlůgen sie zů todt / fressen
sie / und giengen nit anderst mitt inen umb dann wie ein
Tiger oder Löw mit einem zamen thier. Den knaben hüwen
sie auß[9] und mesteten sie biß sie feißt wurden / theten
inen gleich wie man den capunen[10] thůt / aber die betag-
ten metzigten sie eins wegs / wurffen das gederm hin-
wegk / essen die anderen innern glider / des gleichen die
eüssere / als hend und füß / aber das überig saltzten sie

6. *Kastanien.*
7. *Kaninchen.*
8. *Papageien (schon mhd.).*
9. *hoben sie auf.*
10. *Kapaune, Masthähne.*

und behielten es. Die weiber fressen sie nit / sunder hielten sie zů der frucht gleich wie man die hennen halt zů eiern / aber die alten weiber hielten sie zum dienst. Darumb so die Canibalen zů diser inseln kommen fleücht iederman und wartet niemand iren / dann sie seind starck und grimmig / und mögen zehen auß inen hundert andere meistern.

Nach dem aber Columbanus sich den gantzen winter biß zum frůling in diser inseln gehalten hatt / nam er im fůr heim zůschiffen / und dem künig mit fröuden gůte botschafft von dem neüw erfunden land zůbringen / Also ließ er in der inseln bey dem künig acht und dreyssig von seinen mitgeferten / die mit fleiß alle stett und örter in seinem abwesen solten erforschen und erkunden / was für gewechß an baumen und früchten darin were. Er nam auch mit im zehen mann auß der inseln / do mit man von inen ir sprach lernen möcht. Do nun Columbanus wider haraus kam / ward er mit den höchsten eeren empfangen von dem künig und allem volck in Hispania / und bald geratschlaget / wie man den Christen glauben under das ongläubig volck bringen möchte. Der künig gab auch dem offt gemelten Columbano einen anderen namen / das er seiner wunderbaren thaten halb fürthin heissen solt Admirans / das ist / ein verwunderer / und ließ zůrichten siebenzehen grosser schiff und zwölff jagschiff / und verordnet darin 1200. gewaffneter manner / etliche zimmer manner und andere handwercks leüt / auch etliche reüter / und alles was zů einem wol geordneten hör gehört. Er beschied auch das sie mit inen nemen ochsen / kůw / seüw / weytzen / gersten / erbessen[11] und andere der gleichen ding / nitt alleyn darvonn zůessann / sunder auch solich samen in frembde land zů sáien. Deß gleichen namen sie mit inen zweig von den geschlachten baumen[12] / sie zů pflantzen in

11. *Erbsen.*
12. *auserwählten, d.h. Edelholzbäumen.*

den inseln / und item allerley eysenwerck zeůg / die geschickt wåren do mitt stett und schlôsser zůbauwen / darin
sich die Spanier halten môchten und do hin ir zůflucht
setzen.

FRIEDRICH DEDEKIND

Geb. um 1525 in Neustadt a. R., gest. am 27. Febrᵣ 1598. Pastor in
Münden, 1550 in Wittenberg zum Magister promoviert, 1576 nach Lüne-
burg an die St. Michaeliskirche berufen, wurde Superintendent und In-
spektor aller Kirchen des Bistums Lübeck.

Grobianus, übersetzt von Kaspar Scheidt (1. Buch, 1. Kap.)

*Noch als Student veröffentlichte Dedekind 1549 den »Gro-
bianus«, eine satirische Tischzucht auf Latein; und schon
1551 kam die deutsche Übersetzung des erfolgreichen Werkes aus der Feder des Wormser Schulmeisters Kaspar
Scheidt (gest. 1565) heraus. Zahlreiche erweiterte Neudrucke zeugen von der Beliebtheit dieses Werkes.*
*Die genau 5000 Verse umfassende deutsche Übersetzung
stellt bereits eine erweiterte Fassung dar. Doch auch das
lateinische Original hat zahlreiche Vorläufer; und St. Grobianus war ein seit langer Zeit bekannter Heiliger – er hat
ja auch der Nachwelt das voreilige Stilprädikat von der
»grobianischen« Literatur des 16. Jahrhunderts geliefert.
Daß diese Satire mit ihrer Darstellung der Flegeleien und
Unflätigkeiten bei Tisch stofflich ihre zeitgenössische Entsprechung hat, läßt schon der Ausschnitt stark vermuten.*

Das erste Buch Grobiani, Von vnhöflichen
sitten, vnd Beurischen geberden

Also jr groben höltzlin all,
   So jemandt ist dem wolgefall,
Grob, beurisch, vnd vnhöflich art,
   So all mein schüler halten hart[1],
Der läß[2] diß büchlin wol gesaltzen,
   Mit groben zotten wol geschmaltzen[3],
Er sol sich also bessern drauß,
   Daß jederman im gantzen hauß,
Wer jn ansicht sol sagen frey,
   Daß er ein Grobianer sey,
Vnd hab das handtwerck wol gelert
   Was einem knebel[4] zůgehört,
So er will folgen meinem rhat,
   Vnd treiben was im büchlin stat.
[...]

Das erste Capitel, von auffstehen, anziehen,
langem hare, vnd geelen zenen[5]

Hie lern ein jeder schüler mein
   Der niemands wil gehorsam sein,
Noch thon was man jn weiß[6] vnd sag,
   Hierinn er bald ergreiffen mag
Was jm zu grobheit noch gebrist[7],
   So er ein wenig fleissig ist.

1. *streng einhalten.*
2. *lese.*
3. *eingeschmiert, d. h. gepfeffert.*
4. *Knüppel, d. h. Rüpel.*
5. *gelben Zähnen.*
6. *anweise.*
7. *fehlt, mangelt.*

Zum ersten, soltu mich verstehen,
  Des morgens so du wilt auff stehen,
Das doch gar selten sol geschehen
  Eh du den disch gedeckt magst sehen.
Den âltern wünsch kein gûten tag,
  Der wunsch sie doch nichts helffen mag:
So spar dein wort nach grobem sitt,
  Vnd blaß das kraut vnd mûß darmit.
Das hembd thû an, vnd lauff daruon,
  Daß du nit mûst am kalten ston.
Nimm fluchs die kleider an den arm,
  Lauff in die stuben also warm,
Vnd zeuch dich bey dem offen an,
  Da dir die kelt nicht schaden kan.
Laß dich nicht hindern, ob dabey
  Junckfrawen oder weiber sey:
Vnd mach dein fadenrecht für dich.
  Laßt jemandt das verdriessen sich,
So sprich, Wer mich nit geren sicht,
  Der geh hinauß vnd jrr[8] mich nicht.
Auch wiltu vor junckfrawen brangen,
  So laß ein weil die hosen hangen
Biß auff die schwartzen knie hinab,
  Daß man dein auch zu lachen hab.
Dir werden die junckfrawen holt,
  Ein jede dich gern haben wolt.
Nâm dich in solcher abenthewr
  Ein reichs weib, wer dir auch ein stewr[9].
Kein gürtel bind nit vmb die lenden,
  Man môcht dirs sonst zur hoffart wenden.
Das har strâl[10] nit, hût dich bey leib,
  Har auff zupflantzen zimpt eim weib.

8. *verwirre.*
9. *Aussteuer, Gewinn.*
10. *kämme.*

Ein manßbild sol sich nit auffbutzen,
 Als sich die jungen bůler mutzen.
Dir aber ists ein hoffzucht zwar,
 Wann dir vol federn hangt das har,
Darauß kan jederman erwegen
 Daß du nicht seist im stro gelegen.
Das har laß allzeit wachsen lang,
 Daß es dir auff die achseln hang:
Obs schon dem scherer nicht gefelt,
 Es ist dir gůt für winters kelt.
Die alten trůgen auch vor zeitten
 Lang har, wie das die bůcher deuten,
In langen haren hettens ehr,
 Jetz acht man keiner einfalt mehr.
Auch zimpt es deinen sitten nicht,
 Zu weschen hend vnd angesicht.
Dann deiner grobheit wol anstat
 So beides hangt vol wůst vnd kat[11].
Laß weschen wem es wol gefelt,
 Acht nit wie sich ein ander stelt.
Wer vnlust hat an deiner weiß,
 Der geh vom disch, such ander speiß.
Spricht jemandt zu dir: Wåsch die zeen.
 So sprich: Was thůt es dich angehn?
(Mit kaltem wasser ist nit gesundt
 Zu wåschen deine zeen vnd mundt)
Was hast an meinen zeenen feel[12]?
 Ist dann nicht auch der saffran geel?
Die farb hat auch das kôstlich golt,
 Dem jetzund sind all menschen holt,
Das kôstlichst vnder alln Metallen,
 (Drumb laß dir geele zeen gefallen.)

11. *Schutt, d. h. Staub und Kot.*
12. *auszusetzen.*

JOHANN FISCHART

Vom Außgelaßnen Wůtigen Teuffelsheer ...
(Übersetzung der **De Magorum Daemonia** von Jean Bodin. Auszug)

Selbst ein so kritischer und überlegener Geist wie der Jurist Johann Fischart huldigte dem zeitgenössischen Hexen- und Satansglauben, indem er das Teufelsbuch von Jean Bodin (1530–96), ebenfalls Rechtsanwalt, ins Deutsche übersetzte.
Die Hexen- und Satansprozesse hatten mit der Bulle von Innozenz VIII. 1484 Bestätigung und neuen Auftrieb erhalten; und Jakob Sprenger (Dominikaner), zusammen mit Heinrich Institoris, lieferte mit seinem »Hexenhammer« (»Malleus Maleficarum«) ein authentisches Gesetzbuch (Straßburg 1489; 29 Auflagen bis 1629), das eine kasuistisch-zusammenfassende Prozeßordnung gewährleistete.
Der Teufelsglaube verschonte selbst so große Geister wie Luther nicht; auch die zahlreichen Einblattdrucke aus der Frühzeit des Buchdrucks bevorzugen neben astrologischen Weissagungen, Darstellungen von Mißgeburten dieses Thema. In der »Historia und Geschicht Doctor Johannis Fausti« haben wir ein literarisches Zeugnis für die fest im Zeitbewußtsein verankerte Teufelsbündlerei. Die Textprobe zeigt, wie zäh sich dieser Glauben in der Tradition erhielt – Goethes »Faust« hat ja auch dieses Motiv übernommen.

(Von der Hexenfahrt)
Und auff diß end hin schreibt mehr gedachter Paulus Grillandus im Buch *De Sortilegiis*, das im 1524. Jar er von eim Herren sey gebetten worden / mit ihm in das Schloß S. Pauli im Herzogthumm Spolet / zureisen / daselbst Trey Hexen zuverhören / und ihnen nach gestalt

der sachen[1] ihr Recht zusprechen. Die jüngst unter ihnen /
als man ihr das leben zuschencken versprochen / bekandt
ihm / Es wer nun wol vierzehn Jar / daß eine Alte Hexin
sie zur Versammlung anderer Hexen und Zauberer geführt hette: Daselbst wer ein Teuffel gewesen / der sie
darzu bewegt / daß sie Gott sampt allem Glauben und
Religion verschwören / und hingegen mit einem Eyd / den
sie mit Handaufflegen auff ein Buch / darinnen etlich
seltzsame frembde unbekandte Schrifften gestanden / sich
dem Teuffel / ihm zu allem Gebott Trew und gehorsam
zusein / pflichtig gemacht habe. Und von derselbigen zeit
an / sey sie stäts zu Nacht / wann man sie beruffen / zu
dem Hexenfest gefahren / und hab alle die / so sie darzu
vermögen können / mit geführet.

Auch sagt sie / wie ir der Teuffel Ewige freud und
Glückseligkeit zugesaget Und bekant forters[2] / daß sie
seidher vier Menschen und vil Viechs habe getödet / und
durch Ungewitter die Frücht verterbet. Sagt auch / wann
sichs begeb / daß sie auff angesetzten Versamlungstag
nicht erscheine / und kein Warhaffte wolgefußte[3] Ursach
habe / so were sie Nachts also geplagt / daß sie weder
schlaffen noch ruhen könne.

Und wann man auffsein muß / so höre sie ein Stimm eins
Menschens / den sie ihr klein Meysterlein nennen / und
bißweilen auch Meyster Martinlein. Darauff wann sie sich
mit besonderem Schmär[4] hat geschmieret / steige sie auff
ein Bock / den halt sie bei den Zotten / der sei dann
gantz willig zu der Fuhr[5] / und werde darmit gantz plötzlich unter den grossen Nußbaum gen Benevent geführt /
allda sie eine unzahl Zauberer und Hexin finde. Daselbst

---

1. *richterlichem Augenschein des Falles.*
2. *bekannte weiterhin.*
3. *wohlbegründete.*
4. *Fett; taucht als Motiv noch auf in Kellers Novelle »Spiegel das Kätz-*
chen«.
5. *Fahrt.*

wann sie irem Fůrsten widerumb Gelůbd und Huldung[6]
gethan / so thu man einen Dantz darauff. Darnach sitz
man zu Tisch: und zu letzst vermische sich ein jeder
Hŏllbutz[7] mit dem oder derjenigen / den oder die er inn
Verwarung und befohlener Anruffung hat. Wann nun
diß alls vollbracht / so kehre jedes widerumb auff sein
Bock zu Hauß. Und uber diß betten sie auch in iren Hǎu-
sern insonderheit den Teuffel an. Auff solche Bekantnuß
seind sie gegen einander verhŏrt und Confrontiert / und
noch andere darzu verklagt worden: Welche nach dem
sie der ubelthat bekantlich gewesen / hat man sie lebendig
sampt ihren Salben und Půlfferlein verbrannt.

THOMAS PLATTER

Geb. am 10. Februar 1499 in einem Bergdörfchen im Wallis, gest. am
26. Januar 1582 in Basel. Schlug sich in vielen Berufen (Seiler, Händler,
Lehrer, Buchdrucker) durch, wobei er als fahrender Schüler in eigener
Regie sich die humanistischen Kenntnisse der alten Sprachen aneignete.
1541 übertrug ihm der Basler Rat die Leitung der Schule auf der Burg,
ein Amt, das er beinahe bis zu seinem Tode verwaltete. Im Alter von
75 Jahren schrieb er in zwei Wochen auf Bitten seines Sohnes seine
Lebensgeschichte nieder.

Autobiographie (Auszüge)

*Die Erzählung aus seiner autodidaktischen Lehr- und Stu-
dienzeit gibt einen lebendigen Einblick in die Schulver-
hältnisse der damaligen Zeit. Die institutionalisierten Universitäten waren keineswegs die einzigen Bildungsquellen,
sondern die Kenntnisvermittlung fand vielfach statt in
und durch Gruppen, die sich aus gemeinsamen Interessen*

6. *Huldigung, Anbetung.*
7. *Höllen-Poltergeist, Schreckgestalt.*

*zusammenfanden. Es wird daraus am Einzelbeispiel er-
sichtlich, daß die »Humanisten« mannigfaltigster Richtung
auch von ihrer sozialen Herkunft her neue Aspekte für
das Bildungswesen eröffneten; sie kamen sehr oft aus einfachen Verhältnissen. – Typisch für den Geist der Zeit ist
die Tatsache, daß die faktisch richtige Selbstbiographie als
der Aufzeichnung würdiger persönlicher Ausdruck erachtet
wird.*

Die will du, lieber sun Felix[1], nun ettlich mall an mich
begärt hast, des glichen ouch andre verriempte und glerte
menner, die vor ettlich iaren in ir iugent mine discipuli
gsin sind, ich sölle von iugend uff min läben beschriben,
dan du, wie ouch sy manchmall von mier gehört habend,
in was grosser armut von mutter lyb an, demnach in wie
vill grosser gferden ich offt bin gsin mins lybs und läbens,
erstlich als ich gedient han in den grusamen gebirgen, demnach als ich den schulen in miner iugend nach bin zogen,
ouch wie ich in die ee bin kummen, mich mit miner huß-
frowen mit grosser sorg, mü und arbeit mit den minen er-
nert hab.
Do dan sömlichs fürnämlich dier zu guttem erschiessen[2]
mag, das du betrachtest, wie gott mich manch mall so wun-
derbarlich erhalten, und du dem herren im himel drum
dankest, das er dich, von mier erboren, so woll begabet
hatt, und behüttet, das du nit so hast miessen armut liden,
so kan ich dier das nit abschlachen, sunder als wyt mier
miglich der gedächnuß halb alles anzeigen, wie und von
wem ich erboren und erzogen sige worden[3]. Und erstlich
kan ich kein ding minder wissen, dan zu welcher zyt sich

1. *1536–1614; studierte u. a. in Montpellier, wurde später Professor für
Medizin und Rektor der Universität in Basel. Seine ebenfalls erhaltene
Lebensgeschichte spiegelt u. a. – auch urbaner erzählt – den sozialen Auf-
stieg wider.*
2. *zugute kommen.*
3. *worden sei.*

ein ieglichs mit mier verloffen[4] hab. Wie ich dan der zyt
miner geburt nachgedacht und gefragt hab, so hatt man
zelt 1499; bin an dise welt kummen uff der pfaffen herren
faßnacht, eben als man zu der mäß zamen gelüttet hatt.

Ich hatt kundschafft zu[5] dem frommen trukerherren, herr
Andres Cratander[6], dessen sun Polycarpus was mins mei-
sters Rudolphi Collini[7] tischgenger, die will ich by im lart.
Der Cratander schankt mier ein Plautum[8], den er in 8°[9]
getrukt hatt, der was nit inbunden. Do nam ich ein bogen
nach dem andren, stakt in in ein gäbelin und das gäbelin
stakt ich in den hanff, das was unden gspalten[10]. Do laß
ich im hindersich und fürsich gan, wen ich dratt[11]; wen den
der meister kam, so warff ich schnäll den hanff druber.
Ein mall erwutst[12] er mich, do gstalt er sich gar lätz[13],

4. *verlaufen, d. h. zugetragen.*
5. *Bekanntschaft mit bzw. eine Empfehlung an.*
6. *bekannter Buchdrucker in Basel (gest. 1540). 1536 veräußerte er seine
Offizin an eine Druckereigemeinschaft, an der auch Thomas Platter Teil-
haber war. Vgl. Anm. 21.*
7. *Rudolf Collinus (Ambühl; 1499–1578) stammte wie Thomas Platter
aus bescheidenen Verhältnissen, studierte in Basel, Wien und Mailand;
siedelte nach Zürich um auf Drängen von Zwingli, dessen eifriger Anhänger er wurde. Um sein Leben fristen zu können, unterhielt er eine
Seilerei, wo u. a. auch Platter die Gelegenheit hatte, einen Brotberuf zu
erlernen und daneben bei Bibliander Griechisch und Hebräisch zu stu-
dieren. Nach einigen Auslandsfahrten wurde er Professor für Griechisch. –
Cratanders Sohn Polykarp war bei ihm – nach dem damaligen Scholaren-
brauch – Kostgänger.*
8. *Titus Maccius Plautus, röm. Komödiendichter (3./2. Jh. v. Chr.); zusammen mit Terenz einer der beliebtesten lat. Schulautoren im 15. u.
16. Jh. Vgl. C. F. Meyers Novelle »Plautus im Nonnenkloster«.*
9. *Oktavformat.*
10. *aufgeschlitzt (so daß man die Gabel in den Hanfhaufen stecken
konnte).*
11. *das Seil drehte.*
12. *erwischte.*
13. *unwillig.*

fluchet: das dich botz marter als pfaffen schend[14]! wilt
studierren, so gang dem nach, oder aber gang dem hand-
werch nach! ist es nit gnug, das ich dier zu nacht erlouben
und am firtag? must erst im träien ouch läsen? Am firtag
alsbald ich zu imbyß geessen hatt, nam ich mine biechlin,
gieng mit etzwa in ein gartenhüßlin, laß den gantzen tag,
byß das der torwächter schrei; dan min meister hatt kein
gastwerch[15] am Rindermerkt, wie die seiler in den vor-
stetten. Nach und nach macht ich ouch kundschafft[5] mit
ettlichen studiosis, in sunderheit mit den discipulis D. Beati
Rhenani[16]. Die und andre kammen offt für den laden,
maneten mich, ich solt von dem seilerwärch lassen, sy
welten mier by irem herren kundschafft machen, das er
mich wurde promovierren by dem herren Erasmo Rotero-
damo[17]. Der wurde mich den etzwa eim Episcopo[18] oder
sunst eim commendierren. Aber es was alles umbsunst, wie
woll die bed herren einest zu mier uff S. Petersplatz kamen; do halff ich ein groß seill machen, erbod sich der
wyt verriempt herr Erasmus, wie mier die discipuli hatten
angezeigt. Ich wolt aber also fürfaren mit grosser mü und
arbeit, den winter übell erfrieren, übell ässen und nit
gnug[19]; dan der meister was ein untrüwer schwab, koufft
käß, der stank so grusam übell, das in niemen essen mocht,
das die frow die nasen mußt verhan, sagt zu mier, ich

---

14. *daß dich der verfluchte Marter als Pfarrer schände; ein »zeitgenössischer« Fluch.*
15. *Geschäftsniederlage mit Unterkunft; Platter mußte also abends wieder in der Stadt sein.*
16. *Beatus Rhenanus (Bild, geb. in Rheinau; 1485–1547), einer der bedeutendsten Humanisten. Als Freund des Erasmus machte er sich einen
Namen als Editor klassischer Autoren und quellenbewußter Historiker.
Nach 1526 siedelte er, wohl wegen der Glaubensunruhen, endgültig nach
Schlettstadt über, nachdem er in Basel nebenbei auch in den alten Sprachen unterrichtet hatte.*
17. *Erasmus nahm in Basel eine bedeutende gesellschaftliche Stellung ein.*
18. *Bischof.*
19. *Der Satz ist natürlich rückblickend geschrieben, die eigene Dumm-
heit, ein solches Angebot nicht in Anspruch zu nehmen, ironisierend.*

solt in enweg werffen, wen der meister nit doheiman was.
Es gieng mier gar ruch[20] und übell.
Nach und nach kam ich ouch in kundschafft D. Oporini[21]
und andrer; der redet mit mier, ich solt in Hebreisch leren. Ich entschuldiget mich, ich könd wenig, so hätte ich nit
wyll[22]; doch hatt er mier so vill an, das ich zu dem meister sagt, ich welt im vergäben dienen, oder minder nämen
den byßhar[23]; den er hatt mier den lon gebessert. Do
erloupt er mier alle tag ein stund zu abend von 4 byß
zu 5. Do schlug Oporinus an die kilchen an, es weri einer,
der welte Rudimenta linguæ hebraicæ[24] läsen umb die 4
am montag zu 5 zu S. Lienhart[25]; do was do zmall Oporinus schulmeister. Als ich uff die stund do hin kam und
meint Oporinum alein zu finden, do waren iren 18 do,
fine[26] gelerte gsellen, dan ich hatt den zedell an der kil-
chentüren nit gsachen. Do ich die gsellen gsach, wolt ich
darvon. Aber D. Oporinus sagt: flüch nit, das sind ouch
gut gsellen. Ich schempt mich aber in mim seilerschürtz-
lin, doch ließ ich mich bereden, fieng an inen Grammaticam D. Munsteri läsen[27]; der was noch nit gan Basell
kummen, laß inen ouch prophetam Jonam zum besten
so ich mocht.

20. *rauh, d. h. garstig.*
21. *Johannes Oporinus (Herbst; 1507–68) verdiente sich sein Leben zuerst als Kopist beim Buchdrucker Froben, erhielt dann auf Empfehlung
von Erasmus eine Stelle an der Lateinschule St. Leonhard, schloß sich
später Paracelsus an und war bis 1539 (seit 1533) Lateinprofessor an der
Universität. Dann übernahm er mit Platter und zwei weiteren Partnern
die Buchdruckerei Cratanders; das Geschäft ging sehr schlecht (1536 bis
um 1544). Nachdem er aber die Geschäftsleitung selbst übernommen hatte,
blühte die Druckerei mächtig auf, wenn auch die finanziellen Schwierigkeiten andauerten. Er gilt im Urteil der Zeitgenossen und der heutigen
Forschung als einer der bedeutendsten Verleger jener Zeit.*
22. *keine Zeit.*
23. *als bisher.*
24. *Grundbegriffe der hebräischen Sprache.*
25. *Vgl. Anm. 21.*
26. *angenehme.*
27. *Siehe S. 111.*

Im selben jar kam ein frantzoß, von der künigin Nowä-ren[28] ußgeschick, hebraisch zu lernen, der kam ouch in die schull und wie ich inhe[29] gieng in minen schlechten kleidren, satzt ich mich hinder den offen, was ein fin sitzlin, und ließ die studenten by dem tisch sitzen. So sagt der frantzoß: quando venit noster professor[30]? Oporinus zeigt uff mich. Do gsach er mich an und verwundert sich, vermeint on zwifel, ein sömlicher solt anderst kleidet sin, den so schlecht.

---

28. *von Novarra.*
29. *hinein.*
30. *Wann kommt unser Professor?*

II. Lyrik

*Die deutsche Lyrik im Zeitraum 1450–1600 ist wesentlich
bestimmt durch das Lied. Text und Melodie gehören meist
untrennbar zusammen, sei es beim Volkslied, dem Kirchenlied oder den musikalisch anspruchsvollen mehrstimmigen
Kunstliedern in der zweiten Hälfte des 16. Jahrhunderts.
Die im folgenden gemachte Unterteilung ist nicht so sehr
durch die Verschiedenartigkeit poetischer Theorien – sie
existieren praktisch nicht – bedingt als vielmehr durch
den gesellschaftlichen Kontext.*

*Die weltliche Lyrik präsentiert sich in einer erstaunlichen
Motivbreite: Liebeslied, Bekenntnislied, Klagespruch,
Spottlied spiegeln das ganze Spektrum von persönlicher
Erfahrung bis zur Deutung der großen Zeitereignisse –
frische Natürlichkeit wechselt bis zur trockenen Lehrhaf-
tigkeit. Vom Volkslied bis zum evangelischen Kirchenlied
zehren alle Formen vom abgesunkenen höfischen Lied
des Mittelalters, dessen Weiterleben bis in die Wortfolgen
hinein zu beobachten ist. Freilich ist hier mit dem Begriff des »Zersingens« (willkürlich veränderte oder/und
lückenhafte Wiedergabe) Vorsicht zu üben; die stimmungs-
bildende Funktion der Lieder – meist zuerst als Einblattdrucke erschienen und erst später zu Sammlungen ver-
einigt –, die im historischen und reformatorischen Lied
sich zur Meinungsbildung steigert, verlangt nach der Variation, die sich am deutlichsten in der Kontrafaktur äußert
(vgl. »Innsbruck, ich muß dich lassen«). Wenn sich, wie
im Meistersang, die Diskrepanz zwischen Inhalt und for-
malem Gestaltungswillen bis zum Lächerlichen ausweitet,
muß man sich in Erinnerung rufen, daß zum Beispiel auch
das Kirchenlied sehr oft den stolligen Aufbau übernimmt
und zu höchster Wirkung bringt. In dieser Zeit des Über-
gangs läßt sich eine allgemeine Entwicklung erst im letzten*

*Viertel des Jahrhunderts feststellen. Die weiter fortge-
schrittenen – vor allem französischen und italienischen –
Muster aus andern europäischen Sprachen (z. B. Terzine,
Madrigal) werden aufgegriffen und zögernd verwendet;
doch diese Entwicklung blüht erst im 17. Jahrhundert richtig auf, und auch hier setzt Opitz einen deutlich spürbaren
neuen Ansatz. Musikalisch freilich wurde Dauerndes geschaffen, zum Beispiel von Hans Leo Haßler (1564–1612).
Daneben haben sich auch viele Volkslieder erhalten, die
aus dieser Zeit überliefert sind (und vielfach aus älterer
Zeit datieren). Die direkte Beziehung zur zeitgenössischen
neulateinischen Lyrik ist bescheiden; das deutsche Gedicht/
Lied unterscheidet sich schon im bildungsmäßigen Anspruch
davon.*

*Auch die geistliche Lyrik faßt sich vor allem im Lied. Vor
Luther hatte schon Thomas Müntzer erkannt, wie kon-
stituierend das Singen deutscher Hymnen als religiöses
Gemeinschaftserlebnis wirkte. Selbstverständlich gibt es dafür auch eine bedeutende katholische Liedtradition, deren
grundsätzlicher Unterschied jedoch in der Folgezeit deutlich
sichtbar wird. Sie war ein geduldeter Ausdruck der Volks-
frömmigkeit, der aber auf die wesentlichen religiösen Formen – vor allem die Messe – keinen Einfluß hatte,
während die evangelisch-protestantische Gemeinde das
gemeinsame Singen neben der Predigt als Hauptstütze
des Gottesdienstes empfand. Die Heftigkeit des Glaubenskampfes verlieh dem evangelischen Kirchenlied den
zusätzlich bekenntnishaften Charakter; die Abwehrhal-
tung zur beginnenden Gegenreformation schuf Jahrzehnte später nochmals eine ähnliche Situation. Die Reformation bringt mit den Psalmen den Untergrund für
die evangelisch-protestantische Lyrik, während auf katholischer Seite die enge Beziehung zu traditionellen volks-
liedhaften Formen fortbesteht. Beiden gemeinsam ist das
Weiterleben der mittelalterlichen lateinischen Hymnen,*

*sei es in deutscher Sprache oder in der lateinisch-deut-
schen Mischform.*

*Wenn hier der Meistersang als gesonderte Kategorie auf-
geführt wurde, so deshalb, weil er sich sozial und formal
von der übrigen weltlichen Lyrik abhebt. Aus den spruch-
dichtenden Meistern des 13./14. Jahrhunderts und den
fahrenden Sängern des 15. Jahrhunderts entwickelten sich
die von den Zünften getragenen Singschulen, die sich als
Fortsetzer der Minnesängertradition verstanden. Wenn
auch die Regeln der einzelnen – meist städtischen – Zentren variierten und erst gegen Ende des 16. Jahrhunderts
den Drang zur umfassenden Gesamtdarstellung brachten
(Puschmann und Spangenberg), so drückten sich der
Wunsch und das Streben nach Normen überall schon vorher auf ähnliche Weise aus. Die Ausbildung folgt einem
straffen Lernweg: Schüler – Schulfreund – Singer – text-
schaffender Dichter und musikalisch neuschöpferischer
Meister. Regelbücher (Tabulaturen) waren Ausdruck des
bewußten poetischen Gestaltungswillens, der sich in Mei-
sterliedern und andern Formen (Spruch, Fastnachtspiel)
verwirklichte. Dreiteilig im Aufbau (Stollen = zwei me-
trisch und musikalisch identische Versgruppen; Abgesang =
Variation, mit folgender Stollenreprise), umfaßte das Meisterlied stofflich vom Gebet über die Wissensvermittlung
bis zum derben Schwank alles, was möglich war. Die Meistersänger verstanden sich selbst auch als Hort der Sieben
Künste; in ihren Liedern formten sich die Materialien zum
Aufbau eines bürgerlichen, christlich-ethisch betonten Welt-
bildes.*

*Die Übergangssituation der Zeit kennzeichnet auch den
Gesamtcharakter ihrer Lyrik. Und wenn auch auf der
idealen Basis des gesungenen Gedichts in der Rückschau –
mit Ausnahme des Kirchenliedes – wenig Bleibendes geschaffen wurde, so bleibt doch sein gesellschaftlicher Anspruch, den es für die Zeitgenossen ohne Zweifel erfüllte.*

1. Weltliche Lyrik

Peter Unverdorben

Das Lied läßt sich weder biographisch (Peter Unverdorben: sprechender Name) noch lokal (Neuenburg: SchüttdenHelm = sprechender Name?) bestimmen. Das Gelöbnis einer Sühnewallfahrt weist auf Totschlag als Verbrechen; vor allem der Erdenpreis im letzten Drittel des Lieds vermittelt etwas vom Lebensgefühl jener Zeit.

Peter Unverdorben

Zů mitterfasten[1] es beschach,
daz peter onuerdorben gefangen lag
ze nüwenburg jn dem turne.

Er lag gefangen vmm sinen lib:
»hilff, märie, wan es ist zit,
du macht[2] mir wol gehelfen!

Der turn der haisset schüttdenhelm,
er wil mich bringen vmm myn leben,
es möcht wol gott erbarmen.

Lieber sant lienhart[3], hillff mir vß!
ich wil dir buwen ayn ysne huß[4],
daz kost recht, waz es welle.

Lieber sant peter, hilff mir dar
gen Rom, gen Äch[5] wol vff die fart
zů vnser lieben frowen!

1. am Mittwoch vor dem Lätaresonntag (3. Sonntag vor Ostern).
2. vermagst, kannst.
3. St. Leonhard, Patron der Gefangenen und Haustiere.
4. ein metallenes Dach auf einer Kapelle oder ein Votivhäuschen.
5. Wallfahrt nach Aachen.

Sant katherin[6] die singt vns ayn tagewis[7],
jch hon ir gedienet mit gantzem flis
jn mynen vil großen nöten.

Gott grüß üch, frow die herczogyn,
bitten ir myn heren vnd och sin kind,
daz er mir frist[8] myn leben,

Vnd och daz ander hoffgesind
vnd alles, daz in dem hoffe sy;
daz mag mir wol gehelfen!«

Vnd do er für die herschafft tratt,
vnd wend ir hören, wie er sprach
vß sinem vil roten munde?

»Gott gesegen dich, lob, got gesegen dich, gras,
gott gesegne alles, daz da waz:
ich můs mich von hinnen schaiden.

Lieber engel, gom[9] mir by,
bis sel vnd lib by aynander sy,
daz mir myn hercz nit breche!

Gott gesegen dich, sunn, gott gesegen dich, mon,
gott gesegen dich, schönes lieb, wa ich dich hon:
ich můs mich von dir schaiden.«

Der vns dis liede nüwe sang,
peter onverdorben ist er genant,
er sangs vß fryem můte.

6. *Märtyrerin, gehört zu den 14 Nothelfern.*
7. *wohl Stundengebet.*
8. *erhält, bewahrt.*
9. *assimiliert aus ›gon mir‹, d. h. steh mir bei.*

Er singt vns das vnd kaines me,
vnd sölt er leben, er sunges me:
also schied er von hinnen.

HANS HESELLOHER

Von üppiglichen Dingen

*Wahrscheinlich vor 1454 entstanden, aber erst zu Anfang
des 16. Jahrhunderts gedruckt als fliegendes Blatt in Nürnberg, führt dieses Spottlied die mittelalterliche Bauernsatire
weiter, die auf die »dörper«-Dichtung Neidharts von Reuen-
tal zurückgeht. Doch ist es hier nicht der Ritter, sondern
der Verfasser Hans Heselloher († um 1485), der als ober-
bayrischer Amtmann im Bild des Spotts auch die Selbst-
verspottung reflektiert, die seine gehobene Stellung unter
Bauern mit sich bringt.*

Von üppiglichen Dingen

Von üppiglichen[1] dingen
so will ichs heben an
etwas davon ze singen
wie ichs gesehen han;
ich kam zu ainem tanze
auf ainem eben pfat,
da sah ich umbher schwanzen
ain magt in ainem kranze
   glat von stat[2],
   in hübscher wat[3],

---

1. *unnützen, liederlichen.*
2. *glänzend von Aussehen; vgl. ›stattlich‹.*
3. *Kleidung.*

die magt was krat[4],
der baur het an ain panzer
der mit ir umbher trat[5].

Zu fechten het er willen,
zu tanzen het er lust,
im hirn da het er grillen,
er stieß ain in sein brust
wo er sein mecht bekummen[6],
den nächsten den er sach;
er machet vil des krummen
als greulich tůnt die tummen,
    im gschach   so gach[7]
    von ungemach,
    groß rach und gach
het er im fürgenummen
gen aim der im verschmacht[8].

Er fůrt ain langen raien
wol zu der selben fart,
damit tet er sich zwaien
mit seinem widerpart
zu dem er het ain grollen,
er stieß in mit gefär[9],
der selb hieß in ain knollen,
ain trunken und ain vollen,
    er wär   nit lär,
    ain schnopfezär[10],
    und soliche mär;

4. gerade, aufrecht.
5. stampfte, tanzte.
6. wo immer sich ihm Gelegenheit bot.
7. plötzlich, unversehens.
8. unwillig zurückwies.
9. hinterlistig.
10. Rotzbengel.

damit schlůg er den trollen[11]
wol nider nach der schwär[12].

Da kam sein brůder Steffel
und lief im undern spieß:
»du fůrst ain freies scheffel,
des hab ich ain verdrieß;
tůt dich der buckel jucken
so lain dich her an mich!«
»du mainst du welst mich trucken?«
den spieß tet er da zucken:
    »hůt dich,   hůt dich!
    ste hindersich,
    kain wort nit sprich!
ich schlag in dich ain lucken
und gib dir ainen stich.«

Von ferren schrai sein vetter,
der höret disen saus:
»wol auf und laßt uns retten!
es wirt ain unmůt drauß;
so köppisch ich in schetze[13]
mein vetter Haimeran,
er laßt mit im nit scherzen
die weil er ist bein metzen[14];
    kumt dan   auf ban[15]
    und habt den man
    der fechten kan!
er laßt sich niemant tretzen[16],
er facht ain jamer an.«

11. *Tölpel.*
12. *und schlug ihn hernach kräftig nieder.*
13. *so starrköpfig schätze ich ihn ein . . ., daß.*
14. *Mädchen niederen Standes.*
15. *Weg.*
16. *Er läßt nicht mit sich spaßen.*

Da reget sich herwider
der erst der vor im lag,
er sprach: »ich sei nit bider[17]
wan ich dirs halt vertrag!
es bleibt nit ungerochen
wol von den freunden mein,
darumb so laß dein pochen!
du wirst von uns erstochen;
    steck ein,   laß sein!
    behalt das dein
    in deinem schrein!
ge haim und laß dir kochen
dafür ain dicken brein!«

Das tet dem üppigen zoren[18],
er tobet vast als e,
er sprach: »ich will rumoren,
ich acht nit was es gste[19],
ich hab in meinem stalle
zwai roß und zehen rind,
die will ich wagen alle;
ich gib dir ains auf dschnallen
    geschwind,   unlind,
    als wär ich blind;
    du hůrenkind,
hör auf und laß dein kallen[20]
e ich dirs maul verbind!«

Da hůb sich ain scharmitzeln
als in aim wilden her
von klampern und von glitzeln[21],

17. *tüchtig, angesehen.*
18. *machte ihn zornig.*
19. *was entstehen könnte.*
20. *Schwätzen, Krächzen.*
21. *ein Gelärm und Geglitzer.*

von harnisch und von wer;
kurzweil tet in erleschen,
zuletzt ward haderei,
da sah man vil der reschen[22],
schlûgen als woltens dreschen;
   herbei   so frei
   wer trollisch sei!
   da zwen, da drei,
si gaben ainander bleschen,
das tuschet als das blei[23].

Laut waffen schrien die frauen:
»ach! wo sind unsre man?
kumt dan und laßt uns schauen
obs auch wärn auf der ban!«
da sprach das winzig Gredel:
»si seind auch in dem däm[24]
dort niden in dem wedel[25],
er hat ain loch im schedel,
   ei schau,   mein äm[26]!
   wie wol mich zäm
   daß man in näm
und fûrt in haim ...
biß daß ain bader käm.«

Der ambtman was unfrûtig[27]
und wolt nit bieten frid
biß daß si wurden blûtig,
nachdem so half es nit,
da schoß man rigel under[28]

22. *hurtigen.*
23. *Sie gaben einander Hiebe, daß es wie geschmolzenes Blei zischte (?).*
24. *Wald.*
25. *Busch.*
26. *Ohm, Verwandter (?).*
27. *langsam, zurückhaltend.*
28. *da schob man (dem Tun) einen Riegel vor.*

wol nach dem schaden hie;
da sah man vil der bundnen,
der schrammeten und der wunden;
   nun wie?   und die?
   so laß ich hie;
   da das vergie
da fluhen vil der gsunden
und etlich die man fie.

Ir wurden vil verseret,
verwunt biß in den tod,
ir freud die ward verkeret
in jamer und in not:
ir ainen muͦst man laben,
den andern hören beicht,
den dritten gar begraben,
der viert der truͦg des blaben[29];
   vil leicht   sich geit
   zu solicher zeit
   ain schnöder streit
von üppiglichen knaben;
die sach was gar verheit.

An solichem zank und hader
verdirbt die herrschaft nit,
der ambtman noch der bader,
ir waiz der bluͦt damit[30],
si mügen sein wol gnießen,
vil mer dann der ist wund,
die sach mag in ersprießen
den trollen zu verdrießen;
   bei bund   zu stund
   tuͦt man in kund
   die sach von grund

29. *blaue Beulen.*
30. *damit blüht ihr Weizen, d. h., sie haben Nutzen davon.*

in tädings weis zu bůßen[31]
bei sechzig und zehn pfund.

Der uns das hat gedichtet
und neues hat gemacht
der hat die sach besichtet
und aigentlich betracht:
daß er sich maint ze hůten
wol vor der bauren schar;
als bald si werden wůten
so hilft an in kain gůten[32]
    so gar   für war,
    käm ainer dar
    was wan im jar[33]
und macht ir ainen blůten
er můse laßen har[34].

*Das Lied muß ein Gassenhauer gewesen sein; wir fügen
deshalb die erste Strophe eines von Matthias Greyter verfaßten reformatorischen Spottliedes auf den Franziskaner-
mönch Murner an, das mit der neuen Textunterschiebung
auf das versuchte Religionsgespräch mit Zwingli zu Baden
(1526) anspielt.*

Von üppigklichen dingen
so wil ichs heben an
ein abentheur zu singen
die ich erfaren han
von einer graen katzen
nit fer im oberlandt
zu baden kunt sie schwatzen

31. *auf kräftige Weise Buße zu bezahlen.*
32. *ist Güte bei den Bauern nutzlos.*
33. *irgendwann während des Jahres.*
34. *so muß er sicher Haare lassen!*

ja auf der disputatzen
ist wol bekant
im graen gwand
ist jr ein schand
all welt kan sie wol fatzen
murmaun ist sie genant.

Aus dem »Liederbuch der Clara Hätzerlein« (1471):

Verlangen plangen tůt mein hertz
Mit süszen grüszen friuntlichen schertz
Lang leiden meiden můsz mein hertz;
Das mag ich sprechen wol fürwar!

Das machet als ain rain trautt frucht,
Ir weiplich, pleyclich[1], lieplich zucht
Pringt hertzen schmertzen, senen, sucht;
Das han ich dick[2] empfunden!

Lang herren narren machen dick,
Lasz frawen schawen ir ane plick,
Sy fůrt hertz, můt an ainem strick;
Das mag sy halten[3], wie sy wil!

Danhauser

Die Flugblattversion von 1515 geht auf ein mittelalterli-
ches Lied zurück, wie schon der stark dem Mittelhochdeut-
schen verhaftete Wortschatz verrät. Tannhäuser war ein

1. schmelzendes (. . . Betragen).
2. sehr, oft.
3. in der Doppelbedeutung von ›in den Händen halten‹ oder ›nach Gut-
dünken behandeln‹.

authentischer Minnesänger im 13. Jahrhundert, dem schon zu Lebzeiten der Ruf des Abenteuerlichen nachging. Auch er ist mit der »dörper«-Dichtung zu verbinden. Papst Urban IV. ist ein Zeitgenosse aus dem 13. Jahrhundert, scheint aber hier in seiner starren und wirkungslosen Strenge deutlich vom kritischen Geist der vorreformatorischen Zeit geprägt zu sein. Das dichterische Motiv, hier noch stark im Minnesang und seiner allegorischen Rollensprache ruhend, hat später eine reiche Wirkungsgeschichte erfahren, zum Beispiel bei Tieck, Brentano und Wagner.

Danhauser

1   Nun will ich aber heben an
von dem Danhauser singen
und was er wunders hat getan
mit Venus, der edlen Minne.

2   Danhauser was ain ritter gût
wann er wolt wunder schawen,
er wolt in fraw Venus berg
zu andren schönen frawen.

2a[1]   Do eyn yar al umme quam
syne sünde begünden em tho leyden.
»Venus eddele frouwe fyn,
ick wyl wedder van yw scheyden.«

3   »Herr Danhauser, ir seind mir lieb,
daran sölt ir gedenken!
ir habt mir ainen aid geschworn:
ir wölt von mir nit wenken[2].«

1. Die Strophe zwischen 2 und 3 ist verlorengegangen in der hochdeutschen Fassung; deshalb die Ergänzung aus der niederdeutschen Version.
2. weichen, mich verlassen.

4   »Fraw Venus! das enhab ich nit,
ich will das widersprechen,
und redt das iemants mer dann ir
gott helf mirs an im rechen[3]!«

5   »Herr Danhauser, wie redt ir nun?
ir sölt bei mir beleiben;
ich will euch mein gespilen geben
zu ainem stäten[4] weibe.«

6   »Und näm ich nun ain ander weib
ich hab in meinen sinnen:
so mûst ich in der helle glût
auch ewiklich verprinnen.«

7   »Ir sagt vil von der helle glût,
habt es doch nie empfunden,
gedenkt an meinen roten mund!
der lacht zu allen stunden.«

8   »Was hilft mich euer roter mund?
er ist mir gar unmäre[5];
nun gebt mir urlob[6], frewlin zart,
durch aller frawen ere!«

9   »Danhauser! wölt ir urlob han
ich will euch kainen geben;
nun pleibt hie, edler Danhauser,
und fristen euer leben!«

10   »Mein leben das ist worden krank,
ich mag nit lenger pleiben;

3. *wenn mir jemand anders einen Wortbruch vorwürfe, ich würde mich . . .
rächen.*
4. *beständigen; ein moralischer Zentralbegriff der Ritterethik.*
5. *unwert, -lieb.*
6. *die klassische Gelenkstelle der Erzählung im mhd. Ritterroman.*

nun gebt mir urlob, frewlin zart,
von eurem stolzen leibe!«

11   »Danhauser, nit reden also!
ir tůnd euch nit wol besinnen;
so gen wir in ain kemerlein
und spilen der edlen minne!«

12   »Eur minne ist mir worden laid,
ich hab in meinem sinne:
fraw Venus, edle fraw so zart!
ir seind ain teufelinne.«

13   »Herr Danhauser, was redt ir nun
und daß ir mich tůnd schelten?
und sölt ir lenger hier innen sein
ir můstens ser entgelten.«

14   »Frau Venus! das enwill ich nit,
ich mag nit lenger pleiben.
Maria můter, raine maid,
nun hilf mir von den weiben!«

15   »Danhauser, ir sölt urlob han,
mein lob das sölt ir preisen,
und wa ir in dem land umb fart
nemt urlob von dem greisen[7]!«

16   Do schied er widrumb auß dem berg
in jamer und in rewen:
»ich will gen Rom wol in die statt
auf aines bapstes trewen[8].

17   Nun far ich frölich auf die ban,
gott well mein immer walten!

7. dem alten Bergkönig?
8. im guten Glauben an.

zu ainem bapst der haist Urban
ob er mich möcht behalten. –

18   Ach bapst, lieber herre mein!
ich klag euch hie mein sünde
die ich mein tag begangen hab
als ich euch will verkünden.

19   Ich bin gewesen auch ain jar
bei Venus ainer frawen,
nun wölt ich beicht und büß empfahn
ob ich möcht gott anschawen.«

20   Der bapst het ain steblin in seiner hand
und das was also durre:
»als wenig das steblin gronen mag
kumstu zu gottes hulde[9].«

21   »Und sölt ich leben nun ain jar[10],
ain jar auf diser erden,
so wölt ich beicht und büß empfahn
und gottes trost erwerben.«

22   Da zoch er widrumb auß der statt
in jamer und in laide:
»Maria muter, raine maid!
ich muß mich von dir schaiden.«

23   Er zoch nun widrumb in den berg
und ewiklich on ende:
»ich will zu meiner frawen zart,
wa mich gott will hin senden[11].«

9. *Gunst, Treue, Dienstbarkeit; ebenfalls Zentralbegriff der Ritterethik*
10. *nur noch für ein Jahr.*
11. *d. h. der Papst.*

24   »Seind gottwillkomen, Danhauser!
ich hab eur lang emboren[12];
seind willkom, mein lieber herr,
zu ainem bůlen außerkoren!«

25   Es stond biß an den dritten tag,
der stab fieng an zu gronen,
der bapst schickt auß in alle land:
wa Danhauser hin wär komen?

26   Do was er widrumb in den berg
und het sein lieb erkoren,
des můß der vierde bapst Urban
auch ewig sein verloren.

ALBRECHT DÜRER

Sprüche

Manncher maint, er kenn yedermann,
   Der sich doch selbst nit kennen kan.

Wer seiner zung nitt maister ist,
   Der redt vbell zu aller frist.

Welchen bedunckt, er könn vast vil,
   Der scheüst nahendt zum narren zil.

Gen kein freündt sollt dich mercken lan,
   Daß du sein gunst nitt mehr wolst han.

12. *entbehrt.*

ULRICH VON HUTTEN

Ain new lied herr Ulrichs von Hutten

Das 1521 entstandene Lied bezeichnet einen Wendepunkt
in Ulrich von Huttens Leben; wegen offener Angriffe
gegen die Kirche drohte ihm eine Anzeige durch seinen
Herrn, den Erzbischof von Mainz. Er fand Zuflucht auf
Franz von Sickingens »Ebernburg«.

Ain new lied herr Ulrichs von Hutten

Ich habs gewagt mit sinnen[1]
und trag des noch kain rew,
mag ich nit[2] dran gewinnen,
noch mũß man spüren trew;
dar mit ich main   nit aim allain[3],
wenn man es wolt erkennen:
dem land zũ gũt,   wie wol man tũt
ain pfaffenfeind mich nennen.

Da laß ich ieden liegen[4]
und reden was er wil;
hett warhait ich geschwigen,
mir wären hulder[5] vil:
nun hab ichs gsagt,   bin drum verjagt,
das klag ich allen frummen,
wie wol noch ich   nit weiter flieh,
villeicht werd wider kummen.

1. *anstelle des früheren Wahlspruchs: »Iacta est alea« (Die Würfel sind*
gefallen. Cäsar).
2. *nichts.*
3. *wohl: dem Kaiser.*
4. *lügen.*
5. *geneigter, gewogener.*

Umb gnad wil ich nit bitten,
die weil ich bin on schuld;
ich hett das recht gelitten,
so hindert ungeduld,
daß man mich nit   nach altem sit
zů ghör hat kummen laßen[6];
villeicht wils got   und zwingt sie not
zů handlen diser maßen.

Nun ist oft diser gleichen
geschehen auch hie vor,
daß ainer von den reichen
ain gůtes spil verlor[7],
oft großer flam   von fünklin kam,
wer waiß ob ichs werd rechen!
stat schon im lauf,   so setz ich drauf:
můß gan oder brechen!

Dar neben mich zů trösten
mit gůtem gwißen hab,
daß kainer von den bösten
mir eer mag brechen ab
noch sagen daß   uf ainig maß[8]
ich anders sei gegangen,
dann eren nach,   hab dise sach
in gůtem angefangen.

Wil nun ir selbs nit raten
dis frumme nation,
irs schadens sich ergatten,
als ich vermanet han,
so ist mir laid;   hie mit ich schaid,
wil mengen baß die karten,

6. *das Rechtsverfahren über mich ergehen lassen.*
7. *das Bild des Lebens als Würfelspiel.*
8. *irgendwie.*

bin unverzagt,   ich habs gewagt
und wil des ends erwarten.

Ob dann mir nach tůt denken
der curtisanen[9] list:
ain herz last sich nit krenken,
das rechter mainung ist;
ich waiß noch vil,   wöln auch ins spil
und soltens drüber sterben:
auf, landsknecht gůt   und reuters můt,
last Hutten nit verderben!

*Das Volkslied vom »Flohkrieg« überliefert ein Fliegendes
Blatt um 1530.*

Flohkrieg

Die weiber mit den flöhen,
die hand ein steten krieg,
sie geben gar auß lehen[1],
daß mans nur all erschlüg
und ließ ir kein entrinnen,
das wer der weiber rach,
so hettens frid beim spinnen
und in der küchen gmach!

Der krieg hebt an am morgen
und wert bis in die nacht,
die weiber tund nicht borgen[2]
und heben an ein schlacht

9. *hier: der geistlichen Fürsten und Beamten im Dienste der päpstlichen
Kurie.*
1. *hier: Geschenke.*
2. *schenken ihnen nichts.*

und so die schlacht facht ane
werfens von in das gewand,
im streit sie nacket stane,
weil sie zu fechten hand.

Und het ich allweg bare
ein gulden in der hand,
als oft die weiber faren
nach flöhen unters gwand:
ich würd ein reicher knabe
und het ein köstlichen zoll[3],
ich wolt bald gülden haben
ein ganze truhe voll!

Der bapst der kann nit bannen
die flöh so ungehewr;
sein brief mögen nit gelangen
wider der flöh fegefewr;
bannt er die flöh so böse,
daß sie frid hielten recht,
so würd er noch gelt lösen
von dem weiblichen gschlecht!

JOHANNES AGRICOLA (eig. Schnitter)

Geb. am 20. April 1494 in Eisleben, gest. am 22. September 1566 in Berlin. Eifriger Anhänger Luthers, bekannt geworden durch das Tendenzdrama *Tragedia Johannis Hussi* (1537).

Sibenhundert und funfftzig Deutscher Sprüchwörter (Nr. 146 u. 265)

*Agricola bekennt sich mit dieser Sammlung humanistisch
zu einer volkstümlichen Tradition, aus der auch Luther*

3. Lohn.

bewußt und gerne schöpfte. Im Vorwort weist er selbst-
bewußt auf seine Sammlerpioniertat hin und bemerkt zu-
gleich, dies sei etwas, was man zwar auch schon bei den
Alten (d. h. in der Antike) finde; doch sei die Volksweis-
heit aus dem eigenen Brunnen zu schöpfen (er verweist
auf »zeitgenössische« Literatur, z. B. das »Narrenschiff«
usw.). Daß auch hier die große Sprichwörtersammlung
des Erasmus (»Adagiorum Collectanea«, Paris 1500) Vor-
bild ist, versteht sich.

Nr. 146

Wenn die Maus satt ist / so ist das Mehl bitter

Wer einer speis satt ist / der wird ir uberdrüssig / also
weil die Maus hungerig ist / so schmeckt ir das Mehl wohl /
aber wenn sie voll ist / so wird es bitter / Also ist es auch
mit allen dingen auff Erden / Eh denn man etwas zu-
wegen bringt / so legt man grosse müh / vleis und arbeit
darauff / aber wenn mans erlangt hat / so wird man sein
bald müde / so gros ist der fürwitz in unser Natur. Salomon sagt / Ein volle seel trit mit füssen auff honigseim.

Nr. 265

Reicher / grosser / weiser leut kinder gerathen selten

Dis ist lauter erfarung / denn unser Herr Gott wil allein
der sein/ welcher nicht abnimpt / sondern stets bleibt.
Das ander / das ausserhalb im ist / wie reich / wie mechtig / wie weise und verstendig es immer sey / sol on un-
terlas fallen / abnemen und unstet sein. Ein Weiser mann
hat unweise kinder / wiewol er sie wol lesst auffziehen /
auff das es nicht in einem brauch stehe / als möge ein
vater seinem son weisheit aufferben / sondern das man
wisse / das alle weisheit allein von Gott gegeben wird.

Adams liebster son / auff den sie all ir hoffnung setzten /
er solt den fall erstatten / der Cain / ermȯrdet seinen bruder. Esau wird ein ungezogen und ungehorsams kind.
Absolom vertreib seinen vater David. Ciceronis son ward
seinem vater so ungleich / das man im sprůchwort sagte /
er wȯlle seines vaters todt und mord mit sauffen rechen
am Antonio / der im seinen vater ermordet hette.

HANS SACHS

Ein epitaphium oder klag-red ob der leych D. Martini Luthers

Als man zelt fünffzehen hundert jar
Und sechs und viertzig, gleich als war
Der sibenzehend im hornung[1],
Schwermütigkeit mein hertz durch drung
Und west doch selb nit, was mir was.
Gleich traurig auff mir selber saß,
Legt mich in den gedancken tieff
Und gleich im unmut groß entschlieff.
Mich daucht, ich wer in eynem tempel,
Erbawt nach sechsischem exempel[2],
Der war mit kertzen hell beleucht,
Mit edlem reuchwerck wol durch-reucht.
Mitten da stund bedecket gar
Mit schwartzem tuch ein todten-par.
Ob dieser par da hieng ein schildt,
Darinn ein rosen war gebild.
Mitten dardurch so gieng ein creutz.
Ich dacht mir: Ach Gott, was bedeuts?
Erseufftzet darob traurigkleich.

1. *Februar.*
2. *in sächsischem Baustil.*

Gedacht: Wie wenn die todten-leich
Doctor Martinus Luther wer?
Inn dem tratt auß dem chor daher
Ein weib in schnee-weissem gewand,
Theologia hoch genand.
Die stund hin zu der todten-par.
Sie wand ir hend und raufft ir har,
Gar kläglich mit weynen durch brach,
Mit seufftzen sie anfieng und sprach:
Ach, das es müß erbarmen Got!
Ligst du denn yetz hie und bist tod?
O du trewer und küner heldt,
Von Gott, dem Herren, selb erwelt,
Für mich so ritterlich zu kempffn,
Mit Gottes wort mein feind zu dempffn,
Mit disputirn, schreybn und predigen,
Darmit du mich denn thetst erledigen
Auß meiner trübsal und gezwencknuß,
Meyner babylonischen gfencknuß³,
Darinn ich lag so lange zeyt
Biß schier inn die vergessenheyt
Von mein feinden in hertzen leyd,
Von den mir mein schnee-weisses kleyd
Vermayligt wurd schwartz und besudelt,
Zerrissen und scheutzlich zerhudelt,
Die mich auch hin und wider zogen,
Zerkrüppelten, krümbten und bogen!
Ich wurd geradprecht⁴, zwickt und zwagt,
Verwundt, gemartert und geplagt
Durch ir gotlose menschen lehr,
Das man mich kaum kund kennen mehr.
Ich galt endtlich gar nichts bey in,
Biß ich durch dich erledigt bin,
Du thewrer held, auß Gottes gnadn,

3. *Titel einer der drei großen Schriften Luthers von 1520.*
4. *gerädert.*

Da du mich waschen thetst und badn
Und mir wider reynigst mein wat⁵
Von iren lügen und unflat.
Mich thetst du auch heylen und salben,
Das ich gesund steh allenthalben,
Gantz hell und reyn, wie im anfang.
Darinn hast mich bemühet lang,
Mit schwerer arbeyt hart geplagt,
Dein leben offt darob gewagt,
Weil babst, bischöff, künig und fürsten
Gar sehr nach deinem blut was dürsten,
Dir hindter-dückisch nach gestelt.
Noch bist du als ein Gottes held
Blieben warhafft, trew und bestendig,
Durch kein gefar worden abwendig
Von wegen Gottes und auch mein.
Wer wirt nun mein verfechter sein,
Weyl du genummen hast ein end?
Wie wird ich werden so ellend?
Verlassen in der feinde mit?
Ich sprach zu ir: O fürcht dir nit,
Du heylige! sey wolgemut!
Got hat dich selbs in seyner hut,
Der dir hat überflüssig geben
Vil treflich männer, so noch leben.
Die werden dich handhaben fein
Sampt der gantz christlichen gemeyn;
Der du bist worden klar bekand
Schir durchauß in gantz teutschem land.
Die all werden dich nicht verlassen,
Dich reyn behalten aller massen
On menschen lehr, wie du yetz bist.
Darwider hilfft kein gwalt noch list.
Dich sollen die pforten der hellen

5. *Gewand, Kleidung.*

Nicht überweltigen noch fellen.[6]
Darumb so laß dein trawren sein,
Das doctor Martinus allein
Als ein uberwinder und siger,
Ein recht apostolischer krieger,
Der seynen kampff hie hat verbracht
Und brochen deiner feinde macht
Und ietz auß aller angst und not
Durch den milt barmhertzigen Got
Gefordert zu ewiger rhu!
Da helff uns Christus allen zu,
Da ewig freud uns aufferwachs
Nach dem elend! das wünscht Hans Sachs.

Eine Liedersammlung von 1571 zeigt schon im Titel Be-
deutung und Tendenz der Kontrafaktur in dieser Zeit:
»Gassenhawer Reuter und Bergliedlein Christlich moraliter
unnd sittlich verendert ... durch Henrich Knaust«. Ihr ist
das geistliche Lied »O welt, ich muß dich laßen« entnom-
men, dem das Volkslied »Innsbruck, ich muß dich lassen« zu-
grunde liegt. Text 1 bietet das Volkslied in Heinrich Isaacs
(um 1450 bis 1517) Fassung, Text 2 die Kontrafaktur von
dem aus Hamburg stammenden Gymnasialrektor und Ju-
risten Heinrich Knaust (um 1521 bis nach 1577).

Innsbruck, ich muß dich lassen
(Lied und Kontrafaktur)

1
Isbruck ich muß dich lassen ich far dohin mein strassen
in fremde landt do hin mein freud ist mir genomen die
ich nit weiß bekummen wo ich im elend bin.

6. *Vgl. Matth. 16, 18; die Ironie besteht darin, daß gerade diese Stelle*

Groß leid muß ich yetz tragen   das ich allein thu klagen
dem liebsten bůlen mein,   ach lieb nun laß mich armen   im
hertzen dein erbarmen   das ich muß von dannen sein!

Meyn trost ob allen weyben   dein thu ich ewig pleyben
stet trew der eren frumm   nun muß dich Gott bewa-
ren   in aller thugent sparen   biß das ich wider kumm!

2
Insbruck ich muß dich laßen, christlich geändert

O welt, ich muß dich laßen
und far dahin mein straßen
ins vaterland hinein.
irdisch freud ist mir gnommen,
die ich nicht mer bger zu bekommen,
weil ich in elend bin.

Groß leid muß ich jetzt tragen,
das ich allein tu klagen
dem liebsten herren mein:
ach Got, nu laß mich armen
im herzen dein erbarmen,
weil ich so arm muß sein!

Mein trost in allen leiden,
von dir sol mich nicht scheiden
kein not in diser welt,
kein armut sein so schwere,
mein sin und all mein bgere
zu dir allein gestellt.

*in der katholischen Theologie als Christi Auftrag des Papsttums gedeu-
tet wird – der Vers beginnt nämlich: »Du bist Petrus, und auf diesen
Felsen will ich meine Kirche (Luther: Gemeinde) bauen.«*

Das Motiv des Volkslieds von den Königskindern geht zurück auf die antike Sage von Hero und Leander, die durch die Heroidenbriefe des römischen Dichters Ovid ihren Weg ins Mittelalter fand. Von daher ist es verständlich, daß es auch in Liedern anderer Literaturen (z. B. katalonisch, polnisch) belegt ist. Die folgende Fassung bietet den ersten vollständigen Text aus dem 16. Jahrhundert.

Die Königskinder

Zwischen zweyen burgen
da ist ein tieffer See;
auff der einen burge
da sitzet ein edler Herr.

Auff der andern burge
do wont ein Junckfraw fein;
sie weren gern zusammen,
ach Gott, möcht es gesein!

Da schreib er jr herüber,
er künd wol schwimmen,
und bat sie da herwider,
sie solt jm wol zünden.

Da schreib sie jm hinwider
ein freundlichen gruß
und bot jm da herwider,
sie wolt es gern thun.

Sie gieng in schneller eyle,
da sie ein Kertzenliecht fandt,
sie steckt es gar wunderbalde
an ein steinen wandt.

»Stell ichs dir zu hoche,
so löschet mirs der windt;
stell ichs dirs zu nider,
so löschen dirs die Kindt.«

Das merckt ein wunderböses weib:
»das liecht dunckt mich nit gut;
ich förcht, das vnser Tochter
nit wol sey behüt.«

Sie nam es von der wånde
vnd löschet es zu derselben stundt;
da gieng dem Edlen Ritter
das wasser in den mundt. –

»Ach Mutter, liebe Mutter,
erlaub mir an den See
ein wunderkleine weile,
mir thut mein håuptlein wee.«

»Ach Tochter, liebe Tochter,
wilt du nun an den See,
so nimb dein Jüngste schwester
mit dir spacieren an den See!«

»Mutter, liebe Mutter,
mein schwester ist noch ein kindt;
sie bricht die roten Rößlein ab,
die auff der heyden sind.

Ach Vatter, lieber Vatter,
erlaub mir an den See
ein wunderkleine weile,
mir thut mein håuptlein wee.«

»Ach Tochter, liebe Tochter,
thut dir dein hǻuptlein wee,
so nimm dein jungsten Bruder
mit dir spacieren an den See!«

»Ach Vatter, lieber Vatter,
mein bruder ist noch ein kindt;
er scheußt die kleinen waldfǒgelein,
die auff der heyden sind.«

Die Junckfraw war behende,
sie thet ein abentgang,
sie lieff gar wunderbalde,
da sie ein Fischer fandt.

»Ach Fischer, lieber Fischer,
vnnd schlag dein hacken zu grundt[1]!
es ertranck sich nǻchten spate
ein Ritter hǚbsch vnd jung.«

Der Fischer was behende,
er thet, was man jn hieß;
er schlug den edlen Ritter
den hacken in seine fǚß.

Er nam jn bey der mitten,
er leyt jrn in die schoß;
mit heissen trǻhenen
sie den Ritter vbergoß.

Was zog sie ab der hende?
von Gold ein fingerlein:
»seh hin, Fischergeselle,
das sol dein eigen sein.

1. *und wirf deine Angel auf den Seegrund.*

Nun gesegen dich, Vatter vnnd Mutter,
ich spring auch in den See;
es sol vmb meinetwillen
ertrincken kein Ritter mee!«

In Georg Forsters Liederbüchlein (1540) lauten die beiden
ersten Strophen:

Es warb ein schöner jüngling
über ein braiten see
umb eines königes tochter,
nach leid geschach im wee.

»Ach elßlein, lieber bule,
wie gern wer ich bey dir!
so fliessen zwey tieffe wasser
wol zwischen mir und dir.«

Eine Ausfaltung dessen, was schon bei Forster sich findet,
ist die folgende Version. Sie zeigt, wie zum Beispiel die
namentliche Anrede der Geliebten das Motiv ins Bäuerliche
überträgt; aber im Vergleich wird die Herkunft des
»Volksliedes« deutlich.

Ach Elslein, liebstes Elslein mein,
wie gern wer ich bei dir!
so sind zwei tiefe waßer
zwischen mir und auch dir.

»Wilt du dich lan abwenden drumb,
weil der waßer sind zwei,
da doch sonst mancher stolzer knab
leidt noch so mancherlei?«

Ach lieb, das schrecket mich allein,
daß ich nicht faren kan;
und wenn dann bräch das schiffelein,
müst ich bald untergan.

»Ach nein, das sol geschehen nit,
ich selbst helf rudern dir,
damit du nur in kurzer zeit,
herzlieb, herkomst zu mir.«

Weil dus, herzlieb, denn meinst so gut,
wil ichs gleich wagen frei;
allein das bitt ich fleißig dich,
ste mir on falschheit bei.

CONRAD CELTIS (eig. Bickel oder Pickel)

Geb. am 1. Februar 1459 in Wipfeld bei Schweinfurt, gest. am 4. Januar
1508 in Wien. Einer der bedeutendsten und erfolgreichsten deutschen
Humanisten. Nach ausgedehnten Studien, unter anderm an der Platoni-
schen Akademie in Rom, Gründer wissenschaftlicher Gesellschaften nach
italienischem Muster in Krakau, Ungarn, Wien und Heidelberg. Lehrte
Rhetorik und Poetik, Verfasser neulateinischer Lyrik, von Friedrich III.
als erster Deutscher zum Dichter gekrönt.
Werke: *Ars versificandi et carminum* (1486); *Ludus Dianae* (1501);
Quattuor libri amorum (1502); *Libri odarum quattuor* (1513).

De[1] nocte et osculo Hasilinae, erotice

*Dieses Gedicht soll auf die reiche neulateinische Lyrik
hinweisen, die sonst nicht berücksichtigt werden kann. Es
wurde ausgewählt, um in der motivischen Verwandtschaft
zu dem anschließend abgedruckten Gedicht »Traum« von*

1. *Nacht und Hasilinas Kuß | Wie war glücklich ich doch in jener
Stunde, | da wir Küsse und wieder Küsse tauschten, | da ich streichelte
Hasas zarte Brüste, | mich versenkte in ihrem süßen Schoße, | ihren*

Regnart herauszustellen, welcher Unterschied herrscht zwischen der traditionsreichen lateinischen Lyrik, die im Ansatz später für die Barocklyrik prägend wird, und den »zeitgenössischen« deutschen Gedichten. Regnarts »Traum«, auch wenn der Autor liedartige Elemente reich verwendet, sticht in bezug auf Bildkräftigkeit und straffe Stimmungs- und Gedankenführung von dieser fast hundert Jahre älteren Gedichtprobe merklich ab.

Die antiken Anspielungen in der zweiten Hälfte des Gedichts beziehen sich auf die Amphitryon-Geschichte; um mit Alkmene die eine Liebesnacht voll zu genießen, verlängerte Jupiter die Nacht um das Dreifache.

De[1] nocte et osculo Hasilinae, erotice

Illa quam fueram beatus hora,
inter basia et osculationes,
contrectans teneras Hasae papillas,
et me nunc gremio inferens venusto,
nunc stringens teneris suum lacertis
pectus, languidulo gemens amore.
quod me in reciproco fovebat aestu,
cogens deinde suos meare in artus,
dum nostros animos per ora mixtos
cum vinclis adamantinis ligavit
Diva ex caeruleo creata ponto.

Busen mit sanftem Arm umfaßte | und von Liebe erschöpft nur seufzen konnte! | Wie in mir sie dann Glut durch Glut entfachte, | die mich zwang, unsre Glieder zu verstricken! | Durch die Münder vermischten sich die Seelen, | und es band uns mit Fesseln von Demantstein | jene Göttin, der blauen See entstiegen. | Nacht, erstrahlend von tausend ew'gen Sternen, | die du leuchtendes Götterantlitz hebest, | die du heilsame Ruhe Müden spendest: | so wie einstmals, als Herkules erzeugt ward, | bleibe stehn – oder wie an Nordlands Küste, | wenn sich Phoebus zum regenreichen Süden | wendet, und es zwei Monde lang nicht Tag wird, | da beständiges Dunkel er läßt walten – | so nur wird meine heiße Lust gesättigt.

o nox perpetuis decora stellis,
quae divum facies levas coruscas,
et fessis requiem refers salubrem.
nunc stes Herculeo velut sub ortu,
aut qualis Suetiis soles sub oris,
dum Phoebus pluvium revisit Austrum,
nullam per spatium bimestre lucem
fundit, perpetuas ferens tenebras,
sic fervens satiabitur voluptas.

JAKOB REGNART

Geb. um 1540 in Douai, gest. am 16. Oktober 1599 in Prag. Wirkte am
Hof in Wien als Sänger, Lehrer und Kapellmeister, danach in Innsbruck
und Prag. Als Liederdichter und Komponist zählt man ihn zu den wichtigsten Übergangsfiguren in der Vermittlung romanischer Vorbilder. Das
folgende Lied ist seiner weitverbreiteten Sammlung *Kurtzweilige Teutsche Lieder* (1576–79) entnommen, der 1580 die *Neuen kurtzweiligen
Teutschen Lieder* folgten.

Der Traum

Ein süßer Traum mich thät
In Nachtesruh umfangen,
Allda mich deucht ich hätt
Die mir macht ein Verlangen.
Ich scherzt mit ihr   Und sie mit mir,
Vermeint ich wär in Freuden.
Aber o Nacht,   Du hast mich bracht
In Angst mit deinem Scheiden!

Freundlich ich sie empfing,
Freundlich wir redten beide,
Freundlich sie mich umfing,
Erst wußt ich nichts von Leide.

Ich scherzt mit ihr   Und sie mit mir,
Vermeint ich wär in Freuden.
Aber o Nacht,   Du hast mich bracht
In Angst mit deinem Scheiden!

Ins Paradeis ich dacht
Wollust hätt uns umgeben,
Darzu hat uns gebracht
Das süß vermeinte Leben.
Ich scherzt mit ihr   Und sie mit mir,
Vermeint ich wär in Freuden.
Aber o Nacht,   Du hast mich bracht
In Angst mit deinem Scheiden!

Indem der Tag anbrach,
Die Sonn die kam geschlichen,
Und da ich nichts ersach,
Ward ich so gar erblichen.
Wollt Gott die Nacht   Währet mit Macht,
So blieb ich hie in Freuden.
Aber o Nacht,   Du hast mir bracht
Groß Angst mit deinem Scheiden!

MATHIAS HOLTZWART

Geb. um 1450 in Horburg im Oberelsaß, gest. vermutlich um 1490. Abschluß seiner Studien mit dem Magister der Freien Künste, nach einer Studienreise Stadtschreiber in Rappoltsweiler.

Emblematum Tyrocinia (Emblema II)

1581 ließ Holtzwart auf Anregung des literarischen Zirkels um den Straßburger Verleger Bernhard Jobin, dem auch Fischart angehörte, seine emblematischen Epigramme

»Emblematum Tyrocinia«, d. h. »emblematische Probe-
stücke«, publizieren und widmete sie dem Grafen Friedrich
von Württemberg. Die lateinischen Verse hatte er schon
früher verfaßt, während die Entstehungszeit der deutschen
Epigramme, deren Sprache deutlich Luthers Einfluß zeigt,
nicht feststeht. Das wiedergegebene Emblem II stellt die
klassische Form dieser Gedichtart dar: Motto (Inscriptio) –
Pictura (Symbolon) und Subscriptio; die möglichst weite
»Sinnbildlichkeit« dieser Kombination ist der Zweck.

Emblema II
Liberos in iuuentute flectendos

In teneris puerum flecte et sub uincula mitte,
    Ne mox tristitiae causa sit ille tuae.
Flectenti cedet facilis tibi uirga, sed arbor
    Haec robur, uires, spernet adepta, tuas.¹

1. *In der Jugend biege den Knaben und lege ihm Fesseln an, damit er*

Die Kinder soll man
auß der wiegen her meistern.

Dein Sůn solt jnn der Jugent ziehen[2]
Wan du begerest zuentfliehen
Das er deim alter nicht sey schwer
An jhm villeicht erlangst vnehr.
Dan sich ein Junger zweig last biegen
Wie du wilt nach all deim beniegen[3]
Wan er aber wachst zu eim baum
So magst ihn mehr gebiegen Kaum.

Das Volkslied »Schein uns, du liebe Sonne« wird 1582 in hochdeutscher und um 1600 in niederdeutscher Sprache überliefert:

1

Schein uns, du liebe Sonne,
gib uns ein hellen schein!
schein uns zwei lieb zusammen,
ei die gerne bei einander wollen sein!

Dort ferne auf jenem berge
leit sich ein kalter schne,
der schne kan nicht zuschmelzen,
denn gottes wille der muß ergen.

Gottes wille der ist ergangen,
zuschmolzen ist uns der schne.

dir nicht schon bald Anlaß zur Betrübnis gibt. Der geschmeidige Schößling gibt nach, wenn du ihn biegst, aber der Baum spottet deiner Kräfte, hat er erst Festigkeit erlangt.
2. erziehen.
3. zu deiner vollen Zufriedenheit.

gott gsegne euch, vater und mutter!
ich seh euch nimmermer.

2

Schin uns, de leve Sunne,
giff uns den hellen schin!
schin uns twe lef tosamen
de gern bi einander sin!

So dep in jennem dale
dar licht ein kolder schne,
de schne kan nicht vorschmelten,
gades wille mot geschen.

Gades wille is ergangen,
vorschmolten is uns de schne.
got gesegen di, vader unde moder!
du süst mi nümmermer.

*Das folgende Volkslied regt zum Vergleich mit Goethes
»Heideröslein« an.*

Heideröslein

Sie gleicht wol einem rosenstock,
drumb gliebt[1] sie mir im herzen,
sie tregt auch einen roten rock,
kan züchtig, freundlich scherzen,
sie blüet wie ein röselein,
die bäcklein wie das mündelein;
liebstu mich,   so lieb ich dich,
röslein auf der heiden!

1. *gefällt.*

Der die röslein wirt brechen ab,
röslein auf der heiden,
das wirt wol tun ein junger knab,
züchtig, fein bescheiden,
so sten die steglein auch allein,
der lieb got weiß wol wen ich mein:
sie ist so grecht   von gutem gschlecht,
von eren hoch geboren.

Wann mich das mägdlein nit mer will,
röslein auf der heiden,
so will ich weichen in der still
und mich von ir tun scheiden,
so will ich sie auch faren lan
und will ein anders nemen an,
ein schöns, ein jungs,   ein reichs, ein frums,
röslein auf der heiden.

Das röslein das mir werden muß,
röslein auf der heiden,
das hat mir tretten auf den fuß
und gschach mir doch nicht leide;
sie gliebet mir im herzen wol,
in eren ich sie lieben sol,
beschert gott glück,   gets nicht zurück,
röslein auf der heiden!

Behüt dich gott, mein herzigs herz,
röslein auf der heiden!
es ist fürwar mit mir kein scherz,
ich kan nicht langer beiten[2],
du komst mir nicht auß meinem sinn
dieweil ich hab das leben inn;
gedenk an mich   wie ich an dich,
röslein auf der heiden!

2. *zögern, warten.*

Beut mir her deinen roten mund,
röslein auf der heiden,
ein kuß gib mir auß herzengrund,
so stet mein herz in freuden!
behüt dich gott zu ieder zeit,
all stund und wie es sich begeit;
küß du mich,   so küß ich dich,
röslein auf der heiden!

Wer ist der uns diß liedlein macht,
röslein auf der heiden?
das hat getan ein junger hacht[3]
als er von ir wolt scheiden;
zu tausent hundert guter nacht
hat er das liedlein wol gemacht;
behüt sie gott   on allen spott,
röslein auf der heiden!

NICOLAUS ROSTHIUS

Schön bin ich nicht

Schön bin ich nicht, mein höchster Hort,
Laß mich des nicht entgelten!
Lieb geht für Schön an manchem Ort,
Das thu ich jetzund melden.
Lieb überwindt
Manch schönes Kind,
Thut nach der Schön nicht fragen;
Lieb macht groß Freud,
Hör ich allzeit,
Drum darf ichs mit dir wagen.

3. Bursche, Kerl.

Schön bin ich nicht, acht das gar klein:
Lieb thut all Ding bezwingen;
Wo Lieb nicht ist mit treuem Schein,
Da thut die Lieb mislingen.
Denn Lieb begehrt
Ein Herz bewährt:
Das magst du wol ermessen.
Lieb macht groß Gunst
Aus Herzensbrunst,
Hat mir mein Herz besessen.

Schön bin ich nicht, das hörst du viel,
Drum laß nicht unterwegen
Lieb freundlich sein, das ist recht Spiel.
Wer füglich Lieb kann pflegen
In dieser Welt
Es selten fehlt.
Nach Lieb thun ihr viel ringen,
Macht manchen Zag
Bei Nacht und Tag:
Also die Lieb thut zwingen.

2. Geistliche Lyrik

ALBRECHT DÜRER

Stoßgebet

Entstanden vor 1520.

O biß gegrüst, du creütz Jhesu,
  Wer dich nit glaubt, der finndt kein ruh.
Ich bitt dich, steh mir bey alzeit
  Wider die wellt, flaish vnd teufls streit.
Vnd hilff mir inn der leczten noth,
  So mich schaidet der bitter todt.

Drei Versionen des Psalms 129: Luther, Vehe

MARTIN LUTHER

Der Sechst pußpsalm

Übersetzung von 1517.

O Gott, tzu dyr hab ich geschryen von den tyffen,
   o got, erhore mein geschrey.
Ach das deine oren achtnehmen wolten
   auff das geschrey meines bittens.
Szo du wilt achthaben auff die sunde, O mein got,
   O gott, wer kan dan besteen?
Dan ist doch nur bey dir allein vorgebung,
   darumb bistu auch allein tzufurchten.
Ich hab gottis gewartet, und mein seel hat gewartet,
   und auff seyn wort hab ich gebeytet.
Mein seel die ist tzu gott wartend
   Von der morgen wache biß widder zu der morgen wache.
Israel der wartet zu gott, dann die barmhertzickeit ist
                                          bey gott, und
   manichfeltig ist bey yhm die erloßung.
Und er wirt erloßen Israel
   auß allen seinen sunden.

Der Psalm De profundis

Fassung des 1524 in Wittenberg erschienenen »Achtlieder-
buches«.

Auß tieffer not schrey ich zu dir,
herr got erhôr mein rûffen,
Dein gnedig oren ker zu mir
und meiner pit sie ôffen.

Denn so du das wilt sehen an,
wie manche sůndt ich hab gethan,
wer kan herr für dir bleyben.

Es steet bey deiner macht allain
die sünden zů vergeben,
Das dich fürcht beyde groß und klain
auch in dem besten leben.
Darumb auff got wil hoffen ich,
mein hertz auff jn sol lassen sich,
ich wil seins worts erharren.

Und ob es wert biß in die nacht
und wider an den morgen,
Doch sol mein hertz an Gottes macht
verzweyfeln nit noch sorgen.
So thů Israel rechter art,
der auß dem geyst erzeůget wardt
und seines gots erharre.

Ob bey uns ist der sünden vil,
bey Got ist vil mer gnaden,
Sein handt zů helffen hat kain zill[1],
wie groß auch sey der schaden.
Er ist allain der gůte hyrt,
der Israel erlősen wirt
auß seinen sünden allen.

MICHAEL VEHE

Auß hertzens grundt

*Diese Version findet sich im Gesangbuch von Michael
Vehe, 1537, dem ersten, das auf katholischer Seite die*

1. keine Grenze.

Wirkung der Lutherischen Lieder dadurch aufzufangen
suchte, daß man »gereinigte« Fassungen dieser Lieder gab.
Die theologischen Absichten werden auch hier klar bei
einem Vergleich der ersten zwei Verse der zweiten Strophe.
Bei Luther steht die Ausschließlichkeit der Gnade, bei
Vehe ihre Einschränkung im Vordergrund. Aber die Ab-
hängigkeit Vehes ist ganz offensichtlich.

Auß hertzens grundt

Auß hertzens grundt schrey ich zu dir,
Herr Gott, erhör mein stymme,
Deyn ohren Herr neyg du zu mir
Vnd meine bitt vffnymme,
Denn so du wilt des haben acht,
Wie vil der mensch hatt sund volbracht,
Wer wil das mögen leyden?

Bey dir ist, Herr, der gnaden vill
Die sunden zuuergeben.
Herr, dein gesatz ists rechte zyell,
Nach dem wir sollen leben.
Dein heylges wort ist allzeyt war,
Das macht das ich gern vff dich har,
Deins heylß wil ich erwarten.

Mein seel daruff hat tröstet sich
Vnd daran alzeyt gedacht.
In meiner nodt verlaß nit mich,
Dan von morgen biß zur nacht
Hoff ich in dich mit Israel
Vnd all mein sach zu dir gern stell,
Mein wolst du nit vergessen.

Dann Herr bey dir dem waren Gott
Ist seer vill barmhertzigkeyt,

Zuhelffen vns auß aller nott
Byst du willig vnd bereyt.
Du bist alleyn das höchste gutt,
Das Israel erlösen thut
Auß seinen sunden allen.

MARTIN LUTHER

Der XLVI. Psalm. Deus noster refugium et virtus. Mar. Luth.

Entstanden wohl 1527; im Druck frühestens 1528 nach-
weisbar. Obwohl also historisch unzutreffend, trifft Fried-
rich Engels' Bezeichnung »Marseillaise der Reformation«
auf die Wirkung durchaus zu.

Der XLVI. Psalm. Deus noster refugium et virtus. Mar.
Luth.[1]

Ein feste burg ist unser Gott,
Ein gute wehr und waffen[2].
Er hilfft uns frey[3] aus aller not,
die uns jtzt hat betroffen.
Der alt böse feind
mit ernst ers jtzt meint,
gros macht und viel list
sein grausam rüstung ist,
auff erd ist nicht seins gleichen.

Mit unser macht ist nichts getan,
wir sind gar bald verloren,

1. *d. h. in Anlehnung an Psalm 46.*
2. *als Reimwort nicht ungebräuchlich in dieser Zeit.*
3. *aus freiem Entschluß.*

Es streit für uns der rechte man,
den Gott hat selbs erkoren.
Fragstu wer der ist?
Er heist Jhesu Christ,
der Herr Zebaoth,
Und ist kein ander Gott,
das felt mus er behalten[4].

Und wenn die welt voll Teuffel wer
und wolt uns gar verschlingen,
So fürchten wir uns nicht so sehr,
Es sol uns doch gelingen.
Der Fürst dieser welt,
wie saur er sich stelt[5],
thut er uns doch nicht[6],
das macht er ist gericht[7],
Ein wörtlein kan jn fellen.

Das wort[8] sie sollen lassen stan
und kein danck dazu haben[9],
Er ist bey uns wol auff dem plan
mit seinem geist und gaben.
Nemen sie den leib,
gut, ehr, kind und weib,
las faren dahin,
sie habens kein gewin,
das reich[10] mus uns doch bleiben.

4. behaupten.
5. wie grimmig er auch auftritt.
6. nichts.
7. über ihn ist geurteilt.
8. das Wort Gottes, die Hl. Schrift.
9. etwas mit Unwillen tun; mhd./frühnhd. ôn dank, ›wider Willen‹.
10. das Reich Gottes.

HULDRYCH ZWINGLI

Kampflied

Zwingli verfaßte dieses Gedicht 1529 im 1. Kappeler Krieg – dem ersten Religionskrieg der Reformation – aus Angst, daß Unterhändler seine Leute unruhig machen und in Zürich einen Kompromißfrieden erwirken könnten. Zu beachten ist der Stil des Liedes: Es reimen jeweils letztes Wort der 1. Strophenzeile und erstes Wort der 2. Zeile (Schlagreime) sowie erster Halbvers der 2. und 3. Strophenzeile (Mittelreime). Die Anfangsworte der drei Strophen ergeben Zwinglis Wahlspruch: Herr Got, hilf!

Kampflied

Herr, nun heb den wagen selb[1]!
Schelb[2] wirt sust   all unser fart.
Das brächt lust   der widerpart,
die dich
veracht so frevenlich.

Got, erhöch den namen din
in der straf   der bösen böck!
Dine schaf   widrumb erweck[3],
die dich
lieb habend inniglich!

Hilf, daß alle bitterkeit
scheid in d'fer   und alte trüw
widerker   und werde nüw,
daß wir
ewig lobsingind dir!

1. *biblisches Bild, vgl. 2. Kön. 2, 12.*
2. *schief, krumm.*
3. *Matth. 25, 32 f. ist dieses Bild für das Weltgericht gebraucht.*

MICHAEL WEISSE

Geb. in Neiße, gest. 1534. War zuerst Mönch in Breslau, trat dann aber 1520 der böhmischen Brüdergemeinde bei, die sich aus hussitischen Anfängen zu Beginn des 15. Jahrhunderts gebildet hatte. Viele Nachdrucke seines *Gesangbuchs der Böhmischen Brüder* (1531) sind belegt; und noch im 18. Jahrhundert übten seine Lieder auf die Herrnhuter Gemeinde einen großen Einfluß aus (vgl. auch Herder, *Briefe, das Studium der Theologie betreffend*, 1781). Luther schätzte Weisse hoch.

Das folgende Lied hat Luther ins »Babstsche Gesangbuch« (1545) übernommen.

Beym Grabe

Nu last uns den leib begraben /
bey dem wir keinn zweifel haben /
er werd am letztenn tag auffstehn /
und unverrücklich erfür gehn.

Erd ist er und von der erden /
wirt auch zu erd wider werden /
und von erden wider auffstehn /
wenn gotes posawn wirt angehn.

Seine seel lebt ewig inn got /
der sie alhie aus seiner gnad /
von aller sünd und missetat /
durch seinen bund gefeget hat.

Sein arbeit trübsal und elend /
ist kommen zu eim gutten ennd /
er hat getragenn christi joch /
ist gestorben und lebet noch.

Die sele lebt on alle klag /
der leib schlefft bis ann letzten tag /

an welchem ihn got verkleren /
und der freuden wirt geweren.

Hie ist er inn angst gewesenn /
dort aber wirt er genesen /
inn ewiger freud und wonne /
leuchten wie die schöne sonne.

Nu lassen wir ihn hie schlaffenn /
und gehn alsampt unser strassen /
schicken uns auch mit allem fleiß /
denn der todt kömpt uns gleicher weiß.

NIKOLAUS SELNECKER

Geb. am 6. Dezember 1530 in Hersbruck bei Nürnberg, gest. am 22. Mai 1592 in Leipzig. War abwechselnd Hofprediger, Prinzenerzieher und, bevor er sich in Leipzig endgültig niederließ, Superintendent in Hildesheim. Er wurde des Kalvinismus verdächtigt und deshalb von den strengen Lutheranern immer wieder angegriffen. Er ist einer der bedeutendsten Vertreter des protestantischen Kirchenlieds im Zeitalter der Gegenreformation, die sich in der Auffassung ganz zu Luther bekennen, aber anstelle der inneren Ergriffenheit mehr zum Lehrhaften und Apologetischen hin tendieren.

Wieder die Rottengeister vnd falsche Lehrer

Im Thon, Erhalt vns Herr bey deinem Wort

Wir dancken dir, Herr Jhesu Christ,
das du vnser König worden bist:
Hilff, das wir folgen deiner Lehr
vnd suchen sonst kein Heyland mehr.

Ah Gott, es ghet gar vbel zu,
auff dieser erd ist keine rhu:

Viel Secten vnd gros Schwermerey
auff einen hauffen kompt herbey.

Herr Jhesu Christ, dein ist die ehr:
erhalt dein wort vnd heilsam lehr.
Erweis dein Mayestet vnd thron,
O Gottes vnd Marien Sohn!

Vnd straff der losen schwetzer tand,
die binden wolln dein rechte hand,
Das alle welt erkenne dich
vnd ehr dein Namen ewiglich.

PAULUS MELISSUS SCHEDE

Geb. am 20. Dezember 1539 in Mellrichstadt, gest. am 3. Februar 1602 in
Heidelberg. Kantor, reiste weit umher (Wien, Wittenberg, Leipzig, Paris, Genf) und versuchte als eifriger Kalvinist, die in den neuen Mustern
übersetzten Psalmen des Hugenotten Clément Marot (1497–1544) ins
Deutsche zu übertragen. Die daran interessierten Fürsten (vor allem
Kurfürst Friedrich III. von der Pfalz) gaben aber der 1573 vollständig
erschienenen Version von Ambrosius Lobwasser (1515–85) den Vorzug;
Schede hat deshalb nach den 50 ersten Psalmen nichts mehr veröffentlicht.
Werke: *Die Psalmen Davids* (1572); *Schediasmata* (1574); *Melemata*
(1595).

[Aus dem 37. Psalm] Ne admisceas te. Ne sois faché. M[arot]

*Die abgedruckte Probe bringt die ersten Terzinen in deut-
scher Sprache. Schede ahmte auch die silbenzählende Vers-
theorie der Franzosen nach – und wurde deshalb später
von Opitz schwer getadelt, der ihn des öftern als fehler-
haftes Beispiel erwähnt. Selbstverständlich sind diese neuen
Strophenformen nur in Verbindung mit den musikalischen Neuerungen zu verstehen.*

[Aus dem 37. Psalm] Ne admisceas te. Ne sois faché. M[arot]

I

1 Nit meng dich ein, gesellig aus nach-eifer,
Mit bôswichtern ûf diser schnôden welt:
Noch uber's gluk bôser schelk neidisch eifer:
2 Dann ûf di letzt zům stůrtz nider-gefelt
Wird man s' im schnips[1] als wisengras abmeen,
Ûnt waern hinfaln wi grunes kraut am feld.

II

3 Hoff' auf den Hern, fleis dich gûts zů begeen:
Bewon das land zůr bleibunge gewies[2],
Aller nottůrft dich ner treulich verseen.
4 In Gott' allain hab lůst on aln verdries:
Nach wunschgewalt wi's dein haertz gaern wôlt machen,
Dir geben wird aer vôlligen genies[3].

III

5 Scheub' ûf[4] den Hern dich ûnt al deine sachen:
Ym dich vertrau: důrch yn wird sein verricht
Was dů begaerst verrichten ûnt ausmachen:
6 Deine g'rechthait wird aer bringen zů gsicht
Als hellen tag: also das dein' ûnschůlde
Schein' wi mittags di son haitter ûnt licht.
[...]

1. *als kurzes Stücklein.*
2. *zur Wohnstatt angewiesen (Luther: Bleib im Land und nähre dich redlich).*
3. *Nutzen, Freude, Genuß (Luther: der wird dir geben, was dein Herz wünscht).*
4. *schiebe ab auf.*

JOHANN FISCHART

Inn deim Namen, O Hoher GOT

*Fischart hat einige geistliche Lieder, meist in enger Anleh-
nung an Psalmen, gedichtet, die seinen kalvinistischen
Glauben bekunden; er besorgte auch die 7. Auflage des
weitbekannten »Butzerschen Gesangbüchleins« (1576). Von
seiner starken Abwehr zur Gegenreformation ist hier wenig zu spüren; das von ihm eigenständig verarbeitete
Pilgermotiv hat sich später in einem der bedeutendsten
literarischen Werke des Kalvinismus voll entfaltet, in John
Bunyans »The Pilgrim's Progress« (1684).*

Inn deim Namen, O Hoher GOT

1   Inn deim Namen, O Hoher GOT,
geb ich mich auf die Strasen:
Ich wag es auf dein Gůt vnd Gnod,
du wirst mich nun nicht lasen.
    Dan du bist je auch vnser GOT,
der vnserm ein vnd ausgang rhot[1],
du thatst es so bestellen,
Auf das, so wir Raisen allhie,
denken, das wir sint Pilger ie
vnd dorthin můsen stellen[2].

2   Zu Raisend Leuten hastu lust
vnd fräud zuhelfen jnen,
Dan auch dein liber Son je mußt
raisend sein Amt beginnen,
    Als er floh inn Egipten gschwind,
da Herodes nachtracht dem Kind,

1. *Rat gebe.*
2. *und müssen uns auf das Jenseits einstellen.*

das er es pring zu falle.
So Raißten auch die Väter all
vnd das Volk Israel zumal
vnd die Aposteln alle.

3   Wie nun denselben gholfen hast,
das sie jr thun erraichten,
Also wöll auch dein Gnaden glast[3]
meim fürnemen vorleuchten:
    Wie forgingst[4] dem Volk Israel
Nacht vnd tags inn der Wolken hell,
also dein Gnad mir scheine;
Las vber mich aufgehn dein Gůt,
wie die schön Morgenrôt herplůht,
dein trost mich stâts anscheine.

[...]

7   Erhalt mich Nüchtern auf der fart,
dan Fülle pringt mutwillen.
Schaff, das mein Herz sei rain verwart,
nichts arges zu erfüllen.
    Bewar mein Zung vor falscher Red,
trug, schandparkait vnd Afterred[5],
das ich kainn ärger, schmâhe;
Verleih mir auch gnad, Rhat vnd Kräft,
das ich nuzlich ausricht mein gschäft
vnd allain auf dich sehe.

8   Beweis dich mir, wie dich beweist[6]
dort Jacob, dem Erzvater,
Als er weit zu dem Laban raißt
vor seines Pruders hader;

3. *Glanz.*
4. *vorangingst.*
5. *üble Nachrede.*
6. *bewiesen hast.*

Halt mir, was jm dein Gůt verhaißt,
als er weit inn Egipten Raißt,
da du jm thåtst zusagen:
»Ich will zihen hinab mit dir,
vnd will dich herauf fůren mir«:
wer wolt zu dem Wort zagen?

[...]

10   Zu dir mein Gsicht heb ich allain,
daher all hülf entspriset.
Vom HERREN scheint mir hülf herein,
von GOT mein Trost herfliset.
    Dan Er die Sünd verzeihen kan
vnd nimmt mich gern vm Christum an,
der dis Elend versuchte,
Damit er aus dem Jamertal
vns prácht inn seines Vaters Sal
vnd das Verloren suchte.

11   O Christe, frů stärk mich dein Gnad
wie ain Tauwolk des Morgens;
Erquick mich wie der Regen spat,
so darf ich nicht vil sorgens.
    Mir soll nicht grausen vberal[7],
ob ich wandert im finstern thal,
weil mich trőstet dein Stecken,
Dein Stab mich vor dem Fall wol stüzt,
dein ausgestreckter Schilt mich schützt,
wer wolt drunter erschrecken?

12   Vm solche deine Gůt, O GOT,
wollen wir dir Lobsingen,
So bald die libe Sonn aufgoht,
mit den Feldvöglin klingen

7. Ps. 23, 4 (Der Herr ist mein Hirte).

Vnd abends, wann die Nacht einpricht,
dir dancken für dein Ewigs Licht,
welchs inn vns pflanzt dein Gaiste.
O GOT, schlis inn dein Hand mein Sel,
mich vnd das mein ich dir befel,
dein Hülf zur Rais mir laiste.

NIKOLAUS BEUTTNER

Catholisch Gesang-Bůch, Darinnen vil schồner / newe / und zuvor noch nie im druck gesehen (Wann man wil Kirch: oder Walfarth außgehen)

Dieses Liederbuch ist stiltypisch für die katholische Kirchenliedsituation um 1600. Im Zuge der Rekatholisierung von Österreich wollte man die alten Lieder – die meist nur mündlich überliefert waren (vgl. den Gesangbuchtitel) – wieder einführen und beauftragte damit den aus Franken eingewanderten Schulmeister Nikolaus Beuttner (?) wegen seiner außerordentlichen musikalischen Fähigkeiten. Also nicht mehr die antilutherischen katholischen Gesangbücher (z. B. Vehe, 1537, vgl. die Textprobe S. 172) sollten das kirchliche Leben befruchten, sondern der abgerissene Faden zum Mittelalter sollte aufgenommen werden. Die elf Auflagen dieses Gesangbuchs bis 1718 beweisen den Erfolg dieser Tendenz. Der Typ des folgenden Liedes erhielt seinen Namen vom Refrain: die Leisen.

Wann man wil Kirch: oder Walfarth außgehen
Ein schồner Ruff

In Gottes Namen walfarthen wir /
Und seiner Gnaden begeren wir /

Verley uns Herr auß gůtigkeit /
Du heilig Dreyfaltigkeit /
Kirieleison.

In Gottes Namen walfarthen wir /
Zu Got dem Vatter schreyen wir /
Behůt uns Herr vorm ewign Todt /
Und stehe uns bey inn der letzten noth /
Kirieleison.

In Gottes Namen walfarthen wir /
Zu Jesu Christo růffen wir /
Daß er uns durch sein Marter und Pein /
Uns Sůndern wŏll genedig sein /
Kirieleison.

In Gottes Namen walfarthen wir /
Vom heilgn Geist begeren wir /
Und daß er wŏll erleuchten uns /
In rechter Lieb und Gottes gunst /
Kirieleison.

In Gottes Namen walfarthen wir /
Maria wir kommen auch zu dir /
Dein fůrbitt wŏlst mittheilen uns /
Und uns erlangen die gnad deines Sohns /
Kirieleison.

In Gottes Namen walfarthen wir /
All Gottes Heilign bitten wir /
Das sie durch Christum unsern Herrn /
Fůr uns deß Vatters Huldt erwerbn /
Kirieleison.

In Gottes Namen walfarthen wir /
In dich allein Herr glauben wir /

Behůt uns vor deß Teufels List /
Der unser Widersacher ist /
Kirieleison.

In Gottes Namen walfarthen wir /
Auff dein Vertrôstung warten wir /
Gib deinen Fridt in diser zeit /
Wend ab von uns alles Hertzenlaidt /
Kirieleison.

In Gottes Namen walfarthen wir /
Und seiner Verheissung warten wir /
Die Frůcht auff Erden uns bewar /
Von der wir lebn das gantze Jahr /
Kirieleison.

In Gottes Namen walfarthen wir /
Kein bessern Helffer haben wir /
Vor Pestilentz und Hungers noth /
Behůt uns lieber Herre Gott /
Kirieleison.

In Gottes Namen walfarthen wir /
Inn dich Herr Gott vertrawen wir /
Mach rain dein Kirch vor falscher Lehr /
Und unser Hertzn zur Buß bekehr /
Kirieleison.

In Gottes Namen walfarthen wir /
Und Gott allein anbetten wir /
Vor allem Ubel uns bewahr /
Herr hilff uns zu der Engel Schaar /
Kirieleison.

3. Meisterlieder

HANS FOLZ

In meister hans volczen passional 7 lied [Nr. 1]

O cristenn mensch, betracht
Das inprunstig beweynenn
Maria der vill reynen,
Do sie ir kinth
Hoch an dem creucz sach hangenn

Unnd solich groß onmacht
Sich an ym thet erscheinen
Unnd aller trost het keinenn.
O mensch, besint
Das muterlich verlangenn

Des junckfreuliches herczenn ir,
Wie sie mit flammender begir
Gedacht: »ach das ich hing pey dir,
So wer mir woll.
O sun, wie sol
Ich ansehenn den schmerczenn
Deines betrubtenn herczenn?«
Wo pleib do, meit, dein scherczenn[1]
Des trostes vol,
Als do er noß dein spunne[2]?
Sag wes du hie begunne,
Do er vol alles kumers dol[3]
Was an dem creucz umbfangenn

1. *Wo verblieb da, Jungfrau, deine Freude.*
2. *sich ernährte an deinen Brüsten.*
3. *Schmerzensbedrängnis.*

HANS SACHS

Die insel Bachi[1]

Im rosenton Hans Sachsen

Als ich das neu weltbuch[2] durchlase,
wie vil insel durchfaren wase
die neu schiffart von Portugal,
darein ich wunder ane zal
funt, gar von seltsamen refieren,
von menschen, vögel, fisch und tieren;
Zu nachts trieb mich die fantaseie
in ein schwere melancholeie,
nach zu gründen den dingen tief,
bis ich entlich darin entschlief.
do traumet mir so eigentleiche,
wie ich in Portugal dem reiche
Ausfüre auf das weite mer
in einer naue[3] mit eim her
für manche insel groß und weite.
entlich kam wir in kurzer zeite
zu der insel Bachi mit nam
auf eim klar glaslauterem stram:
da weet Zephirus der wint,
die naue gieng stil senft und lint.

Die bletter gleich den harfen klungen,
die vögel lustiklichen sungen,
das frei gewilt sprang in dem hag,
die fisch schnalzten in warmer wag[4];
die insel stunt voller weinreben:

1. *Die Insel des Bacchus.*
2. *Anspielung auf das Werk von Sebastian Franck; das Gedicht ist also nach 1534 verfaßt. Vgl. Kap. I Münsters »Cosmographei«.*
3. *Lastschiff, Kahn.*
4. *Woge.*

in hohen freuden war wir schweben.
Kürzlich war unser freud uns bitter;
ein sturmewint und ungewitter
her durch die schwarzen wolken hal,
licht blitzen, grausam donnerstral,
die wellen an die naue³ schlugen,
mit kreften wir die ruder zugen.
Der stram war eitel⁵ blut und schwarz;
schlangen, kröten sach ich aufwarz
schwimmen; fledermeus und die eulen,
löwen, wölf, beren hort wir heulen;
verdorrt waren reben und baum,
die vögel schwiegen in dem traum;
unser naue war schwach und kracht;
im augenblick ich auferwacht.

Ich dacht: der straum vergleicht sich eben
Bacho, dem got, welcher tut geben
eßen und trinken auf das best,
macht frölich beide wirt und gest;
auch tut er allen wollust bringen
mit saitenspil, pfeifen und singen,
Mit tanzen, spil, schwenk mancher weis,
sam sei man in dem paradeis,
bis das man gar feucht wirt vom wein;
so schlegt entlich der donner drein
mit ungestüme, gleich den toren,
die zanken, schreien und rumoren.
Aus füllerei auch folgen tut
schant, laster und auch die armut,
kopfwe, krankheit aller gelider;
vernunft und sin ligen darnider,
sterk und gedechtnus sie abstürzen,

5. nur.

des menschen leben sie verkürzen.
doctor Freidank spricht: mer leut sterben
von füll, dan durch das schwert verderben[6].

PETER PROBST

Mitte des 16. Jahrhunderts als Meistersinger und Dramatiker nachgewiesen. War Beamter (Rechnungsführer des städtischen Kornhauses) in Nürnberg und ein Vertreter des sogenannten älteren Fastnachtspiels.

Das weiblein im eebruch

Einander lied in des Hanns von Maincz fraidweis

Johannes beschreibt ein geschicht,
Bericht
Vnns das achte capitel klar,
Wie Jesus stund
Im tempel vnd
Leret die juden all gemein.
   Die prachten da ein weib zu im.
»Vernim,
Meister, das weib man offenbar
Begriffen hat
Auff frischer that
An dem eepruch so gar vnrein.
   Nun hat Mose vns gepotten im gsecze
solche zuuersteinigen.« Vnd zu lecze
sy Jesum fragtten: »Was sagstu
Darzu?«
Wann die juden thetten in gar
Mit listen arck

6. *Der Spruch des im 16. Jh. oft zitierten mittelalterlichen Minnesängers,
der manchmal zu den 12 Gründern des Meistersangs gezählt wurde, ist
textlich nicht belegt.*

Versuchen starck,
Yn zu fanngen in wortten sein.

Jesus merckt iren falschen sin.
Vor in
Er sych neigt vnd schrib auff die ert.
Die juden all
An hieltten pall
In zu fragen wol an der stet.
    Vnd Jesus sych auffricht darnach
Vnd sprach:
»Welcher ist vnnter euch so wert,
Der on sunt sey,
Werff auff sy frey
Den ersten stein!« Jesus das ret,
    Darnach er sych widerumb neiget nider,
schrib auff die erden vor den juden wider.
Vnd als die juden hörten das,
Furbas
Kheiner zu fragen mer begert.
sunder sy gar
Gienngen furwar
Hinaus. Ir kheiner pleibenn thet.

Vnnd liesen da Jesum allein
Gemein,
Das weib auch also vor im stan.
Jesus auff sach,
Zum weib er sprach:
»Wo sint die dich verklagten sër?
    Hat dich verdamet hie niemant?«
Zu hant
sprach das weib: »Herr, garniemant schan.«
Jesus sprach: »Ich
Verdam nit dich.
Gehin vnd sundig fort nit mer!«

Also ist nun Christus in die welt khumen
Vnd hat auch fil der sunder auffgenumen
Vnd wil auch noch auffnemen die,
so hie
Pus thun vnd an in glauben than
Von herczen frey.
O herr, dir sey
Ewyg gros lob, preis vnd auch ër!

ADAM PUSCHMANN

Geb. 1532 in Görlitz, gest. am 4. Mai 1600 in Breslau. Sohn eines Bäkkermeisters, besuchte die Lateinschule, wurde dann Schneider, besuchte die wichtigsten Zentren des Meistersangs (u. a. auch Hans Sachs in Nürnberg) und war nach der Rückkehr in seine Vaterstadt Görlitz dort Kantor. Nach einer neuerlichen Reise ließ er sich als Schulmeister in Breslau nieder. Seiner Programmschrift, der die folgenden 7 Erklärungen entnommen sind, entsprach sein Wirken: er versuchte die zersplitterten Gruppen miteinander in Kontakt zu bringen.

Gründtlicher Bericht des Deudschen Meistergesangs. Darinnen begriffen / alles was einem jedern / der sich Tichtens und Singens annemen wil / zu wissen von nöten. Und wie die art und eigenschafft der Versen oder Reimen / Thön und Lieder zu erkennen sey . . . (Auszug)

Erklerung der 24. Straffartickel / wie man einen jedern Artickel insonderheit verstehen sol.[1]

I. Es sollen alle Meister Lieder / nach vermög der hohen Deudschen Sprach gedichtet und gesungen werden / Sonderlich in Bund Reimen oder Versen / Wie die in der Wittem-

1. Die vorhergehenden Strafartikel entsprechen genau dem Anfang der hier abgedruckten 7 »Erklerungen«; es wird dort rezeptartig vorgeschrie-

192 II. Lyrik. 3. Meisterlieder

bergischen / Nůrnbergischen und Franckfurdtischen Biblien /
Auch in der Fůrsten und Herren Cantzleyen ůblich und
gebreuchlich ist.

II. Falsche meinung sind / alle falsche Abergleubische /
Sectische und Schwermerische[2] Lehr / der reinen lehr Jhesu
Christi zu wider / die sollen vermitten bleiben.

III. Falsch Latein / dabey verstehe alle Lateinische wŏrter
so contra Grammaticae leges incongrue gesungen werden /
Das kŏnnen nu die / so Grammaticam nicht studirt haben /
gar nicht verstehen / Darumb sie die Lieder / so falsch
Latein inhalten / sollen emendiren lassen / bey den Ge-
lerten / so Grammaticam gelernet haben / Ob es schon
nicht Meister singer sein.

IIII. Ein blinde meinung ist / Wo man einen sententz
oder meinung bringet / die den zuhŏrern nicht verstendt-
lich / Als / Ich du sol komen / fůr / Ich und du sollen
komen.

V. Ein blind wort heist man / Wo man ein undeutlich und
unverstendlich wort bringet / das man nicht verstehen
kan / Als / Sag / fůr / sach / Sig / fůr / sich etc. Tenuis pro
aspirata.

VI. Ein halb wort nennet man / so einer ein wort ver-
kůrtzt in Syllaben / das mans nicht verstehen kan / Oder
am Bundreimen das Bundwort spaltet. Als / Ich kan es
dir nicht sag / fůr / sagen.

VII. Ein Laster[3] mus man also vernemen / So man in
zweyen oder mehr Bundreimen oder Versen / die Vocales

ben, wieviel jeweils für den entsprechenden Fehler von den »Merkern«,
den Meistersinger-Kunstrichtern, in der Bewertung abgezogen werden
soll.
2. Mystiker und Wiedertäufer; der Meistersang hatte seinen Schwerpunkt
in seinem – z. T. recht unduldsamen – Protestantismus.
3. kann vom grammatischen/metrischen Mangel bis zum fehlerhaften Vor-
trag viele Unregelmäßigkeiten bezeichnen.

mutirte / oder die Diphthongos in Vocales / Als / wo ein
wort / es sey stumpff oder klingend / nach rechter hoher
Deudscher sprach / das a begerete in Bundreimen / und
ein ander wort das o / und man sünge sie beyde auff
das o. Also auch mit den andern Vocalibus / Denn dieweil
die Vocales die Haubtbuchstaben sein / wie Grammatica
zeuget / die alle Sprachen regieren / müssen sie auch im
singen nicht verendert werden.

Weil aber etliche Nationes in irem dialecto die Vocales
mutirn / und sie ihrem Idiomate nach / der hohen Deudschen sprach ungemeß / außsprechen / damit ich nicht
möchte beschüldiget werden / inen ire Sprach zu straffen /
oder zu verwerffen / so fern er darbey bleibet / und nicht
ein andere Sprach mit einfüret / Sonderlich sol im sein
Sprach mitten in Reimen nicht angegriffen werden / Dergleichen die Bundwörter sollen auch nicht getadelt werden /
wofern sie einerley Vocales regirn / nach vermüge hoher
Deudscher sprach / Ob die schon seiner Sprach nach ge-
endert würden / Wie in folgenden Exempeln zuverstehen.
Als wenn einer sünge nach der Nürnberger sprach / Es
ist ein fromer Mon[4] / und er gieng davon / Das wer zu
straffen / Denn das Wort Mon / begert das a / und das
wort von / das o.

[...]

---

4. *Mann (mit Dialektfärbung).*

**Ein Schulkunst vorher zu singen wenn man Schul helt,
darinnen angezeiget der vrsprung dieser Kunst, wer,
wie, wenn vnd warumb sie erfunden
Mit angehefften Schulregister oder Straffartickel**

**Ein gefünfft lied in den 4. Gekrönten Haupt-Thönen
der 4. Gekrönten Meister**[5]

Das erste Gesetz: Im langen Thon Doctor Müglings

    Sancte Spiritus mit dein Gaben zu vns kum,
Et reple corda tuorum fidelium,
Endtzund in ihn das Fewer Deiner liebe,
    Per Christum salutorem nostrum te rogo
Steh Du mir auch jetzt bey mit Dein Gaben also
Mit Gsang Gott zu loben nach Deim getriebe,
    Wie Du halffst dem Psalmist Dauid,
Der sang die schönsten lieder auff der Erden
In seinem psalterio in fried,
Vermant er vns zu singen ohn geferden
Sein acht vnd Neuntzigst Psalm spricht fein:
Jauchtzett dem Herrn all Welt, thut lobsingen
Rhümet vnd lobt den Herrn rein,
Die Psalmen last auff Seitenspiel erklingen.
Sollches alles hat verursacht
Vnser vorfahrer weise
Die Tichten Gott zu lob vnd danck
Meistergesang,
Der waren ir Zwelff an der zal,[5]
Auff die höret gar leise.

---

5. *Puschmann nennt in drei weiteren Liedern namentlich Frauenlob, den
Marner und den Schmied Regenbogen. Die Zwölfzahl der Begründer des
Meistersangs – zu denen auch Walther von der Vogelweide gezählt wird –
wechselt je nach Sänger oder Singschule.*

III. Drama

Die Theaterfreudigkeit des 16. Jahrhunderts steht außer Zweifel. Die mittelalterlichen – meist streng an kirchliche Texte gebundenen – Dramenformen des Oster-, Weihnachts- und Passionsspiels wurden seit der zweiten Hälfte des 15. Jahrhunderts langsam, aber stetig von säkularen Spielformen überlagert; mit dem Einsetzen der Reformation konnte die Bühne auch zum konfessionellen Kampfplatz werden. Von entscheidender Bedeutung war die Haltung der Reformatoren gegenüber dem Theater: Luther, Melanchthon und Zwingli traten schon aus pädagogischen Gründen sehr dafür ein.

Die folgende Aufteilung in Spieltypen hat nicht nur methodische Gründe: Zwar stehen Humanistentheater, das bürgerliche Spiel und das lateinische Schuldrama in einem Verhältnis wechselseitiger Beeinflussung, aber sie haben vom geistigen Anspruch, der Spielsituation und dem sozialen Kontext her ihren eigenständigen Charakter.

Humanistentheater

Die philologische Voraussetzung für die Humanistenkomödie ergab sich aus den in der ersten Hälfte des 15. Jahrhunderts wiederentdeckten Stücken der römischen Komödiendichter (sog. Comoedia Palliata) Plautus und Terenz. Sie wurden nicht nur begeistert gelesen; sondern bald versuchte man, diese Stücke zu übersetzen und in bescheidener Form nachzuahmen. Seit 1470 waren die Texte in vielen Schulausgaben zugänglich – auch Melanchthon veröffentlichte als Neunzehnjähriger 1516 in Tübingen eine Terenzausgabe. Die Aufführung mehrerer römischer Komödien durch Studenten unter der Leitung des Erzhumanisten

Conrad Celtis in Wien (1502/03) ist historisch bedeutungs-
voll und sozial kennzeichnend. Als Leiter des neugegrün-
deten Dichter- und Mathematikerkollegiums erfreute er
sich der persönlichen Gunst von Kaiser Maximilian I. Und
dieses Verhältnis prägte: Die Humanistendramen blieben
durch das ganze Jahrhundert hindurch höfisch und/oder
akademisch ausgerichtet und selbstverständlich mit dem
Latein auch sprachgebunden. Auch hier gingen von italieni-
schen Universitäten und Fürstenhöfen starke Impulse vor-
aus; später jedoch trat das niederländische Humanisten-
theater in den Vordergrund. Das weiter unten zu nennende
Straßburger Akademietheater bietet für die zweite Hälfte
des 16. Jahrhunderts ein lebendiges Beispiel, wie neben
der Wiederaufführung klassischer Dramen auch zeitgenös-
sische Stücke in den Spielplan aufgenommen wurden. Niko-
demus Frischlin ist hier der bedeutendste Vertreter. Seine
»Venus« (1584) oder die »Helvetigermani« (1589) wurden
auch im 17. Jahrhundert noch in Hof- und Humanisten-
kreisen aufgeführt. Unser Textbeispiel für diesen Typ,
Albrecht von Eybs Plautus-Übersetzung, soll als Illustration
für den Ansatz zu dieser Begeisterung stehen und zugleich
andeuten, welches dramatische Potential (Typisierung –
Kontrastfigur – Szenen- und Dialogführung) dieser »Re-
naissance«-Prozeß für das deutsche Theater einschloß.

Das bürgerliche Spiel

Das kultisch bedingte Fastnachtspiel entwickelte sich in der
zweiten Hälfte des 15. Jahrhunderts aus seinen derben
Ursprüngen immer mehr zum Handlungsspiel individueller
Autoren. Nürnberg hat die bekanntesten Schöpfer in Hans
Rosenplüt und Hans Folz; in Basel bringt Pamphilus Gen-
genbach nach der Jahrhundertwende die moralische Ver-
tiefung, und der in Nürnberg wirkende Hans Sachs prä-
sentiert sich der Nachwelt als reifster Fastnachtspielautor.

Selten mehr als 300 Verse umfassend, sind diese possen-
haften Handlungen meist versifizierte Schwänke mit we-
nigen Personen oder revueartige Ständesatiren größeren
Umfangs. In Nürnberg wurden sie eher im privaten Kreis
(Privat-, Wirtshäuser usw.), in der Schweiz und in Österreich
mehr im Rahmen der bäuerlich/bürgerlichen Gemeinde auf-
geführt. Das hier abgedruckte Fastnachtspiel von Niklaus
Manuel erklärt deutlich, weshalb diese Form in der Re-
formationszeit ihr Publikum nicht mehr nur unterhalten,
sondern auch aktiv beeinflussen konnte. – Neben der Fast-
nachtzeit war auch Ostern eine festliche Gelegenheit, die
man mit einem Spiel ausschmückte. Biblische Stoffe sind es
vor allem, die um 1530 die (Marktplatz- oder Rathaus-)
Bühnen beherrschen. Das bürgerliche Selbstbewußtsein
schaffte sich damit – oft unter beträchtlichem szenischen
Aufwand – einen Spiegel seiner Welt. So ist es verständ-
lich, weshalb der bürgerliche Spieltypus, der natürlich auch
folkloristische Stoffe aufweist (z. B. das von Nationalge-
fühl geprägte »Urner Tellenspiel«, 1512/13), vor allem
in selbständigen politischen Gemeindewesen blühte: in
Bern, Basel, Nürnberg, Lübeck usw. Die Autoren waren
meist Stützen dieser Gesellschaft: Pfarrer, Schulmeister,
Beamte, Ärzte – und Handwerker. Hans Sachs' Meister-
singer-Bühnenwelt verkörpert schon in der Organisation
die neugewonnene dramatische Eigenständigkeit. Autor,
Spielleiter und Spieler in einer Person, entwickelte er mit
einem festen Kreis von Mitspielern in Inszenierung, Ko-
stümgestaltung und Gebärdensprache einen eigenen Thea-
terapparat und -stil. – Die Textbeispiele, die mit Aus-
nahme der Proben von Albrecht von Eyb und Thomas
Naogeorgus alle diesem Typ zuzuordnen sind, sollen den
Leser auch darauf aufmerksam machen, wieviel von latei-
nischen Vorbildern übernommen worden ist. Ansätze, die
lateinische Dramentechnik organisch ins Deutsche zu ver-
pflanzen, sind selten (z. B. Paul Rebhuns »Susanna«,
1536). – Wenn im folgenden Textteil mit Übersetzungen ge-

arbeitet wird, so entspricht dies auch einer zeitgenössischen Theaterpraxis: Seit der zweiten Hälfte des 16. Jahrhunderts wurden dem bürgerlichen Publikum sehr oft deutsche Szenensummarien oder gar Übersetzungen vorgetragen. Dieser Brauch drängte sich vor allem auf, wenn der dritte Spieltypus vor einem größeren Publikum zur Aufführung gelangte:

Das lateinische Schuldrama

Bemerkenswerterweise können vom Ziel dieses in der Schule institutionalisierten Spieltypus das katholische Wien, das protestantische Straßburg, Luther und Melanchthon und später das Jesuitentheater auf einen Nenner gebracht werden: den vom pädagogisch-moralischen Zweck her bedingten »Terentius Christianus«. Der »getaufte« römische Komödiendichter – von obszönen Stellen purgierte oder unter dem erwähnten Aspekt nachgeahmte Stücke – sollte den Schülern musterhaftes Verhalten und mustergültiges Latein vermitteln. Diese Zweckbestimmung, definiert in vielen Schulordnungen, setzen das Schuldrama von der Humanistenkomödie ab. Es gibt eine Fülle von zeitgenössischen Versuchen. Ein Schulbeispiel dafür ist das Straßburger Akademietheater, das in der zweiten Hälfte des 16. Jahrhunderts (bis zur Schließung 1622) auch ein eigenes Haus zur Verfügung hatte. Das Repertoire bot antike Dramen und Neuschöpfungen; Naogeorg wurde hier aufgeführt – freilich nicht der polemische »Pammachius«, sondern der »Mercator« (ein Jedermann-Spiel). In Straßburg herrschte auch insofern eine Ausnahmesituation, als relativ früh die Schüleraufführungen regelmäßig einem öffentlichen Publikum zugänglich waren.

Theatergeschichtlich bringt das 16. Jahrhundert auch bühnentechnisch einen Übergang. Die spätmittelalterliche Simultanbühne hatte die verschiedenen Spielplätze auch in

Wirklichkeit auf verschiedene Spielorte verteilt. Die Schau-
spieler – und bei den Passionsspielen auch das Publikum –
zogen von einer szenischen Station zur andern. Dies gab
auch den Volksschauspielen eine aufreihende »undramati-
sche« Struktur. Diese Form wurde nun zusehends abgelöst
durch die Terenz- oder Badezellenbühne, das heißt eine
freie Vorderbühne, deren Hintergrund durch drei bis fünf
mit Vorhängen verdeckte Nischen eine neue Auftrittstechnik
ermöglichte. Die theatertechnisch dadurch erreichte Suk-
zession der Szenen findet ihre Entsprechung in der ange-
strebten Geschlossenheit der Handlung.
Der im Ausschnitt wiedergegebene Prolog von Burkart
Waldis' »Verlorenem Sohn« gibt einen Hinweis, wo man
in dieser Zeit nach theoretischen Äußerungen über die
Dramentechnik suchen muß: in den Vorreden und Einlei-
tungen einzelner Stücke. – Selbstverständlich gab es da-
neben ein Weiterleben der spätmittelalterlichen kirchlichen
Spiele, die jedoch zusehends realistischer werden im Ein-
beziehen von Lokalbräuchen. Zwei Erscheinungen sind
bei diesen Textbeispielen nicht berücksichtigt, die histo-
risch auch ins 16. Jahrhundert fallen: das Jesuitendrama
und der Einfluß englischer Wandertruppen (in den Ko-
mödien des Herzogs Julius von Braunschweig im letzten
Jahrzehnt des Jahrhunderts). Doch sind beide im Ansatz
frühbarock und gehören in ihrer Auffassung ins 17. Jahr-
hundert.

ALBRECHT VON EYB

Geb. am 24. August 1420 auf Schloß Sommersdorf bei Ansbach, gest. am 24. Juni 1475 in Eichstätt. Gehört mit Heinrich Steinhöwel und Niklas von Wyle zu den hervorragenden Vertretern des deutschen Frühhumanismus in der Literatur. Als Geistlicher studierte er in verschiedenen italienischen Städten das Recht und kam mit bedeutenden Persönlichkeiten des italienischen Humanismus in näheren Kontakt, zum Beispiel mit Lorenzo Valla. Auch seine Rolle ist die eines bedeutenden Vermittlers; seit 1451 lebte er als Domherr in Bamberg. Seine beiden bedeutendsten Leistungen sind eine Poetik und drei Komödienübersetzungen. Seine *Margarita Poetica* (Straßburg 1459) ist die erste Humanistenpoetik in Deutschland: Das dreiteilige Werk enthält eine Musterauswahl von Texten der römischen Rhetorik und Prosa, wobei aber auch Petrarca eingeschlossen ist. Das Werk hatte deshalb einen begrenzten Einfluß, weil es bald durch die Zugänglichkeit der ganzen klassischen Texte überholt wurde. Sein letztes Werk, *Der Spiegel der Sitten* (1474 bis 1511), ist ein Tugendbuch, das einen Ausgleich zwischen mittelalterlicher Lebensführung und neuem Ideengut sucht. Darin finden sich drei Komödienübersetzungen (zwei von Plautus, eine von Ugolino Pisani).

Menaechmi (Plautus-Übersetzung. 5. Aufzug, 1. Szene)

Eybs Vorwort drückt deutlich aus, weshalb und wie er dazu kam, Plautus zu übersetzen. Die Funktion der Komödien sieht er darin, daß »dadurch die pösen verkerten sitten der menschen werden verstanden«. Er gibt auch eine Entstehungsgeschichte der Komödie, weist darauf hin, wie der Text erst am Anfang seines Jahrhunderts während des Konzils von Basel (durch Poggio) aufgefunden worden sei, und rechtfertigt endlich sein Übersetzungsprinzip: »[Die Komödien] hab ich auß latein in teüsch gebracht nach meinem vermügen / nit als gar von worten zu worten / wann das gar unverstentlich wäre / sunder nach dem synn und mainung der materien als sy am verstendlichsten und besten lauten mügen.«
Die abgedruckte Szene soll zum Ausdruck bringen, wie stark das deutsche Humanistentheater der römischen Komödie verpflichtet ist. Gleichzeitig soll die Probe zeigen, wie Albrecht von Eyb die raffinierte Dialogführung des Plautus kongenial wiedergibt; sein oben zitiertes Übersetzerbekenntnis zeigt etwas vom Selbstbewußtsein des neuen Humanistentypus. Literaturgeschichtlich hat diese Komödie bedeutenden Nachhall gefunden. Die berühmteste Bearbeitung nach ihm im deutschen Kulturraum stammt von Hans Sachs (»Ein comedi Plauti mit 10 personen / heyst Menech-

mo«, 1548; einzige Bearbeitung eines Plautus-Stoffes seiner-seits); in die Weltliteratur ist Shakespeares Erweiterung »Comedy of Errors« (1592) eingegangen.

Die Verwechslungskomödie »Menaechmi« (Die Zwillinge) von Plautus bringt im Prolog die verwickelte Geschichte von Zwillingsbrüdern, von denen der eine im Knabenalter durch widrige Umstände verscholl. Der zu Hause aufge-wachsene Bruder, Menaechmus II (Sosicles), will später dem Menaechmus I (Epidamnus) nachforschen und trifft zu Beginn des Stückes eben in der Stadt ein, in welcher der verschollene Bruder inzwischen in reichen Verhältnissen aufgewachsen und ebenso verheiratet worden ist. Da er sich mit einer Kurtisane, Erotium, eingelassen hat, die sein suchender Bruder ebenfalls schnell kennenlernt, ergeben sich wegen der eifersüchtigen Ehefrau von Menaechmus I mannigfache Verwechslungen, so daß Menaechmus II schließlich den Wahnsinnigen spielen muß, um sich zu retten. Durch eine Gegenüberstellung der Zwillingsbrüder klärt sich am Schluß des Stückes alles auf.

Die Komik der abgedruckten Szene ergibt sich dadurch, daß Menaechmus II (Lutz der frômbd) eben von Erotium (Barbe) kommt und den Auftrag hat, »ihren« Mantel reicher besticken zu lassen. Es ist dies aber der Mantel, den Menaechmus I (Lutz der recht) seiner Ehefrau (Geüt) entwendet und kurz vorher Barbe geschenkt hat – kein Wunder also, daß Lutz der frômbd und Geüt aus Nicht-wissen heftig aneinandergeraten.

5. AUFZUG, 1. SZENE[1]

Hie kommen wir wider auf lutzen den fremden als er bey barben was geweßt und den mantel erobert het / wolt er

---

1. Plautus: Menaechmi V,1:
ME. Nimis stulte dudum feci, quom marsuppium
Messenioni cum argento concredidi.

sůchen Fritzen seinen knecht | do bekame im geůt und sahe
in tragen den mantel und wenet es wår Lutz der recht ir
man | kamen zů vil krieg und spricht lutz also.[2]

Inmersit aliquo sese credo in ganeum. –
MA. Prouisam, quam mox uir meus redeat domum:
Sed eccum uideo: salua sum, pallam refert.
ME. Demiror ubi nunc ambulet Messenio.
MA. Adibo atque hominem accipiam quibus dictis meret.
Non te pudet prodire in conspectum meum,
Flagitium hominis, cum istoc ornatu? *ME.* Quid est?
Quae te res agitat, mulier? *MA.* Etiamne, inpudens,
Muttire uerbum unum audes aut mecum loqui?
ME. Quid tandem admisi in me, ut loqui non audeam?
MA. Rogas me? o hominis inpudentem audaciam.
ME. Non tu scis, mulier, Hecubam quapropter canem
Graii esse praedicabant? *MA.* Non equidem scio.
ME. Quia idem faciebat Hecuba, quod tu nunc facis.
Omnia mala ingerebat, quemquem aspexerat:
Itaque adeo iure coepta appellarist Canes.
MA. Non ego istahaec flagitia possum perpeti:
Nam med aetatem uiduam esse mauelim
Quam istaec flagitia tua pati, quae tu facis.
ME. Quid id ad me, tu te nuptam possis perpeti,
An sis abitura a tuo uiro? an mos hic itast,
Peregrino ut aduenienti narrent fabulas?
MA. Quas fabulas? non, inquam, patiar praeterhac,
Quin uidua uiuam, quam tuos mores perferam.
ME. Mea quidem hercle causa uidua uiuito
Vel usque dum regnum optinebit Iuppiter.
MA. At mihi negabas dudum surrupuisse te,
Nunc eandem ante oculos attines: non te pudet?
ME. Heu hercle, mulier, multum et audax et mala's.
Tun tibi hanc surruptam dicere audes, quam mihi
Dedit alia mulier, ut concinnandam darem?
MA. Ne istuc mecastor, iam patrem accersam meum
Atque ei narrabo tua flagitia quae facis.
Ei, Decio, quaere meum patrem, tecum simul
Vt ueniat ad me: ita rem esse dicito.
Iam ego aperiam istaec tua flagitia. *ME.* Sanan es?
Quae mea flagitia? *MA.* Pallam atque aurum meum
Domo suppilas tuae uxori et tuae
Degeris amicae. satin haec recte fabulor?
ME. Quaeso hercle, mulier, si scis monstra quod bibam,
Tuam qui possim perpeti petulantiam.

Lutz der frômbd. Geüt, des rechten weib.

Fürwar ich bin ain groser narr geweßt daz ich den peütel mit dem gelt Fritzen meinem knecht gelassen hab / ich solt in billich kennen / er sol jendert[3] bey hübschen frauen sein und leben im sauß.

g e ü t. mein man solt nun kummen mit dem mantel / ey ich sihe in her traben die sach geet recht zů / er bringt mit im den mantel.

L u t z d e r f r e m d. mich kan nit verwundern wo fritz der půb mein knecht umb schleüfet in der statt.

g e ü t. ich wil zů im geen und mich zornig stellen das er muß erschrecken. nu sag an du pôser man schemestu dich nit das du allso mitt dem mantel kommest für meine augen.

L u t z. mein fraw, was ist der mere wes geestu irr.

g e ü t. du torhaiter man wie magstu mich ansehen oder mitt mir reden.

l u t z. was hab ich dir geton das ich nit mit dir reden sol.

g e ü t. fragstu erst du unsäligs verflůchtes mensch.

l u t z. du waist noch nit weib warumb die kriechen haben Hecubam[4] die frauen ain hüntin gehaissen.

g e ü t. was geet mich das an.

Quem tu hominem arbitrare, nescio:
Ego te simitu noui cum Porthaone.
MA. Si me derides, at pol illum non potes,
Patrem meum, qui huc aduenit. quin respicis?
Nouistin tu illum? ME. Noui cum Calcha simul:
Eodem die illum uidi quo te ante hunc diem.
MA. Negas nouisse me? negas patrem meum?
ME. Idem hercle dicam; si auom uis adducere.
MA. Ecastor pariter hoc atque alias res soles.
2. *Diese Überleitung(en) gibt es nicht im lat. Text.*
3. *irgendwo.*
4. *Hekuba, die Frau des trojanischen Königs Priamos, soll nach einer Überlieferung die Griechen nach dem Fall der Stadt durch ständiges Schelten herausgefordert haben, weil sie lieber getötet sein wollte, als in unwürdiger Gefangenschaft leben.*

l u t z. Hecuba murret alltzeit und schalt jederman und sůchet ungelück an dem wege / also ward sy ain hüntin genannt / also thůest du auch.

G e ü t. ich mag dainer poßhait nit mer gedulden / ee wil ich leben als ain witwe und nitt mer zů dir kummen.

L u t z. beleib witwe oder nitt / lauff von deinem manne oder nit du sagst solhs aim kalten stain.[5]

g e ü t. ist es dir dann ain schimpf / so wil ich witwe beleiben.

L u t z. Beleib beleib witwe biß nymmer leüt gen Rom geen.

G e ü t. du hast alletzeit gelaugnet / du habest den mantel nitt genomen / nu schemstu dich nitt und tragst mir den für augen.

L u t z. O wie ain bôß dôrstig weib du bist / das du sagest ich hab dir disen mantel gnommen / den mir hat gegeben ain andere frawe zů tragen zů dem sticker.

G e ü t. Nu wil ich schicken nach meinem vater und im alle dein poßhait sagen der ich innen worden bin / du magst ir nit mer gelaugen[6] / gee gesell[7] bald zů meinem vater/ sprich es sey grosse not daz er ye nit außen beleib.

l u t z. bistu och synnig was hab ich dir geton / ich hab dich nie mer erkannt.

g e ü t. o wee lieber man bistu unsynnig das du mich nit kennest / und soll das nichts sein daz du mir ainen mantel genomen / und barben deinem půlen geben hast.

l u t z. du sagest von plawen enten die auf holtzschůhen geen / gibe mir doch zů trincken[8] das ich dein schnattern und torhait môg erleiden anders du machst mich unmechtig / wer mainstu doch der ich sey.

5. *Eyb übersetzt hier den neutralen Ausdruck mit einer deutschen Redensart; auch sonst überträgt er Entsprechendes frei.*
6. *ableugnen.*
7. *Sie sagt dies zu einem Statisten-Diener.*
8. *im Lat. eine dunkle Stelle; wahrscheinlich eine Anspielung auf die Wirkung eines Liebestrankes.*

g e ü t. du spotest aber mein und haltest mich gering als
ein mücklein dein gespött wirt dir bald vergeen / mein
vatter kommpt sihestu in daher geen / kennstu aber
den.

l u t z. ja er hat mir ain geschmirte sakpfeifen[9] geessen / ich
hab dich und in erkannt an ainem tag, der ist heüt.

G e ü t. du sprichest du kennst mich nit noch meinen vater.

L u t z. du zaigest mir deinen anherrn[10] ich sprich das ich
in auch nitt kenne.

G e ü t. du tůst in dem als in andern dingen wir wöllen
dich anders leeren.

*(Allhie kommpt geüten vatter klais genannt nach dem
sy geschicket het /)*

HANS FOLZ

Geb. wahrscheinlich zwischen 1435 und 1440 in Worms, gest. im Januar
1513 in Nürnberg. Barbier (Wundarzt), der um 1459 nach Nürnberg zu-
gewandert ist und dort eingebürgert wurde. Folz ist einer der ersten namentlich faßbaren Autoren von Fastnachtspielen. Neben seinen Spielen
(von denen sieben ihm sicher zugewiesen werden können) tat er sich als
Meistersänger und Verfasser von (Reimpaar-)Sprüchen hervor; und vom
Kulturbild seiner Wahlstadt her ist es auch interessant zu beobachten,
daß er in den Jahren 1479 bis 1489 einen großen Teil seiner Spruchdich-
tungen selber druckte und verlegte. Seine Stücke, von denen *Das Spiel
von dem König Salomon und dem Bauern Markolf* (mittelalterliche Figur
des schlauen Bauern, der sich dem weisen König gewachsen zeigt) wohl
das reifste ist, behandeln Themen, die uns aus der zeitgenössischen
Schwankdichtung bekannt sind und sich recht oft im Derben und Zoten-
haften bewegen. Mit Folz und Hans Rosenplüt zeichnet sich im Fastnachtspiel der Übergang von den im Volksbrauch niedergeschlagenen Ein-
flüssen früherer kultischer Jahreszeitenriten zur theatralischen »selbständigen Kunstwirklichkeit« (Eckehard Catholy) ab, die uns dann in Hans
Sachs, der die zweite Nürnberger Fastnachtspielperiode (ab etwa 1520)
repräsentativ vertritt, begegnet.

9. *Dudelsack, hier aber im obszönen Sinn, welcher der lat. Version fehlt
(Ich kenne ihn so persönlich wie den mythischen Seher Kalchas).*
10. *Auch wenn du mir deinen Großvater zeigst.*

Werke: *Die Bauernheirat; Der Bauernhandel; Das Spiel von dem König Salomon und dem Bauern Markolf; Bauerngericht; Von der Pestilenz; Von allen paden; Die Reimpaarsprüche.*

Ein Fastnachtspil von eimen Pawrngericht

Dieses Spiel führt die Aufführungsbedingungen deutlich vor Augen: Zunächst stellt der Einschreier (Praecursor) die Beziehung zum Publikum her, dann rollt das Spiel (im allgemeinen selten mehr als 300 Verse, meist aber kürzer, wie hier) als lose Folge von anekdotischen Sketchs ab mit deutlicher Ausrichtung auf die Zuschauer. Das Ende jedoch bringt die Geschlossenheit der Theatersituation zum Ausdruck: die ironische Andeutung einer später bei Hans Sachs voll ausgebildeten »Moral« der Geschichte. Aufführungsort waren fast immer Gast- oder Privathäuser, was mit der Fastnacht- oder Karnevalszeit zusammen den geselligen Charakter dieses Spieltypus bestimmt. Eine österreichische Version des »Bauerngerichts« macht die Lokalgebundenheit mit der Einsetzung von Namen ad libitum besonders deutlich.
Die drei anekdotischen Situationen zeigen die Personen in witziger Karikatur. Nicht nur die Bauern, auch die Gerichtspersonen verkörpern die Narrenfreiheit der Fastnachtzeit – und die zum Teil grobe und fäkale Sprache tut das Ihrige.

D e r   e i n s c h r e i e r.
   Got grüs euch, liebs folk, als gemein!
   Es ist zu euch gelegt herein
   Ein recht, das wirt man hin besitzen.
   Wer iemant het mit falschen litzen[1]
   Unrath, frevel und schaden than,
   Der gebs den schöpfen[2] zu verstan.

1. *Maß oder Antlitz?*
2. *den Schöffen.*

So sol man im ein urteil sprechen,
Das er sich mag an schwertschleg rechen[3].

Der erst klager.

Herr richter, ich klag über mein nachtpawrn,
Des nachts thüt an mein fenstern laurn
Und helt sich ganz in einer stilln
Und das umb zweier sachen willn:
Die erst, ob ich als trunken wer
Und redt den schöpfen[4] an ir er
Und strafet[5] sie an irem eid,
Des ir mir hart vertrüget beid[6];
Das ander, ob ich dan nit ließ
Und in ein gots verreter hieß,
Das er dan lang zeit ist gewesen,
On was ich im sunst her möcht lesen.

Ein ander schopf.

Ein dreck, was keustu von[7] dem ding!
Ein anders ich dar bei fur pring
Und urtheil[8], so uns eins ser dürst,
Das sie und baid schicken ir würst,
Und pring ieder ein schweinen praten,
Do well wir guets zun sachen rathen.

Ein klager. Ir herrn, ein sach mich diser zeicht
Und spricht, ich sei meim weib zu leicht,
Wann ich müg nimer öpfel essen,
Und hab mich ir neulich als vol gefressen,
Das ich ein haufen hinter mich legt,
Der fur palsam und fur pisem schmeckt[9].

Der antworter. Ir herrn, ich hab es anders gemeint,

3. *friedlich Vergeltung üben.*
4. *Das österreichische Spielmanuskript hat hier einen freien Raum für einzusetzende Namen.*
5. *beleidigt wegen, zweifelt an.*
6. *würdet es mir beide nicht durchgehen lassen.*
7. *kaust du herum an.*
8. *verfüge, daß.*
9. *nach Balsam und Bisam riecht.*

    Als sich dan an seim weib erscheint,
    Die vindt man mer ins pfarrers haus[10],
    Dan suchet man das ganz dorf auß.
    Wie vil sie zu dem ein thuet fliehen,
    Noch[11] mueß der narr die kinder ziehen.

Der richter. Ir schöpfen, secht die sach recht an!
    Mich dürstet: machts kurz! Last uns gan!

Der urtheiler.
    Ich sprich, welch man ein schöns weib hat
    Und die zum pfarrer naschen lat,
    Der meint im freuntschaft kaufen mit,
    Der ich vil lieber lang gerit[12],
    Dan kurz, ich urtheil umb die stöß[13],
    Das man sich morn zu samen gnöß
    Umb zwei zum Halbwachsen[14] hin auf,
    Do selbst man disen krieg versauf.
    Do solt ir zwen bezalen das trinken,
    So lang piß wir an penken hinken.

Der tanzfordrer.
    Plant[15], lieben herrn, es pleib dar bei,
    Secht umb euch, wo der spilman sei,
    Das man wol pald ein reien pfeif,
    Darnach ein ieder zum weinglas greif
    Und sauf nit mer, dan drin müg sein,
    So schenkt man iedem ein folles ein.

Der erst antworter.
    Herr richter, eins bescheidet mich[16]!
    Ist er ein kleiner schalk, dan ich,

---

10. *Das österreichische Spiel sieht hier wieder einen einzusetzenden Namen vor.*
11. *und dazu noch.*
12. *gern »ausführlich« beriete.*
13. *bezüglich des Hindernisses, des Zanks.*
14. *Ortsname; das österreichische Spiel sieht dafür den Namen des erwischten Liebhabers der Frau vor.*
15. *faßt den Plan.*
16. *erklärt mir.*

Der einen großen kennen kan,
Was gibt er dar bei zu verstan?
Er darf mich leicht mit recht anlangen,
Wir trügen wol wasser an einer stangen[17].

Der richter. Ir schöpfen, urteilt umb die sach,
Das man das recht dest kürzer mach!

Der erst schopf.
Ich urtheil, wer also stet losen[18]
Zu prüfen der leut heimlichs kosen,
Das man von oben mit eim dopf
Vol drex im seüßet[19] auf den kopf
Und er den drei tag dran müst tragen[20],
Das man solchs west von im zu sagen.

Der ander schopf.
Ir herrn, das wer ein leckerei.
Ein anders ich urtheil darbei,
Wo wir zu negst an einer zech sein,
Das sie ein weck und vier maß wein
Pringen und mit uns drein zechen.
Ich weiß kein pesser recht zu sprechen.

Der ander klager.
Ir herrn, ich klag über den folln,
Wan er des nachts zu haus sol trolln,
So schleicht er mir auf meinen mist,
Schüt rauß, was in seim körper ist,
Und macht ein gesmack vor meinr thür,
Das ichs zu öberst in der kamer spür.

Der antworter.
Ir herrn, ich thu ims zu dienst umb das,
Das er sein ecker tung des pas
Oder ein schwein darmit erner
Und mich dan mit den würsten er.

---

17. *d. h. ziehen am selben Strick.*
18. *horchen.*
19. *schießt.*
20. *Drei Tage lang würde man es riechen.*

Der richter.

    Ir schöpfen, richt die sach pald auß,
    Das man dem wirt schier laß sein haus[21].

Der urtheiler.

    Ich sprich, wer solch markstein thät setzen,
    Das man sein zen darin solt wetzen
    Und sein paid packen dar mit fulln,
    Dar mit sie solches püßen sulln.

Der ausschreier.

    Ir herrn, got gesegen viech und leut!
    Ob wir ein wenig wol sint heut,
    Das müget ir dar bei verstan,
    Es ist nit öl, das wir trunken han.
    Habt iez verguet! Zum negsten me!
    Es ist zeit, das man heimwerz ge.

Ein ander pawr *spricht.*

    Ir herrn, ich mueß ie auch drein speien,
    Wie so oft eine irn man thuet zeien[22],
    Er nasch zu andern weiben auß,
    Wiewol er sein gnug hab im haus,
    Dannoch lieb er die fremden mer,
    Der er hab weder nutz noch er.
    Do wil ich vier ding von erklern:
    Das erst, das er sie spart zun ern[23];
    Das ander, so sie stetigs wundert,
    Pei schönem weter plitzt und thundert,
    Dar durch er nach der thür sicht umb,
    Das nit ein platzregen auf in kum[24];
    Das drit, die nechst, die er ersicht,
    Die in anlacht, im schön zuspricht,
    Von der fellt im von stund an ein:
    Do möcht ich über nacht wol sein;

---

21. man bald ins Wirtshaus gehen kann.
22. anklagen.
23. ironisch: sie aufspart für besondere Gelegenheiten.
24. bildlich für ein aufsteigendes Ehegewitter.

Das vierd, wan er zu haus dan kert,
Das sie in als der teufel an fert
Und mit irem gesicht zum haus auß treibt,
Das er ein stund nit gern drin pleibt;
Erst schreit sie in als ein saurs pier auß[25],
Dar von sich aber hebt ein strauß.
Wem mit solcher kurzweil sei wol,
Dem bescher sein got haus und hoff vol!

NIKLAUS MANUEL (gen. Deutsch)

Geb. um 1484 in Bern, gest. am 28. April 1530 in Bern. Er ist eine der wenigen Figuren im deutschen Kulturraum, auf die der Begriff des Renaissancemenschen, des »uomo universale«, voll zutrifft: als Maler, Dichter und Politiker leistete er Bedeutendes. Der (wahrscheinlich natürliche) Sohn einer Bernerin und eines aus Italien eingewanderten Apothekers, Emanuel Alemann, wurde zum Maler ausgebildet, wovon noch zahlreiche Bilder (darunter Totentänze in Berner Kirchen und ein Selbstporträt) heute zeugen. Seit 1512 saß er im Großen Rat der Stadt, 1522 muß er als Söldner in Italien gedient haben, 1523 treffen wir ihn als Landvogt Berns in Erlach; später wurde er in zahlreichen politischen Missionen als Gesandter eingesetzt, war seit 1528 Mitglied des Kleinen Rates und vertrat zum Beispiel den (vermittelnden) Standpunkt seiner Vaterstadt im 1. Kappeler Krieg 1529, dem Anfang der schweizerischen Religionskriege.
Neben *Barbali* (1526), wo ein Mädchen sich erfolgreich dem ihm aufgezwungenen Nonnenberuf widersetzt, ist Manuels berühmtestes Werk *Der Ablaßkrämer* (1525), der auf aktuelle Vorfälle in Bern zurückgeht, wo schon 1524 der Ablaßverkauf offiziell verboten worden war.

Spiel vom großen Unterschied zwischen dem Papst und Jesum Christum

Dieses Spiel wurde zusammen mit Pamphilus Gengenbachs »Totenfressern« 1522 öffentlich aufgeführt, und vom Eindruck berichtet eine zeitgenössische Chronik:

25. beklagt sich über ihn, als ob er ... wäre.

»Es sind ouch dis jars zů großer fürdrung evangelischer
friheit hie zů Bern zwei wolgelerte und in wite land nutzlich usgespreite spil, fürnemlich durch den künstlichen maler Niklausen Manuel gedichtet und offenlich an der Krütz-
gassen gespilet worden: Eins, namlich der *Todtenfresser*,
berüerend alle missbrüch des ganzen babsttums, uf der
Pfaffen fassnacht (25 febr). Das ander, *von dem gegensatz
des wesens Christi Jesu und sines genannten statthalters,
des römischen babsts*, uf die Alte fassnacht. Hiezwischen uf
der Eschermittwuchen ward der römisch ablaß mit dem
Bonenlied durch alle gassen getragen und verspottet. –
Durch dis wunderliche und vor nie (als gottslästerlich) gedachte anschouwungen ward ein groß volk bewegt, christliche friheit und bäbstliche knechtschaft ze bedenken und
ze underscheiden. Es ist ouch in dem evangelischen handel
kum ein büechli so dick gedruckt und so wit gebracht
worden, als diser spilen« *(Valerius Anselm. Zitiert nach:
Niklaus Manuel. Hrsg. von J. Baechtold. Frauenfeld 1878.
S. CXXX f.).*
*Daß Manuel eine treibende Kraft der Reformationspartei
in Bern war, die gegen Ende seines Lebens auch die Oberhand
gewann, erhellt aus der Lektüre unseres Spiels ohne weiteres. Inspiriert wurde er zu diesem revueartigen Bilder-
bogen – dessen Spannkraft nicht so sehr aus der Dramatik
als vielmehr aus der anschaulichen Konfrontation lebt –
vom 1521 erschienenen »Passional Christi und Antichristi«
von Lukas Cranach (vgl. Luther, Weimarer Ausgabe Bd. 9;
Bildanhang). In einer Serie von Gegenüberstellungen wird
dort der Papst als Antichrist entlarvt; in unserem Zusammenhang sind besonders Bild 17 und 18 interessant, die
Christus auf dem Esel und den Papst im prächtigen Festzug
zeigen. Manuels eigene Illustrationen zu diesem Spiel
sind leider nicht zugänglich. – Es ist offensichtlich, wie hier
das Fastnachttreiben tendenziös umgeformt und -inter-
pretiert ist auf die Reformation. Auch die Argumentation
bewegt sich zwischen Angriffen auf die natürliche Kor-*

ruption (z. B. Habgier der Mönche) und Infragestellen von grundsätzlichen theologischen Konzepten (z. B. Primat des Papstes). Der oben zitierte Chronikbericht sollte genügend illustrieren, in welchem Sinn dieses Spiel von seinen Zuschauern verstanden wurde.

Ein Faßnacht schimpff so zů Bern inn ůchtland
uff der alten Faßnacht im xxij. jar gebrucht ist /
namlich wie uff einer syten der gassen der einig
Heyland der Welt Jesus Christus / unser lieber Herr
ist uff einem armen Eßlin geritten / uff synem
Houpt die dőrnin kron / by im syne
Jünger / die armen blinden /
lamen / und mancher-
ley bresthafftig.
Uff der anderen syten reyt der Bapst im harnisch /
und mit grossem kriegs züg als hernach verstanden wirt durch die sprüch / so die zween
buren geredt hand / Růde[1] fogel-
nåst / und Cleywe[2]
pflůg.

Cleywe Pflůg.
   Vetter Růde / was lebens ist nun vorhand?
   Mich dunkt es sy aberney was nüws im land
   Wer ist der gůt frumm biderman[3]?
   Der da ein grawen rock treyt an /
   Und uf dem schlechten Esel sitzt
   Und treyt ein kron von dornen gespitzt /
   Er ist on zwyffel ein trut[4] biderman
   Das sich ich im wol an sym angsicht an /

1. *Rudolf.*
2. *Nikolaus.*
3. *tüchtiger, ehrenwerter Mann.*
4. *»liebenswerter«, sympathischer.*

Es ist kein hoffart in im nit
Syn hoffgesind im deß zügnus gitt /
Die im nachgond / hinkend / und kriechen
Die armen blinden / und feldsiechen[5] /
Schow was armer lüten gand im nach
Ich meïn das er niemands verschmach /
Die armen stinkenden ellenden lüt
Sy hend doch kein gelt / und gend im gar nüt /
Das ist doch ein ellende unlustige schar
Und gand ouch so gar Gottsjämerlich dohar /
Der lam / der ander blind / der dritt wassersüchtig
Und sitzt aber der gůt man so hertzlich züchtig /
So gantz schemig[6] und einfaltig uff dem Thier /
Lieber min etter[7] Růedi, wie gfalt er dir /
Lieber etter weyst du / wer er ist
Ach so sag mirs ouch durch Jesum Christ.

R ů e d e f o g e l n ä s t.

Etter Cleywy ich bekennen in vast wol[8]
Darumb ichs dir ouch billichen sagen sol /
Er ist unser höchster schatz und hort
Er ist des eewigen vatters wort /
Das in dem anfang was by Gott
Do er alle ding beschaffen wot[9] /
Himmel und Erd / Tag und Nacht.
On inn ist gantz nüt gemacht /
Noch das Firmament / noch Erdenklotz
Er ist der Sun des läbendigen Gotts /
Es ist der süß / milt / und recht demütig
Tröstlich / frölich / barmhertzig und gůtig /
Heilmacher der Welt Herr Jesus Christ
Der am Crütz für uns gestorben ist

---

5. *Aussätzigen.*
6. *»verschämt«, demütig.*
7. *Oheim, Vetter.*
8. *ich erkenne ihn sofort.*
9. *wollte; Anspielung auf Joh. 1, 1–3.*

In synem dry und dryssigsten alter
Unser schöpffer / erlöser und behalter /
Ein Künig aller künigen / ein Herr aller herren
Den ouch die krefft der Himel eren.

C l e y w y P f l ů g. Verden plůstz willen ist das der
Wenn er halb als hoffertig wer
Als unser Kilchherr und sin Caplan
So sähe er der bettlern keinen an /
Was gemeint der alt glatzet fischer darmit
Das er so dapffer nåben im dahar tritt /
Und ouch die ander biderben[10] lüt
Weyst du ouch was doch das selb bedüt.

R ů e d e f o g e l n å s t. Der alt fischer das ist sant Peter
Der Herr Jesus hat kein trummeter[11]
Blind und lamm sind sin trabanten
Und die in ein Sun Gottes erkanten /
Das warend schlecht einfaltig lüt
Die pfaffen schetztend in gar nüt /
Und widerstrebend im alle zyt
So strafft er sy umb iren gyt /
Und ander sündtlich wyß und berden
Er kondt nit eins mit inen werden /
Darumb sy in allweg verstiessen
Und zůlettz am krütz ermörden liessen.

*Hie zwüschen kam der Papst geritten in grossem triumph /
im harnisch mit grossem kriegszüg[12] zů rosz und fůß / mit
grossen paneren und fenlinen / von allerley nationen
lüt. – Syn Eytgnossen Gwardi[13] / all in syner farb /
trummeten / pausunen / trummen / pfyffen / karthonen /*

---

10. *tüchtigen, ehrenwerten.*
11. *Trompeter, d. h. Herold.*
12. *Kriegsgefolge.*
13. *Leibwache, aus Schweizer Söldnern bestehend.*

schlangen[14] / *hůren und bůben / und was zum krieg ge-*
hört / rychlich / hochprachtlich / als ob er der Türckisch
keyser wer. Do sprach aber

Cleywy pflůg.

Vetter Růede / und wer ist aber der groß keyser
Der mit im bringt so vil kriegischer pfaffen und reyser[15]
Mit so grossen mechtigen hochen rossen
So mencherley wilder seltzamer bossen[16]
So vil multhier mit gold / sammet beziert /
Und zwen spycher schlüssel im baner fiert[17] /
Das nimpt mich frömbd und wunder
Werend nit so vil pfaffen darunder /
So meinte ich doch es werend türcken und heyden
Mit denen seltsamen kappen und wilden kleyden
Der rot / der schwarz / der brun / der blaw /
Und etlich gantz schier Esel graw /
Der wyß und schwarz in agristen wyß[18]
Und hand ouch darneben grossen flyß /
Dass jeder ein besondere kappen hab
Der ein in lougsacks wyß[19] hinden ab /
Der ander wie ein pfannenstil
Der dritt gross holtzschůch tragen wil
Rot hůt / schwarz hůt und die flach / breyt[20]

---

14. *kann sich hier sowohl auf Musikinstrumente wie auch auf Geschütz-*
typen beziehen.
15. *Reisige, d. h. Kriegsleute.*
16. *Auftritte; mit der Doppelbedeutung: dumme Streiche.*
17. *Das päpstliche Wappen zeigt zwei Schlüssel als Zeichen der geistlichen*
und weltlichen Macht.
18. *nach Art der Elster? Während der (Mönchs-)Esel Sinnbild der Dumm-*
heit oder Geilheit sein kann, steht die Elster jeweils für habgierige
Falschheit.
19. *in der Art eines Lügensacks; Anspielung auf die Kapuze des Mönchs-*
habits.
20. *Kardinalshüte und Hüte höherer kirchlicher Würdenträger.*

Der viert zwen spitz am hůt ufftreyt[21] /
Das sind doch werlich wild Faßnachtbutzen[22]
Die sich doch so gar seltzamlich mutzen[23] /
Wie grosse rychthumm schynt an disen Herren
Ich gloub es mŏcht all Fürsten übermeren[24] /
Und warumb treyt er dry hüpscher guldner kronen[25]
Daz sag mir / das dir Gott trüwlichen wel lonen.

Růedefogelnåst.

Das weyß ich ouch / und kan dirs sagen
Man můß in uff den achßlen tragen[26] /
Und wil darfür gehalten werden
Dass er sig ein Gott uf der erden;
Darumb treit er der kronen dry
Das er über all Herren sy
Und sy ein statthalter Jesu Christ
Der uff dem Esel geritten ist.

Cleywe pflůg.

Daz mŏcht wol ein hoffertiger statthalter syn
Das lyt heiter am tag / und ist ougen schyn /
Das sind doch warlich zwo unglich personen
Des ewigen Gots sun dreyt ein dŏrnin kronen /
Und ist der armůt geliebt und hold
So ist sins statthalters kronen gold /
Und benůgt sich dennoch nit daran
Er wil dry ob einanderen han /
So ist Christus fridsamm / demůtig und milt /
So ist der Bapst kriegisch / rumŏrisch[27] und wilt /
Und rychtet dahar so kriegisch und fry
Grad als ob er voller tüflen sy /

---

21. *bezeichnet den militärischen Stand.*
22. *Fastnachtsmasken, eig. -poltergeister.*
23. *›den Kopf bedecken‹ oder auch ›sich mausern‹.*
24. *übertreffen.*
25. *Die päpstliche Tiara will mit dem dreifachen Aufbau die drei Ämter (leidendes, streitendes, triumphierendes) der Kirche versinnbildlichen.*
26. *d. h. in der Sänfte.*
27. *unruhestiftend.*

Die hand in ouch on allen zwyffel besessen
Eß rympt sich grad wie kochen und saltz messen /
Des Bapsts / und demnach Christus exempel
Ich wond er sôtte[28] jetz ston im tempel /
Und predigen das Evangelium fry
On alle sund und alle triegery
So predigend jetz vast alle sine pfaffen
Wie sy sind / und iren eygnen nutz verschaffen /
Syn nutz / sin eer fürderet er alle stund
Die Gôttlich eer stosset er zů grund
So vil er mag / und an im ist /
Sy bruchend renk und alle list
Darmit man kouff vil ablaßbrieff
O were der See noch so tieff /
Und legend sy darinn am grund
Das were ein glücksålige stund /
Sie stond am kantzel jetz / und liegend
Dass sich gantz wend und bollwerck biegend.

R ů e d e f o g e l n å s t.

Ja sy predigen dick[29] an gottsworts statt
Ein merlin daß da gedichtet hatt /
Ein alts wyb das by der hechlen[30] saß
Wie vor zyten ein Schůler was /
Der viel drey zån uß der nasen
Der opfferet sant Gricks[31] ein hasen /
Zwei ristli werck / drü rümpfli hartz[32]
Ein feyste henn die můß sin schwartz /
Mit gålen fůessen / und ein roten kammen
Und ouch von einer wyssen suw ein hammen /
Das trůg er drymal umb den altar

28. *Ich glaube, er sollte eigentlich.*
29. *kräftig.*
30. *Handwerksgerät für Flachsspinnerei; auch mit der Nebenbedeutung ›Kuppeln‹.*
31. *St. Cyriacus; ein abergläubisches Beschwörungswunder ist im folgenden satirisch beschrieben.*
32. *gedrehte Büschel Werg, drei kleine Holzschüsseln voll Harz.*

Und båttet anderhalben psaltar /
Und gab do dem kirchherren das hůn zů fressen
Und ließ im darzů sprechen dritthalbe messen /
Von sant Gricks und synem Gôtte
Und das mans eben lesen sôtte
Sunst nienen anders denn vorn im kor[33]
Da stůndend im die zån wider wie vor /
Und also stossend sy Gotts wort under die banck /
Und predigen ire eigen trôum und tant /
Wie das sye geschehen hie und dôrt
Eins hat er von siner Můtter gehört
Das ander in Esopo[34] gelesen
Und ist also ein gouglerisch[35] wesen /
Das ist alles unser verstockten sünden schuld
Wir sind on allen zwyffel nit in Gottes huld
Das er uns als lang hat lassen irren
Und uns die klapperer so gar verwirren.

C l e y w i   p f l ů g.
Botz verden angstiger schwininer wunden
Wie hand uns die pfaffen geschaben und geschunden
Schow etter Růde und heb acht
Was habend sy us unserem gelt gemacht /
Das wir inen umb den ablass gaben
Darmit versôlden sie die reyßknaben /
Und hend gross büchßen lassen giessen
Dass üch der donder můsse schiessen.

R ů e d e f o g e l n å s t.
Botz verden katigen treckigen schweiß
Wie sind die keyben[36] so glatt und feyß /
Wie hend wir die schôlmen müssen mesten
Sy fressend und trinckend allweg das besten
Und gebietend uns by Gotts ban

33. *Chorraum der Kirche.*
34. *Äsop.*
35. *gauklerisches, lügenhaftes.*
36. *Menschen, die an den Galgen gehören, eig. Kadaver.*

Und wend uns ouch weder eyer noch fleysch lan /
Und fressend aber sy alles daß sy gelust
Råphůnli / gůt feyßt kappunen / und anders sunst /
Das bringt man inen uff ross und wågen
Des inens der tüffel můsse gesegnen.

C l e y w y P f l ů g. Ja das brech inen ouch der halß ab
Ey das ich inen je die gůten gulden gab /
Umb den ablas und falschen betrug
Ich gedacht vorhyn es were ein lug /
Es bringt mir noch kummer und pyn
Wir wend sy lan des tüffels syn /
Und Christo dem Herren hangen an
Der warhafftig ist / nit liegen kan /
Der ist allein die Seligkeit
Zů gnad und ablaßståtz bereyt /
Wer im gloubt / und thůt vertruwen
So dick und ist syn sünd geruwen[37] /
So wil er im barmhertzigkeyt erzeygen
So spricht der Bapst gots gnad syg syn eygen /
Man můeß es erst von im erkouffen
Und all tag überen seckel louffen /
Und wer das nit geglouben well
Der sy verdampt in die hell /
So gloub ich das / und wil druff sterben
Syn ablas mồg mir kein gnad erwerben /
So mồg mir ouch syn flůch nit schaden
Dann Christus hat uns selber gladen /
Zů dem Himmelischen Nachtmal
In des ồbristen Künigs Sal /
Da lebt man wol / und gibt nieman nütz
Die ürten[38] hat er selbs bezalt am krütz /
Da werdend wir wie die Fürsten leben
Ganz fry / und umbsunst geschenckt vergeben /

37. *und vertraut ihm so fest und bereut auch.*
38. *Zeche.*

Welcher geloubt / und glebt syner ler
Dem fålt der Herr Jesus nimmermer
Rûedefogelnåst.
   Ja wenn ich syn gnad und huld mag han
So gilt es mir glych / was lyt mir dran /
Gott geb sy tůgind mich in ban oder aach
So frag ich denn gantz und gar nüt me nach
So ich den ablaß in Jesu Christo wol mag han
Ich schiß in ablaß / und wüste den ars an ban[39] /
Der allein umb gelt wirt erdacht
Von Rhom uff einer hundshut bracht /
Wenn sy mich nun me beschyssen
So sônd sie mirs ouch verwyssen /
Des hab ich mich gantz eygentlich verwågen /
Und solt es mich kosten min schwytzer dågen.

Ende / Amen

Das Spiel vom verlorenen Sohn: Waldis, Gnapheus, Binder

Unter den biblischen Spielen des 16. Jahrhunderts nimmt die Parabel vom verlorenen Sohn (Luk. 15, 11 ff.) als Stoff ohne Zweifel eine Vorzugsstellung ein. Seine Bedeutung kann man daran ermessen, daß außer den hier zitierten Autoren Jörg Wickram (1540) und Hans Sachs (1557) ebenfalls dramatisierte Bearbeitungen veröffentlichten. Dramatische Versuche über diese Geschichte scheint es schon im 15. Jahrhundert gegeben zu haben, aber erst das folgende Jahrhundert bringt die stoffliche Ausfaltung (vom »Knabenspiegel« bis zum Tendenzdrama) und die variierenden Spieltechniken (Volksschauspiel und humanistisches

---

39. *und wischte mit dem Bannbrief den Arsch ab.*

*Schuldrama) voll zur Blüte. Die folgende Auswahl soll
neben den literaturhistorischen Hinweisen und dem sehr
unterschiedlichen Gestaltungswillen der drei Autoren zum
Ausdruck bringen, welche Ausdehnung der deutsche Kulturkreis zu dieser Zeit bereits haben konnte: Den Haag –
Riga – Zürich – Wien.*

*Die biblische Parabel, von Christus auf die selbstgerechten
Pharisäer gemünzt, ist für eine dramatische Gliederung wie
geschaffen: 1. Der verlorene Sohn steht unter schlechtem
Einfluß und erbittet sich vom Vater vorzeitig sein Erbteil
aus. 2. Er gerät unter Spitzbuben und Huren, von denen
er zum Schluß völlig ausgeplündert wird. 3. Als Schweine-
hirt muß er ein kärgliches Unterkommen suchen und bereut
seine Missetat. 4. Der Vater empfängt den heimgekehrten
Sünder großzügig, während der ältere Bruder, der daheim
geblieben ist und hart gearbeitet hat, in verbitterter Selbst-
gerechtigkeit abseits steht.*

BURKART WALDIS

Geb. um 1490 in Allendorf (Hessen), gest. 1556 in Abterode (Hessen).
Waldis war von Riga aus als Franziskaner einer Gesandtschaft nach Rom
zugeteilt worden, um Hilfe gegen die neue Lehre zu erbitten. Nach seiner
Rückkehr wurde er jedoch von den protestantischgesinnten Bürgern ge-
fangengesetzt, trat zum neuen Glauben über und wurde Zinngießer von
Beruf. Weil er sich aber wegen der einsetzenden Säkularisierung von
Kirchengütern des Erzstifts wieder mit den Altgläubigen einließ, wurde
er erneut gefangengesetzt und gefoltert. Freigelassen, studierte er in Wittenberg und erhielt vom Landgrafen Philipp von Hessen die Propstei
Abterode, wo er bis zu seinem Lebensende wirkte. Waldis kommt der
Ruhm zu, das erste Reformationsdrama mit biblischer Grundlage der
deutschen Literatur verfaßt und es mit Schülern und Bürgern in Riga auf
dem Marktplatz zur Fastnachtszeit öffentlich aufgeführt zu haben.

De parabell vom vorlorn Szohn (Auszüge)

*Die Ausschnitte sollen zeigen, wie der Autor die Prodigus-
oder Acolastus-Figur im Sinne der Lutherischen Lehre be-
greift. Gleich der erste Ausschnitt macht deutlich, wie diese
Parabel von Luthers Gnadenlehre bestimmt ist: nicht die
harte Arbeit des älteren Sohnes führt letzten Endes zur
Seligkeit, sondern die Reumütigkeit des Acolastus, dem der
(himmlische) Vater seinen Gnadenerweis zukommen läßt. –
Die nächste Textprobe ist das ästhetische Programm von
Waldis: nicht nur die rohen römischen Possen werden verurteilt, auch die Musterautoren der antiken Komödie, Terenz und Plautus, sind mit dem Hinweis auf den »schlich-
ten Stil« relativiert. – Die Reflexionen des Bordellbesit-
zers schildern im satirischen Blickwinkel der verkehrten
Welt die Wirkung Luthers: wegen der beeinträchtigten
Pfründenwirtschaft ist seine Arbeit zu einem Inflations-
geschäft geworden. – Der Hinauswurf und die Klage des
verlorenen Sohnes beeindrucken auch in der Parallelset-
zung zu den andern beiden Autoren durch ihre realisti-
sche Schilderung. – Waldis teilt das ganze Stück (2036
Verse) in zwei Teile und gibt jeweils eine von der Handlung deutlich abgesetzte direkte Auslegung der Geschichte.
Daß sein lutherisches Glaubensbekenntnis letzten Endes
versöhnlich ist, zeigen unter anderem die aus dem Gottesdienst entnommenen Elemente (Verlesen des Evangeliums
und Singen der Pfingsthymne); aber auf diese Weise erhält das Fastnachtspiel auch seine reformatorische »Taufe«.*

VORREDE (Auszug)

Wolden gy nu swygen und stille syn,
    Szo wollen wy yuw beweren[1] fyn,

---

1. beweisen.

Wo godt de vader ynn ewicheit
  Tho allen tyden ys bereydt,
Salich tho maken uns all gemeyn,   Ephe. 2.
  Jungk, olt, arm, rycke, groit und cleyn
Uth rechter gnad und ydel gunst
  On all unse thodont werck und kunst²,
Dorch Jesum Christon synen ßon,
  Den he vor unß hefft doden lon³.
De wyle nu godts wordt ewich blifft,   Esa. 40
  Welln wy ydt bewysen mit der schrifft,
Dat den gestoppet⁴ werde de mundt,
  De godts wordt lestern tho aller stundt,
Und dat mit der parabell doen,
  De ynn Luca finden beschreven stan
An dem vyffteynden utgedruckt⁵: Lucc. 15
  De mogen gy hŏren unvorruckt,
Dat gy ydt destebeth⁶ mŏgen vorstan,
  Worup dith spill hir sy gedan!

*Darna stund up e y n k y n d t , vorkŭndigede dat Evan-
gelion, also spreckende:⁷*
Hort dat Evangelion Jesu Christi. Luce am vyffteynden Ca-
pittel.
[. . .]

A c t o r . Dŭth ys nu dat EVANGELION,
  Dat wy dencken tractern⁸ schon:

2. *ein deutlicher Hinweis auf die Lutherische Lehre (sola fide), der fast
wörtlich wiederholt wird im ersten Interpretationsteil des Stücks
(V. 1087 f.).*
3. *hat töten lassen.*
4. *gestopft.*
5. *Luk. 15, 11–32.*
6. *desto besser.*
7. *wahrscheinlich beim Altar, da das Spiel in der Kirche aufgeführt
wurde.*
8. *darstellen.*

Nicht reyssen tho[9] lichtverdicheit,
  Wo de Pauwest[10] tho Rome deyth,
An fastelavendes spell grot kosten lecht[11],
  Do eyne larve de ander drecht[12]:
Senior pultron de ridt vor,
  Madonna putana steyt ynn der doer,
Ribaldus up ße beyde wardt,
  Dar werdt keyn laster noch schande gespart,
Darmit bewysen, dat ße sindt
  Des Jany[13] und der affgode kyndt.
Wy willen avers anders leren:
  Inn Christliken saken Christlick beren[14].
Und kerdt ydt unß tho argem nicht,
  Dat unnßer Stilus ys ßo slicht[15],
Mit Terentio gar wenich stymbt,
  Nach mit Plauto overeyn kumbt,
De wyle ydt ys keyn fabel gedicht,
  Sonder up de rechte wahrheit gericht.
Darumm swyget still und blivet bestan:
  Wy willen de sake heven an!

Hyr wordt gesungen de Lavesangk:
Nu bidden wy den hilgen geyst[16] –
mit vyff stemmen.
Darna huff der vorloren ßon an den ersten Actum tho dem
volcke.

9. *reizen zu.*
10. *Papst.*
11. *der an Fastnachtspiele große Kosten wendet.*
12. *Betrügt; der Dichter hatte bei seinem Rombesuch 1524 wahrscheinlich dergleichen gesehen (der Einfluß eines Stückes von Castellani ist zweifelhaft). Die Figuren sind Senior Pultron (Herr Taugenichts); Madonna Putana (Dame Hure), Ribaldus (der Bandit).*
13. *Der röm. Januskult der Antike verehrte ihn auch als Weltschöpfer.*
14. *sich betragen.*
15. *so einfach ist; polemisch gemeint.*
16. *Luthers Nachdichtung dieses bekannten Pfingstliedes war 1524 erschienen (vgl. Weimarer Ausgabe, Bd. 35, S. 163 ff.).*

ACTUS I

Gespräch des »Hurenwerdt« mit dem »Spitzbove«

H u r e n w e r d t. Ick hŏr, du weyßt vorwar nichts drumm,
    Dat ick hir sitte und sy bedrovet[17],
        Hebb up myn handt gelecht myn hovet.
    Dar dwinghet my grote moŭghe tho[18],
        Hebbe wedder dach edder nacht keyn rouw!
    Ich segge ydt, ßo du hŏren wult:
        Der Lutther hefft alleyn de schuldt!
    Sindt he[19] geschrevenn und gelert,
        Hefft sick de gantze werldt vorkerdt!
    Hedde de mŏnnick handt und mundt gespaert[20],
        De wyle syne metten und vesper gewaert[21],
    Vele quades[22] wer bleven underwegenn,
        Dat sick ynn aller werldt deyth regenn.
    De mŏneke he uth deme Cloester drifft[23],
        Keyn meyersche[24] by ernn kerckhernn blifft,
    Dat grote quaet[22] ys, dat ick weyt:
        Vorbŭdt, vordomet de unkŭesscheit!
    Den echten standt[25] he sere pryßt
        Und dat sŭlffte mit schrifft bewyßt;
    Mit sunt Pawel will syn ding slicht makenn:
        Sze sindt beyde gelyke gudt ynn de sake.
    All horhŭßer denckt he tho vorstŏrenn[26]:
        Wat schal sick mannich arme derne[27] ernernn,

17. betrübt sei.
18. große Mühsal dazu.
19. seit er.
20. geschont, d. h. weder geschrieben noch gepredigt.
21. gehalten.
22. Übel.
23. treibt.
24. Haushälterin.
25. Ehestand.
26. zerstören.
27. Mädchen, Dirne.

De spynnen, neyen nicht hefft gelerth?
  Mannich gudt geselle dorch de lande ferth:
Wann ohm de sůke bosteydt ßo holde[28],
  Kan he sick nicht amm hemmel holdenn[29].
Ick und eyn ander seck darvan nerdt:
  Wy hebben anders keyn arbeydt gelert.
Dartho ys ydt all ßo kôstlick nicht,
  Dat he vamm echten standt erdicht.
Du hesst ydt yo wol ehr gehordt:
  Als Adam erst geschapen wordt,
Imm paradyß nam eyn echte wyff,
  Darvan kam alle môge[18] und kyff[30].
Beter, dat he wer bleven alleynn,
  Hedde sick beholpen ynth gemeynn[31].
Welcke sake unß brengt den grôtesten schadenn,
  De ys dem Lutther ock geradenn!
All Cleriken, Papen ynn důsser sake
  Plegen unß den koel recht veth tho makenn:
De hefft de Lutther all bedrogenn,
  Dat brodt unß uth dem munde getogenn!
Wat meynstu nu van důssem weßenn?
  Wol kan daruth wath gudes leßenn?
De schantz[32] de ys nu ßo geradenn,
  Idt brengt my nicht eyn cleynen schadenn:
Weth nicht, wath werdt tho lest druth surenn[33]!

28. *wenn ihn die Seuche so stark befällt.*
29. *sich an den Himmel halten; Sprichwort.*
30. *Streit, Zank.*
31. *insgemein, d. h. Frauen, die Gemeingut sind.*
32. *der Fall (der Würfel).*
33. *sauer werden, zugrunde gehen.*

ACTUS I

Der »Hurenwerdt« jagt den Sohn davon

Gha, offt ick will dy vothe makenn[34]!
Henuth der dor ynß důvels namenn,
  Und most her wedder nummer kamenn!
Wat hebben wy mit narren tho doen?
V o r l o r n ß o n. Ick seh wol, ick moeth buten stann[35]!
Wu gy nu handelen[36], dat wete gy woll!
  Und do ick hadde den bůdell vull,
Do wardt ick leve yuncker gehetenn:
  Des late gy my gar wenich genetenn[37]!
Do ick geldt hadde, do was ick werdt:
  Nu wyße gy my achter ynn den sterdt[38]!
Do ick noch hadde geldt und guedt,
  Do tôghe gy vor my aff den hoedt,
Do was ick yuncker geck alleynn:
  Nu my de bůdell ys worden reynn,
Szo ys nemandt, de myner acht!
  Ach godt, hebbe ick ydt dartho bracht!
Hir gingk d e v o r l o r n S z o h n *vamm hueße.*
Ick bin mynes geldes und gudes guydt
  Und ys nu ynn der důren tydt[39].
Ick weeth up erden nicht tho werffenn,
  Befrůcht my[40], ick moet hungers stervenn!
O we, o we, myner groten noidt!
  Ick wolde, dat ick gereyt wer doedt!
Wůste ick doch wor[41] eynn frommen mann,
  Demm wolde ick gerne hangen ann:

34. *will dir Beine machen.*
35. *draußen stehen.*
36. *wie ihr nun (gemein) handelt.*
37. *laßt ihr mir nicht mehr zukommen.*
38. *Bildlich für: Nun weist ihr mir das böse Ende.*
39. *Teuerung, Notzeit.*
40. *ich fürchte.*
41. *irgendwo.*

Ick wolde ohm denen, wo ick scholde,
  Dat he my men brodt geven wolde;
Ick seh up erden sůß keynn radt.
  Idt ys ynn allen landen quadt[22]:
Alle mynschen lyden ytzund noedt,
  Idt feyllth ohn allen ann dem brodt.
Wath men schal up de taffel leggenn,
  Dat moet men all mit gelde upwegen,
Und des hebbe ick nicht eynen scherff[42].
  O we, ick lyde groet vorderff[43]!
Codrus, Irus[44], wernn nů ßo armm,
  Als ick nu bin: dat godt vorbarmm!

GUILHELMUS GNAPHEUS (eig. Willem de Volder)

Geb. 1493 in Den Haag, gest. am 29. September 1568 in Norden bei Emden. Schulmeister, flüchtete sich wegen seiner protestantischen Neigungen vor dem mehrfachen Zugriff der Inquisition nach Preußen (1531), war unter anderem Universitätsrektor (Königsberg), Prinzenerzieher (bei Gräfin Anna von Ostfriesland) und Rentmeister in Norden.

Acolastus (4. Akt, 5. und 6. Szene)

Unter Gnapheus' Stücken ist dieses das erste (1529) und das berühmteste. Nach seiner Aufführung wurde es auch ein europäischer Bucherfolg. Gnapheus war sich seiner Bedeutung als »neuer Terenz« bewußt, hatte er doch die antike Komödientechnik und -sprache erfolgreich auf einen biblischen Stoff angewendet. Zusammen mit Macropedius (vgl. Hans Sachs: »Hecastus«) verkörpert er den Einfluß

42. *Heller.*
43. *Not, Verderben.*
44. *Nach Juvenal (Sat. 3, 203 ff.) ist Codrus ein bettelarmer Gelehrter; Irus: lat. Typenbezeichnung für einen armen Schelm.*

*des holländischen Humanistentheaters auf Deutschland.
Vor allem der raffinierte Dialog, der auch in Halbversen
die dramatische Wechselrede der Bühnenfiguren bringt
(Stichomythie), zeigt seine Leistung, von der sich die Übersetzung Georg Binders (1530/35) deutlich abhebt.*

ACTVS IV. SCENA V

Lais. Acolastus. Syra. Sannio. Pamphagus. Pantolabus.

Trochaici.

L a i s. Quin solvis noctem, sceleste?
A c o l a s t u s.   Quaeso te, Lais mea.
L a i s. Quid Lais mea? An tibi adeo digna videor, quam
                                                           dolis
   Sic inludas et spe vana producas?
A c o l a s t u s.   Numerabitur
   Aurum tibi.
L a i s.   Quando? Ad Graecas Kalendas?
A c o l a s t u s.   Non, sed ad –
L a i s.   Satis
   Iam diu dedisti verba nobis.
A c o l a s t u s.   Audi, obsecro te!
L a i s. Quem audiam? Quid audiam?
A c o l a s t u s.   Quaeso paulisper.
L a i s.   Hem Syra!
S y r a. Quid vis?
L a i s.   Vestem huic detractam!
S y r a.   Quid ita?
L a i s.   Quia libet. Cape
   Vestem!
A c o l a s t u s.   Itan, Lais?
S a n n i o.   Mea hic res agitur. Hem Lais,
                                                     satis
   Hoc sit exuvium tibi, mihi cedant hae manubiae,
   Ensis cum pileo.

P a n t o l a b u s. Quod reliquum est praedae, nostrum est.
Exue!
A c o l a s t u s. Vis quidem est haec, obsecro, o populares!
P a n t o l a b u s.   Quin os comprimis?
A c o l a s t u s. Haecine fieri flagitia in libera civitate?
Vah,
Totus deglubor miser. Num nam relinquetis mihi
Amiculum?
P a n t o l a b u s.   I sane iam, quo vis!
S a n n i o.   Vapula!
A c o l a s t u s.   Hei hoi, verbera
Insuper misero additis?
S a n n i o.   Devertite ad me omnes simul!
L a i s. Heus tu nebulo, respice ad me! Vestitum hunc de-
pexum habe!

ACTVS IV. SCENA VI

A c o l a s t u s *solus.*

Senarii.

Quid nunc agam, quid clamem aut unde exordiar
Telam querendi? O caelum, o terra! Iuppiter,
Adspicis haec et patere, quem dicunt hospiti
Dare iura? Tam multae res me circumsident,
Quae me adflictent male, ut, ubi sim, quo eam, rei
Quid coeptem, nesciam. Perii, interii miser.
Ex rege nummato ampliter repente inops
Mendicus: Quis ferat? Mirum, ni lumina
Mihi exsculpam. Vestitus ubi? Periit. Meus
Vbi torques aureus? Periit. Pecuniae
Vbi tanta vis? Periit. Valetudo nihil
Ne attrita est? Haud libet meminisse. Pauperem
Quis me tecto dignabitur? Hem, tandem mihi
Tellus fodienda aut stips mendicanda est? Negant

Illud vires exhaustae et hoc prohibet pudor.
Accedit et malis meis, quod durior
Fames totam regionem occupet, ut nesciam,
Si quis me admissurus sit ad cenae suae
Micas. Fame interam oportet. Sed cui malum hoc
Feram acceptum? Illis, qui me inlexerunt nimis
Dolose in fraudes, an mihi, qui auscultaverim,
An irato meo genio, qui me his malis
Conclusit? Quam novercaris, Rhamnusia!
Quam me deorum ira adflictat male! Hei mihi!
Sed frustra quiritor hic, ubi nemo audiat.
Id solum restat, fata ut quo me cumque agant
Eo nunc errans subsequar. O dolor, dolor!
Vt dii vos male perdant, lupae obscenissimae,
Quibus servivi turpiter! Sed commodum
A villa rusticus venit; istunc adoriar
Pudore posito, ut qui mihi sit inutilis.

GEORG BINDER

Ein Comedia von dem Verlornen Sun
(4. Akt, 5. und 6. Szene)

*Unter diesem Titel erschien die Übersetzung von Gnapheus'
»Acolastus«. Georg Binder, ein Freund Zwinglis, hatte
die »Komödie« 1530 übersetzt und 1535 öffentlich mit
Schülern in Zürich aufgeführt. Die abgedruckte Probe ist im
Vergleich zum lateinischen Muster symptomatisch für das
ganze Stück: die rund 1300 Verse des »Acolastus« schwel-
len zu 2424 Versen an. Auch die antiken Komödienfigu-
ren sind typisch eingedeutscht: in unserer Szene gibt es
neben Acolastus den Pantobalus, den »tellerschläcker«; Sannio, den »Rüffian« (Spitzbube); Lais, die »måtz«, und
Syra, »ir junckfrow«. Der straffe lateinische Szenenbau ist*

mit der traditionellen Technik des Volksschauspiels über-
deckt, doch dafür ist die Beziehung zum Publikum – vor
allem im Moralspiegel – viel enger. Von Konfessionspolemik ist kaum die Rede; sicher ist dies der Grund, daß eine
andere Übersetzung (neben frz. u. engl.), die des Wiener
Paters Wolfgang Schmeltzl, die Gnapheus' Text noch
kürzt, vor dem katholischen König Ferdinand 1545 aufgeführt werden konnte. Diese Zurückhaltung der biblischen
Spiele in bezug auf religiöses Eifern gilt fast durchgehend
für das 16. Jahrhundert.

ACTUS IIII. SCENA V

L a i s. Wenn hatz es mit dir / es ist gnůg[1]
  Du kanst doch weder glimpf noch fůg
  Laß mich ein mal ein kronen gsen
  Gib mir ein gulden oder zwen
  So wil ichs thůn / sust gloub ichs nit
  Du meinst michzfatzen[2] wie du wit
  Du fålst / ich ker mich nüt daran
  Ich můste zletst den spott dran han.
A c o l a s t u s. Ich wil dirs gen[3] gloub mir fürwar
  Von wienacht hin biß übr ein jar[4].
L a i s. Ich wil von dir ungfatzet[2] sin
  Syra Syra seh nim dahin
  Den rock zů pfand / ob wir vilicht
  Das unser bråchtind vom bößwicht.
A c o l a s t u s. Deß hett ich mich gar nit versehn
  Das mir so untrüwlich wer beschen

1. Genug ist genug.
2. zu foppen.
3. geben.
4. Ein übersetzerisches Musterbeispiel: Der lat. Ausdruck ›ad Graecas
Kalendas‹ bedeutet ›nie‹, da die Griechen die röm. Calendae (1. Tag des
Monats und Zahltag) nicht hatten; der dt. Ausdruck ist eine volkstümliche Wendung.

Ich hab es nit verdient umb dich
Das du also beroubest mich.
S a n n i o. Beidt Lais beidt / hab jetz vergůt
Das schwårdt ist min mit sampt dem hůt.
P a n t o l a b u s. Züch dich gar uß und hab gedult
Du hast umb uns wol me verschult.
A c o l a s t u s. Sol mir sôlchs bschen in diser statt
Da jederman sin fryheit hat?
Ae was sol das / da kumm ich recht
Wie thůnd ir doch / ir sind nun knecht
Sind ir recht dran? Ich bin der herr
Wie hand ir mich so gar on eer
Das ist der ritt[5] / wenn ist deß gnůg
Nun hat doch das nun gar kein fůg
Ey land mir nun das wamsel an
Das ich nit gar můß nacket stan
Das ist fürwar gar grob und zvil
Wie kumm ich doch in dises spil
Ich wond[6] ich wer by gůten gsellen
So stoßt man mir den ars an dschwellen
Ey daß dich joch[7] getz unfal schend
Jetz bin ich gfergget war ich lend[8]
Jetz ist mir glondt minr bůbery
Jetz weiß ich erst der bůben kry[9]
Und bschicht mir recht / lůg wie ich sich
In unfal groß / in årdtrych brich[10].
S a n n i o. Heb dich hinuß mach nit vil gferdt
Dir wirt din hut sust baß erberdt[11].
A c o l a s t u s. Lais du thůst mir åben recht
Der wirt und ouch darzů der knecht

5. *Dahin läuft also der Hase!*
6. *wähnte, glaubte irrtümlich.*
7. *fürwahr.*
8. *Jetzt bin ich dahin geschifft worden, wo ich lande.*
9. *den Spitzbubenkriegsruf.*
10. *dem Unglück ins Auge blicke und am Boden liege.*
11. *Dein Fell wird sonst wacker gegerbt.*

Hett ich gevolgt dem vatter min
So müßt ich üwer gspôt nit sin.
S a n n i o. Kummend ir all mit mir hinin
Wir wend erst gûter dingen sin.
L a i s. Seh hin du unflat / leg das an
Daßt nit gar müssist nacket gan.
S y r a. Loß hie du wûst / gib har din hend
Die hendschûch wir ouch billich nend[12]
Es ist zûvil das ich dir lan
Das schwartz vor dinen neglen[13] stan
Jetzt bist gebutzt / Bûb far dahin
Sag bûlen sy ein schwere pin.

ACTUS IIII. SCENA VI

A c o l a s t u s. Ach Gott ich arbetselger[14] man
Wo sol ichs jetzund fahen an
O we ich unglückhaffter tropff
Ich mûß min haar uß minem kopff
Rouffen von grosser angst und not
Ach nem mich nun der bitter todt
War ist hin kan min gût und hab
Die mir min lieber vatter gab
Min guldin ketten / gschmück und ring
Min gold und gâlt / sust ander ding
Wo ist min sammet und min syden
Ouch anders das ich jetz mûß myden
Wie übel han ichs doch angleit[15]
Wie hat er mirs so trüwlich gseit
Mit weinden ougen das Gott erbarm
Es gab mir weder kalt noch warm[16]

12. *rechtmäßig wegnehmen.*
13. *unter deinen Fingernägeln.*
14. *von Not geplagter.*
15. *angelegt, verwendet.*
16. *d. h. weckte in mir keine Gefühle.*

Mim vatter wolt ich volgen nie
Drumb stan ich jetz so schantlich hie
Herr laß michs lyden mit gedult
Dann ich hab es vast wol verschult
O jungen gsellen dånckend dran
Gsåhend mich verlornen sun an
Ich bin ouch gsin der wålt gelych
An gůt und hab tråffenlich rych
Nun ists mir leider darzů kan
Daß ich jetz můß gen båttlen gan[17]
Das schůff min grosser überfluß
Vil gold und gålt gab ich umb suß
Liederlichen lüten wo ichs fand
Biß ich bin kummen zspot und zschand

Was ists das ich mich jetz lang klag
Diewils mich doch nüt helffen mag
Von aller welt bin ich verlan
Zů wem sol ich min zůflucht han
Hett ich doch etwan einen fründ
Der mir zum minsten radten künd
Wie ich mich wyter schicken sốt
Daß ich nit kåm in grốsser gspốt
Ich gloub ich well an disen man
Den ich dốrt sich vom våld hargan
Dem wil ich wünschen frid und sůn
Wil dscham ein wyli von mir thůn
Zů disem gwårb hilfft sy mich nüt
Der hunger mir vil neher lyt.

THOMAS NAOGEORGUS (eig. Kirchmaier)

Geb. 1511 in Hubelschmeiß bei Straubing, gest. am 29. Dezember 1563, der »bedeutendste lateinische Reformationsdramatiker« (Newald). Wandte sich nach einer juristischen Ausbildung der evangelischen Lehre zu und wurde Pfarrer in Mitteldeutschland. Von den Wittenberger Dogmatikern als Zwinglianer heftig verfolgt, mußte er fortziehen und starb nach einem unruhigen Wanderleben in Wiesloch (Baden).

Pammachius (4. Akt, Schlußszene)

Von seinen Dramen ist wohl Naogeorgus' selbständig kon- zipierter »Mercator« (1540), ein Jedermann-Spiel, das er- folgreichste Stück; es wurde zum Beispiel auch in den Spielplan des Straßburger Akademietheaters aufgenommen. Weitaus das schärfste seiner verschlüsselten Tendenzdramen ist der »Pammachius« (1538). Seine unmittelbare Wirkung bezeugen vier deutsche Übersetzungen; daneben wurde er auch im Christ-College von Cambridge aufgeführt (1545) – was eine Untersuchung durch den bischöflichen Kanzler bewirkte – sowie 1546 ins Tschechische übersetzt.
Die bedingungslose Schärfe seiner Kritik wird in der Text- probe deutlich. Die ganze mittelalterliche Tradition des Antichrists wird hier einlinig zugespitzt in die Lutherische Anschauung, daß das Papstamt an sich ein Werk des Teu- fels sei. Aktion, plastische Typendarstellung, elegante Dia- logführung und ein sorgfältig aufgebautes Handlungs- system entladen sich in der tendenziösen Staatsaktion:
I, 1–6: Christus verkündet den Seinen den Ausbruch von Satans Weltherrschaft. – Kaiser Julianus preist seinem Kanzler Nestor die neue Religion; doch der Bischof Pam- machius, der christlichen Lehre müde geworden, strebt nach der weltlichen Herrschaft und verlangt vom Kaiser, sich ihm als oberstem Bischof zu unterwerfen.
II, 1–6: Satan rügt seine Knechte, nachdem die Wahrheit die Welt mit ihrer Magd verlassen hat, daß durch die Be-

*kehrung des Kaisers seinem Reich großer Schaden zugefügt
worden sei. Doch beruhigt er sich, als er von Porphyrius
und Pammachius als Ratgeber beauftragt wird, ihnen
Krone und Reich zu verschaffen.*

*III, 1–6: Obwohl der Kaiser Pammachius zürnt, muß er
nachgeben, da die Truppen von ihm abfallen. Unter de-
mütigenden Bedingungen muß er sich unterwerfen und
teilnehmen an der Inthronisation des Pammachius, der
nun in einer – satirisch-ätzenden – Szene seinen Hofstaat
organisiert, um als Papst mit seiner Kurie die Welt zu beherrschen. Die Magd der Wahrheit, die zur Erkundung
auf die Welt zurückgeschickt wurde, kann sich nicht zu-
rückhalten im Protest und klagt den Papst der Gottlosig-
keit an; doch sie wird geschlagen, beschmutzt und fortge-
jagt.*

*IV, 1–4: In seiner Freude veranstaltet Satan eine große
Prasserei als Siegesfeier. Währenddessen bittet die Wahrheit
Christus, auf die Erde zurückkehren zu dürfen; er schickt
sie auf Urlaub nach Deutschland. Die Schreckensbotschaft, daß
ein gelehrter Doktor (Theophilus) ganz Deutschland gegen
Satan und Pammachius aufwiegle, erschreckt die Feiernden
am Papsthof. Satan erkennt die drohende Gefahr und beruft ein Concilium ein.*

IV, 5–Schluß: Siehe die Textprobe.

*Der offene Schluß, wo anstelle eines 5. Aktes ein Verweis
in die zeitgenössische Heilsgeschichte gegeben wird, erhebt
eschatologischen Anspruch – die Vorstellung vom Ende
aller Zeiten war in jenen Jahren weit verbreitet.*

*Die erste (anonyme) alemannische Übersetzung (1538?),
die auszugsweise abgedruckt ist, verändert das Original
insofern, als sie etwa 2600 Verse umfangreicher ist. Die
Aufschwellung, die dem Original natürlich einiges von seiner Straffheit nimmt, wird bei einem Vergleich der »Beschlußred« mit dem anschließend gebotenen lateinischen
Text ersichtlich.*

Titelblattholzschnitt der anonymen Erstübersetzung. Wie die meisten Spiel-Illustrationen jener Zeit ist er mehr sinnbildlich als bühnenbildnerisch zu verstehen. So wird hier die Konstantinische Schenkung, in der Bildmitte, vorgewiesen, während der Kaiser in demütigender Stellung sein Herrscheremblem (Weltkugel) niederlegt. Die Inschrift besagt: Nit Dir, sondern Petro.

[SCHLUSSSZENE; IV. AKT]

Satanas. Pammachius. Porphyrius.
Planus. Stasiades. Chremius.

[S a t a n a s.] Sitzt her zů mir / ich hab gehőrt
  Was unfals unser reich zerstőrt
  Was find / was leer / was meüterei
  Bei allen unsern finden sei
  Das ich sorg / nit für mich alleyn
  Sunder vor euch all in gemeyn
  Für mich das Christi eer auffgeth
  Die ich garnach vertilcket het
  Mit ewrer hilff / das euch auch schadt
  Für euch hab ich die sorg gehatt
  Euch werden ewer teschen ler
  So abloß euch keyn gelt gilt mehr
  All ewer rent und gült nimbt ab
  Das ich eyn groß gedencken hab
  Das euch nit hunger überfall
  Wie ir dann wissend selber all
  Was ir auß messn / auß kirchen gebreng[1]
  Auß heyltum und auß doten gseng[2]
  Auß heylgen dienst / auß fasten groß
  Auß gůten wercken und abloß
  Auß beicht und bůß euch komen ist
  Das euch hinfürter als gebrist[3]
  Werdend die bůben also leern
  Das volck vom geben auch abkern
  Wie will ich euch dann speisen all?
  Wer speißt euch hůrn / hund / pferd im stall?
  Wie werdt ir fürter bancketiern
  Und ewren bracht mit hůren fiern

---

1. *Gepränge, d. h. Kirchenschmuck.*
2. *Gedächtnismessen.*
3. *in Zukunft an all dem Mangel haben werdet; darauf verzichten müßt.*

Drumb lůgt das es nit kom dahin
Eyn jeder sag nun seinen sin
Wie man die sach soll greiffen an
Das unser reich vest můg bestan
Pammachi sag was duncket dich
Die sach trifft dich gar hefftigklich.

P a m m a c h i u s. Ich will auffwegen[4] fürst und hern
Der Keyser würt selbs dienen gern
Und all die mir geschworen sind
Mein gehorsamen und lieben kind
Die uns bißher hond eer gethon
Den Bischofen ich gebotten hon
Hett eyner nůr eynr mucken gwalt[5]
Das er ob unser sach vest halt
Er brenn / er brat / er henck / er trenck
Er mord / er tůdt nichts niemants schenck[6]
On gricht / und on barmhertzigkeyt
Sei er nur zů verderben breyt[7]
All die solch leer auß schreien thůnd
Schlag er darnider wie die hund.

S a t a n a s. Dein red die will mir gfallen schon
Porphyri wie wiltu im thon?

P o r p h y r i u s. Ich will hin gon / auff dhohen schůl
Die irn gwalt hon vom Růmschen stůl
Will in verheyssen grosse ding
Biß ich sie auch auff mein seit bring
Wann sie verdammen dann die leer
So würt keyn mensch sie glauben mehr
Und für eyn bůsen irthum hon[8]
Die lerer soll man in ban thon
Verdammen sie ins ewig feůr

4. *aufweisen, dahin bringen.*
5. *auch nur die kleinste Macht; Mucke: eig. unterdrückter Laut.*
6. *Er gestehe überhaupt niemandem etwas freiwillig zu.*
7. *dazu bereit, die zu verderben.*
8. *halten.*

Da würt in werden lachen theür
Die bûcher man offentlich bren
Darin solch lern gschriben stehn
Es gran[9] die saw / es bell der hundt
Es rüd der esel mange stund
Das kû geschrey den himel rür[10]
Sophisten schreiben bûcher nür[11]
Und thûnd zûsamen alle bôck[12]
Wißel / Kochlôffel und der Eck
Die gûter bsoldung wertig sind[13]
Vom heylgen vatter wie die kind
Die meng die ketzer nidertruck
Biß ir leer wider geh zû ruck

S a t a n a s. Die meynung ich mir gfallen laß
Sag Plane an / dünckt dich auch was?

P l a n u s. Mich dünckt es wer der beste sinn
So man mâcht[14] zweitracht zwischen in
Das sie eynander zwider wern
So diser wolt eyn anders leern
Dann andre vor hetten gethon
So kündten sie nit lang beston.
Ich wolt auch new leer füren in
Davon hofft ich eyn sundern gwin
Die müst eyn weits mehr bôser sein[15]

---

9. *Möge quieken; die folgenden Tierkarikaturen beziehen sich auf Schimpfnamen, die Luther seinen Gegnern zulegte: Emserbock, Papstesel usw.*
10. *in Bewegung setzen möge.*
11. *aber nur solche; der Satz wird dann 3 Verse später weitergeführt.*
12. *Eine Galerie berühmter Luther-Gegner: Der Melanchthon-Schüler Georg Witzel (1501–73), Johannes Cochlaeus (1479–1552) und Johannes Eck (1486–1543) waren Exponenten, die dem Reformator z. T. in direkten Konfrontationen entgegentraten.*
13. *Bereits 1520 kam der Vorwurf auf, daß die Vertreter der Kurie, besonders aber Eck, Emser und Murner ihre Pamphlete auf päpstliche Bestellung und Bezahlung hin abfaßten.*
14. *machen, verursachen würde.*
15. *D. h., man müßte die »neue« Lehre radikalisierend verfälschen.*

    Doch auß der ersten fliessen rein
    Das brecht in bei dem volck eyn haß
    So möchten wirs bestreiten baß
S a t a n a s. Jawol / Stasiades sag auch
    Dich würt auch beissen diser rauch.
S t a s i a d e s. Die leer / wider den Babst erdacht
    Die würt / o fürst / auch bald umbracht
    So ir das volck nit bei würt stan
    Und nit als gotts wort glauben han
    Auß Asia bring ich schon her
    Eyn grossen zeüg der würt in schwer[16]
    Von feygen bauren auff dem landt
    Die nemen solche leer vor handt
    Und wöllen sich beschönen mit
    Keym herren sein gehorsam nit
    Wo solchs dan sicht eyn frummer man
    Der underm Babst hatt frid gehan
    Und dem keyn newerung gefelt[17]
    Der wolt solch leer wer abgestelt
    Das er in frid möcht leben fort
    Und richten sich nach des Babsts wort.
S a t a n a s. Das möcht auch wol eyn meynung han
    Nun Chremi zey die dein auch an.
C h r e m i u s. O Fürst mich triegen dann mein sinn
    Und so ich meiner kunst gwiß bin
    So hab ich gar keyn zweifel dran
    Es bleib bei uns noch mancher man
    Die bei uns helt ir gůt und gelt
    Sunst seind nit vil leüt in der welt
    Die solche leren nemen an

---

16. *Einen großen Kriegszug, der ihnen schwer zu schaffen macht, d. h.,
er will »ausländische« Gruppen einführen, die zur »Rotterei« anstiften;
die Türken, die eine akute politische Gefahr bildeten, galten als Inbegriff
des Gottlosen, und auch die päpstliche Hofhaltung wurde oft mit dem
Türkenhof verglichen.*
17. *der jeder Neuerung ablehnend gegenübersteht.*

Es will gferlichkeyt auch mit gan
Beds leibs und gûts sambt aller hab
Ir freünd die stan in selber ab[18]
Da eyner nit vil lieber wil
Eyn gûten mût in friden han
Dann das er soll in gferden stan
Verlachen werden sie die leer
Wann ich vil golds in bring daher
S a t a n a s. Ir habt den handel[19] wol bedacht
Und jeder gûte meynung bracht
Ist schon in worten widerspan[20]
Mans doch alsam vergleichen kan
In dem das man die leer außreüt
Die unserm Babst sein gwalt verbeüt
Und das nyemants hinfürter leer
Das Christo gebür die hôchste eer
Drum komend ewrem rathschlag noch
Eyn jeder acht sein meynung hoch
Leg du dem Keyser harnisch an
Bischoff und Kônig hetz daran
Treib du all glert und ungelert
Das diser leer bald werd gewert
Bring du herfür new ketzerei
Das zwitracht in dem predgen sei
Eyn bundtschûch[21] soltu richten an
Da sich empôr der bawers man
Du aber solt sparen keyn gelt
Das du damit bestechst die welt
So ir der sach so komen noch
So bleibt ir in meim reich auch hoch
Die sach will nit verzogen sein

18. *Die Anhänger werden von selbst abfallen.*
19. *Fall, Gerichtsfall, politische Situation.*
20. *wenn sie auch im Wortlaut voneinander abweichen.*
21. *das bekannteste Symbol der aufständischen Bauern in der ersten Hälfte des 16. Jh.s.*

Drumm macht euch auff und schickt euch drein
Ir solt groß sturmwind füren ein
Verwůsten als die wilde schwein
Die augen / zen / zung / hend / und mundt
Eyn jedes sein schaden thůn kundt
Mit schwert und gifft seiend bereyt
Den lerern thůnd es als zů leydt[22]
Und schont ir minder dann der hund
Biß ir verstopffen in den mundt
Bekom mir eyner welcher wõll
Ich sauff mich seines blůtes voll.

BESCHLUSSRED

Ir Herrn ir dõrfft nit warten mehr
Das euch die fünfft außfurt[23] kum her
Die Christus selber zeygen würt
Wann er zů letst das gricht einfürt
Dazwischen gdenckt der vierden rath
Wie es in aller welt jetz staht
Da satan hatt den hõchsten gwalt
Die Christlich kirch würt ungestalt
Der Babst würt bschirmt und bõse leer
Auff das Christus verlier sein eer
Durch aberglaub und kirchen gbreng[1]
Das eym die welt solt werden eng
Dann es stimbt nit mit gottes wort
Drum würt manch Christen man ermort
Der drob vergiessen můß sein blůt
Verlieren auch sein hab und gůt
Als stünd der grõst gotts dienst in dem
Das eyner viln das leben nem

22. *Den (evangelischen) Lehrern fügt allen möglichen Schaden zu.*
23. *Akt; wie der nächste Vers zeigt, auch heilsgeschichtlich als Endstufe der Welt begriffen.*

Leüt schlagen zdot ist jetz eyn lust
Wie wol die Türcken wůten sust
Drum eyner des andern schon solt
Eyn Christ vil lieber sterben wolt
Dann sehen frombkeyt undergon
Den teufel allen gwalt hie hon[24]
Das bessert keynr mit seinem rath
Wo Gott nit selbs zů helffen gath
Und sein barmhertzigkeyt anwend
Der welt zů trost sein sun uns send
Der seine freünd leß[25] auß der welt
Wie auß dem kath[26] das goldt und gelt
Die bosen schick ins ewig feür
Die Gottswort hie nit halten theür
Das würt sein dises spils eyn end
Gott sein gnad nimmer von uns wend

AMEN.

EPILOGVS ACTVS QVINTI

Ne iam exspectetis, spectatores optimi,
Vt quintus huic addatur actus fabulae,
Suo quem Christus olim est acturus die!
Interea actus quarti consilia res movent
Rursum prorsum, ut videtur in praesentia.
Totum Satanae iam perstrepit negotium,
Defenditur papatus cultusque impii,
Perstrenue Christi adversatur gloriae
Propter superstitiones et caerimonias,
Quae cum scripturis et verbo pugnant dei.
Multum cottidie Christiani sanguinis

24. *Denn, daß . . . haben.*
25. *erlöst, befreit, herauszieht.*
26. *Kot, Erde.*

Effunditur, quasi is demum certissimus
Dei cultor sit et pietati deditus,
Qui multas hominum fecerit succidias,
Qui iugulare homines pro delectamento habet.
Insaniunt in nos Turcae perfortiter,
Insanimus nos in nos ipsos haud minus,
Vt Christianis sit molestum vivere et
Spectare iugiter Satanae tragoedias.
Nec sperandum, humanis consiliis res fore
Meliores, nisi deus istius tragoediae
Finem fecerit adventu filii sui,
Suos qui ex mundo tollat ut aurum ex stercore
Et impios perpetuis tradat ignibus:
Quod fabulae totius erit καταστροφή.

Τέλος.

HANS SACHS

Hans Sachs (1494–1576), der Nürnberger Meistersinger, ist wohl nach
Luther die bekannteste literarische Figur des 16. Jahrhunderts. Nach
seiner berufsüblichen »Walz« durch Bayern, Franken und die Rhein-
gegend kehrte er 1516 in seine Vaterstadt zurück und lebte dort bis zu
seinem Tode als Schuhmachermeister. Seine über 6000 Werktitel – von
ihm selbst zusammengestellt und katalogisiert – verraten neben einem
großen Formenreichtum (über 4000 Meisterlieder, etwa 1800 Spruch-
gedichte, 80 Fastnachtspiele, 63 Tragödien, 65 Komödien sowie Sprüche,
Prosadialoge, Historien, Schwänke und Fabeln) auch einen unerschöpfli-
chen Quellenreichtum (Bibel, Antike, europäische Literatur des dt.
Mittelalters und des lat. Humanismus).
Die Figur dieses Schuhmacher-Poeten kann nur verstanden werden vor
dem Hintergrund der freien Reichsstadt Nürnberg, eines blühenden Han-
dels- und Kulturzentrums. In Sachs spiegelt sich das optimistische bürgerliche Bewußtsein; obwohl schon früh ein überzeugter Anhänger Luthers, vertrat er, von wenigen konfessionsbedingten Polemiken abgesehen, eine maßvolle Moralität, die vom Glauben an die mögliche Besse-
rung des Menschen durchdrungen ist.
Literarhistorisch muß er als selbstbewußte Persönlichkeit und von sei-

nen bürgerlichen Zeitgenossen angesehener Mann eingestuft werden. Seit
Goethes hohem Lob *(Hans Sachsens poetische Sendung)* – er übernahm
von ihm auch den Knittelvers – hat er eine ähnlich hohe Bewertung erfahren. Dem heutigen Urteil steht vor allem seine Leistung im Vordergrund, ein bedeutender Kulturvermittler gewesen zu sein, als der sich
Sachs selbst auch sah. In seiner *Summa all meiner Gedicht* (1567), einem
poetischen Werkverzeichnis, schreibt er nämlich:

Gott sey lob, der mir sendt herab
So miltiglich die schönen gab
Als einem ungelehrten mann,
Der weder latein noch griechisch kan,
Das mein gedicht grün, blü und wachs
Und vil frücht bring, das wünscht Hans Sachs.

Als repräsentative Werkprobe wurde deshalb ein Drama gewählt, das
diese Rolle veranschaulicht.

Ein comedi von dem reichen sterbenden menschen, der Hecastus genannt (Actus V)

*Dieses Stück zeigt beides: Sachs' Talent, volkstümliche
Stoffe in seinem Stil zu prägen (vom mittelalterlichen Märchen bis zur italienischen Renaissancenovellistik) und andererseits seinem Publikum unzugängliche Stoffe aus den
Humanistensprachen nahezubringen.*
*Wie schon die Namen verraten, hat dieses Jedermann-Spiel
eine lateinische Vorlage, den »Hecastus« von Georgius
Macropedius (G. von Langfeldt, 1475–1558). Dieser hol-
ländische Bruder vom gemeinsamen Leben und bedeutendste
Dramatiker-Regisseur des niederländischen Humanistentheaters (Heinz Kindermann) führte dieses sein gelungen-
stes Werk mit seinen Utrechter Schülern 1538 auf (Druck:
1539). Auch er bearbeitete Vorlagen; doch weist seine
Version insofern einschneidende Veränderungen auf, als
das bürgerliche Milieu stark im Vordergrund steht, die
Charaktere vertieft und teilweise durch Kontrastfiguren
bereichert werden (z. B. die beiden Söhne) und endlich*

– *neben einigen Allegorien* – *nicht mehr Gott und Maria*
auf der Bühne erscheinen, sondern Virtus (Tugend) und
Fides (Glaube). Dies letztere trug ihm zuerst den Vorwurf
der Ketzerei ein, er rechtfertigte sich aber mit dem Hin-
weis, daß diese Mirakelspielfiguren nicht mehr seinem
Dramenverständnis entsprechen würden.

Von diesem neuen Dramenverständnis her ist auch der
Begriff »comedi« zu sehen: Nach humanistischer Unter-
scheidung gibt der versöhnliche Ausgang des Spiels der
Dramenform die Gattungsbezeichnung. Die am Schluß des
Stücks angefügten Personennamen verweisen auf den hu-
manistischen Ursprung. Daß Hans Sachs als erster volks-
sprachlicher Dramatiker seiner Zeit die Akteinteilung auch
in andern Stücken verwendete, muß hier noch angeführt
werden. – Aufführungsort war die säkularisierte Martha-
kirche in Nürnberg, wahrscheinlich der Chorraum. Alle
Rollen wurden von Männern gespielt. Die in den Textpro-
ben wiedergegebenen Regieanmerkungen beziehen sich auf
ein nach drei Seiten hin durch Vorhänge abgeschlossenes
Podest. Die Vorder- und Hinterbühne erlaubte Auftritts-
möglichkeiten von beiden Seiten her. Kulissen, die den
Szenenwechsel markierten, hatte man nicht.

Hans Sachs betont die bürgerlich-moralische Seite seiner
statischen Charaktere sehr. Deswegen bringt der Eingang
des Stücks eine häusliche Szene. Die Gesamthandlung ver-
läuft wie folgt:

Akt I: (1–136) Der reiche Mann gibt seiner Frau den Auf-
trag für ein üppiges Abendmahl und trifft sich zum Spiel
mit dem Freund Demones, fühlt sich aber unwohl.

Akt II: (137–469) Der »Legat« von Gott trifft ein und
teilt dem reichen Mann, auf den er zuerst noch einige Zeit
warten muß, mit, daß er abberufen werde. Der jüngere
Sohn, ein Doktor, kann seinem Vater wenig helfen.

Akt III: (470–705) Der reiche Mann berät sich mit Freun-
den und seiner Familie. Er läßt auch seinen Schatz – per-
sonifiziert in »Plutus« – aus dem Haus tragen. Seine Frau

erschrickt und weigert sich, ihren Mann auf der letzten Fahrt zu begleiten.

Akt IV: (706–851) Der reiche Mann wird vom Tod aufgefordert, erlangt aber einen kurzen Aufschub; seine Nächsten haben ihn voll Schrecken verlassen. Die Tugend tritt auf und tröstet ihn.

Akt V: (852–1284) Vor dem sterbenden Jedermann, der vom Priester versehen wird, spielt sich ein Kampf zwischen Glaube und Tugend und Tod/Teufel ab. Aber er stirbt gefaßt. Und auch die Seinigen nehmen seinen Tod getröstet auf.

Die mit Hilfe von allegorischen Figuren veranschaulichte Gewissenserforschung des sterbenden Menschen weist formal auf einen Dramentypus hin, der gegen Ende des Jahrhunderts einsetzt und dann im 17. Jahrhundert seine Blüte erlebt: das lateinische Jesuitendrama. Bei Sachs freilich ist der Sünder kein verstockter Bösewicht, sondern eher ein gedankenloser, leichtfertiger Mensch. Dieser Sachverhalt wird unter anderm deutlich, wenn man das Spiel mit einer Version des Stoffes aus dem 20. Jahrhundert vergleicht, dem »Spiel vom Sterben des reichen Mannes Jedermann« (1911) von Hugo von Hofmannsthal.

In Form und Gehalt wird dieses bürgerliche Spiel noch einmal beleuchtet von drei jüngeren Dramen her, die sich klar davon absetzen: William Shakespeare: »Sommernachtstraum« (um 1594); Jakob Bidermann: »Cenodoxus« (1602); Andreas Gryphius: »Absurda Comica oder Peter Squentz« (1663).

[ACTUS V]

Der Todt geht ab.

D e r r e i c h m a n n *spricht.*
  Du sterckest mich wol, lieber Glaubn!

Thut mich der Todt meins lebens raubn,
Meinst, ich werd wider erstehn zum leben?
D e r G l a u b *spricht.* Ja, zum letzten gerichte eben
Werden all todte aufferstehn
Und die christglaubigen eingehn
Mit Christo in seins vatters reich.
D e r r e i c h m a n n *spricht.*
Noch ist der todt mir erschröcklich.
D e r G l a u b *spricht.*
Der todt wirdt dir nur sein ein schlaff,
Dem unglaubing ist er ein straff.
D e r r e i c h m a n n *spricht.*
Ich förcht mich auch vor dem Sathan.
D e r G l a u b *spricht.*
Nichts args er dir zu-fügen kan.
Ich wil in wol treiben von dir.
D e r r e i c h m a n n *spricht.*
Schau, schau, was grausams kompt zu mir!
           Der teuffel schleicht hinzu.
D e r G l a u b *spricht.* Was wilt du thun, du bluthund?
Weich von uns in der helle grund!
D e r t e u f f e l *spricht.*
Ich weich nit; dieser mann ist mein.
Umb die groß ubertrettung sein
Schaw du mein schuld-register an!
D e r G l a u b *spricht.* Das hat bezalt ein ander mann,
Jesus Christus, der Gottes son,
Welcher genug für in hat thon,
Erworbn im ewiges leben.
Demselben hat er sich ergeben
In rhew und leid durch waren glauben,
Des du in nicht mehr kanst berauben[1].
Weich ab! kein theil hast an im nicht.

---

1. *Die Stelle könnte auf den überzeugten Lutheraner Hans Sachs hinweisen; in einer vorhergehenden Szene empfängt der reiche Mann jedoch durch den Priester die katholischen Sterbesakramente.*

D e r t e u f f e l *spricht.*
  Ich wil in vor dem strengen gericht,
  Vor dem zorning richter verklagen.
  Der wirdt das recht mir nit versagen,
  Sonder der sünde sein ein recher.
D e r G l a u b *spricht.* So hat er ein trewen fürsprecher,
  Jesum Christum, der in vertritt
  Und auch den vatter für in bitt,
  Das du auch nichts außrichten kanst.
D e r t e u f f e l *spricht.*
  Solt ich dir zerreissen dein wanst,
  Du feindselig schendtlicher Glaub?
  Du entpfürst mir sehr grossen raub,
  Viel ettlich hundert tausent seel,
  Die sonst mein weren und der hell.
  O das ich mich an dir könd rechen!
D i e T u g e n t *spricht.*
  So mus man dir dein boßheit brechn,
  Du neidiger unreiner geist!
  Dem menschlich gschlecht viel dück beweist
  Und es stetigs abfürst von Gott.
                    Der Todt geht ein.
D e r t e u f f e l *spricht.*
  Ietzunder kompt auch gleich der Todt.
  Wirst gleich so viel schaffen als ich.
  Den schendtling pfaffen ich wider sich
  Mit seiner püchsen, wirdt der-gleichen
  Dem krancken menschen itz dar-reichen
  Die waren lebendigen speiß,
  Die in beleit ins paradeiß.
  Ich wil stehn und sehen, was der
  Todt an dem krancken gwinnen wer.
D e r T o d t *tritt ein, spant seinen pogen und spricht.*
  Ietzt ist die zeit, das ich gewiß
  Mein pfeyl in den Hecastum schis.
  Thu auff, thu auff das fenster dein,

Auff das ich schieß mein pfeil hinein!
Ich verschon weder jung noch alt.
Der Glaub *spricht.*
  Du bößwicht brauchst ietzt dein gewalt.
  Kom her! üb all die kreffte dein!
  Doch wirst du im unschedlich sein.
  Ob du in bringst gleich in das grab,
  Das er rhu von den sünden hab,
  Wirdt er doch widerumb erstehn,
  Mit allen außerwelten gehn
  Am jüngsten tag zum ewing leben,
  Darzu du in hie forderst eben.
  Derhalb er sich nit förcht vor dir,
  Weil er sich hat ergeben mir.
  Welch mensch aber den glaubn nit hat,
  Der ist gen dir forschsam und mat.
  Denselben magst wol hart erschrecken.
Der Todt *spricht.*
  Ich wil im wol ein forcht einstecken.
  Ich wil den Sathan zu mir nemen,
  Ob ich in auch mit möcht beschemen.
          Der Todt gehet ab.
Der priester *kompt und spricht.*
  Hecaste, hast gehört die that,
  Wie der Glaub für dich kempffet hat?
  Nun hast du auch das sacrament.
  So bald du nimbst ein selig end,
  So füren dich die engel blos
  Dahin ins Abrahames schos.
  Darffst fürbaß förchten kein verderben.
Der reich mann *spricht.*
  Aller-erst wil ich geren sterben[2],
  Dieweil der Herre Jesu Christ
  Mein warer heiland worden ist.

---

2. *Nun erst will ich gefaßt sterben.*

Glaub und Tugent, ich bitt durch Gott:
Verlast mich nit in letzter not!

Der Glaub *spricht.* Hecaste, ich verlaß dich nicht
Hie noch vor dem strengen gericht.

Die Tugend *spricht.*
Ich wil auch nit weichen von dir.

Der reich sterbent mann *spricht.*
Nun mag der Todt kommen zu mir
Und in mich schiessen seinen stral!
Ich fürcht in nichts mehr uberal.

Der Todt *spricht.*
Wo ligt der stoltze kranck mit pracht,
Der mich und meine pfeil veracht?

Der Glaub *spricht.* Da ist er; es ist kein hoffart,
Sonder des rechten glaubens art,
Das er, Todt, fürcht nit dein verderben.

Der Todt *spricht.* Hecaste, wilt du geren sterben?

Der reich sterbend *spricht.* Ja, ja.[3]

Der Glaub *spricht.*
Antwort nur keck! du wirst gesiegen.

Der reich sterbend *spricht.*
Mir wil gleich mein sprach verliegen[4].
Dich, Todt, förcht ich nicht uberal,
Fürcht auch nit deine todten-stral.

Der Todt *spricht.* Sag an! warauff verlest du dich?

Der reich sterbent *spricht.*
Auff den glauben verlaß ich mich
Und frew mich auch zu sterben eben
Mit Christo, dort ewig zu leben.

Der Todt *spricht.* Dennoch wil ich dein leib erhaschen,
Brechen und machen gar zu aschen.

Der reich sterbent *spricht.*
Ob gleich mein leib fault in der erd,

---

3. *Der unvollständige Vers wird hier ausnahmsweise als Stilmittel verwendet.*
4. *versagen.*

Ich widerumb erwecket werd.
Ich zeuch dahin, ich bin todschwach.
D e r G l a u b *spricht.* Hecaste, heb an! sprich mir nach:
Mein geist befilh ich in dein hend![5]
D e r r e i c h s t e r b e n d *spricht.*
Mein geist befilh ich in dein hend.
D e r G l a u b *spricht.* Nun greiff an, du grausamer Todt!
Mach erpleichen sein munde rot!
Brich sein augen! erstarr sein hend
Und streck in auß an alle end!
Sein geist der leb dort ewigkleich
Mit Christo in seins vatters reich!
D e r T o d t *steht ob im und spricht.*
Du irrdisch fleisch, duck dich und stirb!
D e r t e u f f e l *spricht.*
Vor neid und haß ich schier verdirb.
Das mein und auch des todes banden
Der glaub macht also gar zu schandten.
Wir haben beid den kampff verlorn
Und faren auß mit grossem zorn.
    Sie gehnt auß, der Glaub, Tugent, Todt und Teuffel.
D e r e r s t k n e c h t *kompt und spricht.*
Ir freündt und nachbarn, kompt herein!
Helfft ewren Hecastum bewein!
D e m o n e s , *der erst freundt, kompt und spricht.*
Was? ist denn der Hecastus todt?
D e r k n e c h t *spricht.* Ja, er ist hin; genad im Gott!
S i n g e n e s , *der ander freundt, kompt und spricht.*
Ist er todt? sag an! wenn werden
Wir in bestetten zu der erden?
D e m o n e s , *der erst freundt, spricht.*
Ja, wer könt doch das trawren lan
Umb ein so jungen reichen mann,
Der hinfert in sein jungen tagen?

5. *Christi Worte am Kreuz; vgl. Luk. 23, 46.*

S i n g e n e s , *der freundt, spricht.*
  Sein schnellen todt thu ich nur klagen.
  Ey, wo sind sein weib unde kind?
D e r   a n d e r   k n e c h t *spricht.*
  Sie allesam versamelt sind
  Bey der leych dinnen in dem hauß.
  Schaw! ietzund kommen sie herauß
  Mit grossem weinen und wehklagen.
  Man wirdt in bald zu grabe tragen.
      Die fraw und söhn gehnt ein, weinen.
D e m o n e s , *ir freund, geit ir die hend und spricht.*
  Epicuria, liebe freundin mein,
  Gott tröst dich in der trübsal dein!
D i e   f r a w *spricht.* Ich armes weib verlassen bin.
  Mein lieber gmahel ist dahin.
S i n g e n e s , *der ander freundt, spricht.*
  Wir sind beraubt unsers freunds dagegn.
  Wir wölln all trawer-kleider anlegn,
  Das man die leicht zum grabe trag
  Ehrlich auff den morgigen tag.
D e m o n e s , *der erst freundt, spricht.*
  Ein köstlich grebnus wir zurichten.
  Den unkost wir sparen mit nichten.
  Wolt warhafft tausend gülden geben,
  Das Hecastus noch wer bey leben.
D e r   e l t e r   s o h n *spricht.*
  Ich muß weinen und seufftzen sencken,
  Wenn ich meins vatters thu gedencken.
D e r   j ü n g e r   s o n *spricht.*
  Ach, wer wolt aber nit bewein
  Den hertzen-lieben vatter mein?
D i e   f r a w *spricht.* Ach Gott, ach Gott, wie soll ich than
  Umb meinen lieben frommen mann?
A n c i l l a *spricht.* Ach, ach des frommen herren mein!
  Ach, wer möcht doch umb in nit wein!
D i e   f r a w *spricht.* Ach, wie freundtlich war sein angsicht,

Lieblicher gstalt und gar rößlicht!
Wie ist sein rotter mund erplichen
Und all sein krefft von im gewichen!
Wie sind all sein glieder verdorben!
Ach das ich wer für in gestorben!
Ach grimmer todt, wie scheidst selbander
Die aller-liebsten von einander![6]

Der priester *spricht.*

Liebs weib und kindt, weint nit so sehr,
Als ob er hett kein hoffnung mehr,
Als ander unglaubige heiden!
Uns Christen bessers ist bescheiden.
Weil Christus selb ist aufferstanden
Am dritten tag auß todtes banden,
Wirdt er auch zu der letzten zeit
Aufferwecken mit herrligkeit
Alle die seinen Gottes kind,
Die im glauben entschlaffen sind.
Derhalben so thut alle buß!
So wirdt euch an dem end Christus
Alle erwecken von dem todt,
Das ir dort ewig lebt bey Gott.

Der jünger son *spricht.*

Ja, ir sagt recht, bey meinen trewen.
Wir wölln nit klagen, sonder uns frewn
Mit unserm vatter in Gott verschieden,
Der nun rhuet und ist zu-frieden
Von allem zergengklichn irrdischen
Und lebet nun in den himlischen.
Drumb, lieben freundt, kompt all herein!
So wöll wir zimlich frölich sein
Mit einander das nachtmal essen,
Trawren und das weinens vergessen
Und wölln Gott lobn und seinen namen,

6. *Auch hier ein Anklang an die antike Sage: Alkeste geht anstelle ihres Mannes Admet mit dem Tode (der dann von Herkules überwunden wird).*

Das er uns auch geb allen-samen
Ein christlich end! Sprecht alle Amen!
      Sie gehnt alle in der ordnung ab.

D e z e h r n h o l d *beschleußt.*

O christen-mensch, diese barabel
Laß dir im hertzen sein kein fabel,
Sonder bedenck hertzlich darbey,
Wie ungewis die stunde sey[7]
Des todtes, das du von deim leben
Dort must ein schwere rechnung geben[8]
Vor dem strengen Gottes gericht,
Da dich niemand schützt noch verspricht,
Es sey denn, das du hast gehort
Das heilig thewer Gottes wort,
Das ware evangelium,
Welches den glauben in Christum
In dir krefftig gewürcket hat!
Der selbig glaub dich nit verlat,
In todtes nöthen dich verficht,
Steht dir auch bey in dem gericht.
Derhalb, mensch, die zeit nit versaum!
Die axt die ligt schon an dem baum.
Würck buß und kere dich zu Gott,
Auff das dir nach dem leibling todt
Dort ewigs leben aufferwachs!
Das wünschet uns allen Hans Sachs.

---

7. *Vgl. Mark. 13, 32 f.*
8. *Rechenschaft ablegen.*

IV. Epik

Die dichterischen Erzählformen der Zeit lassen nur ansatz-weise einen neuen Gestaltungswillen erkennen; und auch dieser ist selten in einer stilistisch unverkennbaren Er-zählerpersönlichkeit faßbar. Die Kleinformen der Epik verweisen gattungsgeschichtlich auf das Spätmittelalter, von dem sie meist auch thematisch abhängig sind. Es wurden deshalb mit Schwank, Legende und Fabel Beispiele aus-gewählt, die neben ihrem literaturgeschichtlichen Stellen-wert das Neue des Zeitalters zum Ausdruck bringen, sei es im humanistisch geglätteten Versuch oder der konfessio-nellen Stellungnahme.

Auch die Anfänge des deutschen Prosaromans fallen in diese Epoche. Der »Teuerdank« nimmt formal und thema-tisch das mittelalterliche Erbe wieder auf, während das »Faust«-Buch stilistisch und thematisch einen Eindruck von der neuen Leserschicht gibt, die sich mit dem etablierten Buchdruck auseinandersetzt. Wickrams »Goldfaden« gilt als erster »deutscher« Prosaroman, in dem persönlicher Stilwille aktuelle Probleme der Zeitgeschichte andeutungs-weise zum Ausdruck bringt. Fischarts Übersetzung von Rabelais' »Gargantua« unter dem Titel »Affentheurlich Naupengeheurliche Geschichtklitterung« gibt einen Ein-blick in die Gesamtsituation dieser Gattung in der deut-schen Literatur: mit einer Sprachvirtuosität ohnegleichen intensiviert er den französischen Roman, bringt aber in der Ausweitung der Satire zum grotesk-monströsen Ge-bilde deutlich zum Ausdruck, wie die Auseinandersetzung mit einer blühenden Form des romanischen Sprachbereichs begrenzt bleiben muß, weil sie in der eigenen Kultur noch nicht über die ersten Ansätze hinaus gediehen ist.

Wenn Luthers Bibelübersetzung in diesen Abschnitt auf-genommen wurde, so deshalb, weil die Bibel ihrem Charak-

ter nach der epischen Gattung zugehört. Schon die un-
mittelbare Wirkungsgeschichte zeigt, daß der Einfluß der
evangelischen Sprache weit über diese Begrenzung hinaus-
geht. – Doch soll Sprengs »Ilias«-Übersetzung mit ihrer
gänzlich verschiedenen Stilhaltung auch darauf hinweisen,
wie Luthers Werk thematisch und sprachlich der alles
überragende Höhepunkt einer vom Humanismus geschaffe-
nen Tradition ist.

MARTIN LUTHER

Geb. am 10. November 1483 in Eisleben, gest. am 18. Februar 1546 in
Eisleben. Er entstammte einem thüringisch-fränkischen Bauerngeschlecht,
sein Vater hatte sich jedoch vom Berghäuer zum mittleren Bergwerkun-
ternehmer in Mansfeld heraufgearbeitet. Der Sohn durchlief die damals
üblichen Schulen und schloß seine Studien 1505 in Erfurt an der artisti-
schen Fakultät mit dem Magister ab; nach dem Willen des Vaters hätte
er Jurist werden sollen. Ein Blitzschlagerlebnis im gleichen Jahr ließ ihn
seinem Gelübde folgen und in den Augustinerorden eintreten. Biblische
Professur, Priesterweihe, ein Romaufenthalt 1511 in Ordensangelegen-
heiten, 1512 das theologische Doktorat sind die Stationen seines Lebens,
die er als bibelexegetischer Lehrer an der Universität in Wittenberg
fortsetzte. Die Erkenntnis, die ihn beim Lesen des Römerbriefs (1,17)
überfiel, daß Gott die vom Menschen verlangte Gerechtigkeit durch Christus schenke, ohne daß der Mensch selbst etwas dazu tun könne, bildet
die Basis für Luthers Theologie, seine Bibelübersetzung und die Reformation überhaupt. Mit der Veröffentlichung von 95 (lat.) Thesen (1517),
der damals üblichen Einladung zu einer Disputation, reagierte er auf ein
aktuelles Ereignis: die maßlose und marktschreierische Tätigkeit des Ab-
laßpredigers Tetzel. Der Lauf der Ereignisse führte über Drohungen des
Vatikans und eine Disputation in Leipzig zur Veröffentlichung der drei
großen Reformationsschriften 1520; bereits 1521 trat Luther unter dra-
matischen Umständen Kaiser Karl V. auf dem Reichstag in Worms gegenüber. Seine beharrliche Weigerung, mit einem Widerruf seine Ansich-
ten als Irrtum anzuerkennen, zog nun nach dem kirchlichen Bann auch
die Reichsacht nach sich. Der Bibelübersetzung, die er auf der Wartburg
zum Teil beendete, folgten mehrere Schriften, welche die Organisation
der evangelischen Kirche betrafen (Liederbuch 1524, Katechismus 1529);
1525, im Jahre der blutigen Niederschlagung der Bauernaufstände, die
Luther zu einer diskutablen Stellungnahme gezwungen hatten, verheira-

tete er sich auch mit einer ehemaligen Nonne – ein Zeichen seines end-
gültigen Bruchs mit der Kirche. In der Folgezeit traten seine Mitarbeiter
mehr und mehr in den Vordergrund, während er sich dem Ausbau der
Landeskirchen widmete und die Reformation gegen zahlreiche innere und
äußere Spaltungserscheinungen verteidigte. Literarisch ist Luther auch in
der dokumentarischen Erfassung eine ungemein faszinierende Persönlichkeit. Neben zahlreichen Predigten wurden nach seinem Tode auch die
Tischreden herausgegeben, die beweisen, wie die Zeitgenossen die Einmaligkeit dieses Mannes erfaßten und für die Nachwelt möglichst historisch getreu überliefern wollten. Die zum Teil unglaublich groben schrift-
lichen Kontroversen, die Luther mit seinen Gegnern austrug, geben auch
heute noch einen Eindruck von der Intensität des Glaubenskampfes.
Werke: *Von den guten Werckenn* (1520); *Von der Freyheyt eyniß Christen menschen* (1520); *An den Christlichen Adel deutscher Nation* (1520);
De captivitate Babylonica ecclesiae (1520); *Von Eelichen Leben* (1522);
Deutsche Bibel (1522–46); *Widder die stürmenden bawren* (1525); *Deudsch
Catechismus* (1529); *Sendbrief vom Dolmetschen* (1530); *Etliche Fabeln
aus dem Esopo verdeudscht* (1530).

Luthers deutsche Bibel

*Die Bibelübersetzung von Martin Luther und seinem Kreis
(vor allem Philipp Melanchthon) ist sprachlich und geistesgeschichtlich unzweifelhaft das wichtigste Ereignis im
deutschsprachigen Kulturgebiet des 16. Jahrhunderts. Vor
Luther gab es vierzehn »hochdeutsche« und vier niederdeutsche Bibeldrucke nebst zahlreichen Teilübersetzungen.
Von diesen weist lediglich die »Zainer« Bibel (Augsburg
1475) merkliche Verbesserungen gegenüber dem Erstdruck
auf. Als Frucht seiner Arbeit auf der Wartburg veröffentlichte Luther 1522 in Wittenberg das Neue Testament
(Septemberbibel); und 1534 lag die gesamte Bibel im Druck
vor, nachdem schon früher eine Reihe von Teilübersetzungen erschienen war.
Die im folgenden gemachten Bemerkungen möchten die
Bibelübersetzung andeutungsweise in den Rahmen der
Literaturgeschichte einbetten; sie betreffen Probleme, die
damals allgemeines Gedankengut waren, aber in der in-*

dividuellen Persönlichkeit durch den reformatorischen Anspruch den Charakter des Außerordentlichen erhielten. Wenn
Luther und seine Mitarbeiter als Textgrundlage zum Beispiel für das Neue Testament die griechische kritische
Edition (1519; 1. Aufl. 1516) benutzten, vertraten sie das
humanistische Anliegen der größtmöglichen Texttreue zum
Original. In der Schrift »An die Ratsherren aller Städte
deutsches Lands, daß sie christliche Schulen aufrichten und
hallten sollen« (1524) vertritt Luther mit großem Nachdruck den Standpunkt, auch jetzt – nach der Hinfälligkeit
von Klosterschulen – sei das Studium der klassischen
Sprachen mit allem Nachdruck zu betreiben, auch wenn
es keinen unmittelbaren wirtschaftlichen Nutzen bringe.
»Die sprachen sind die scheyden, darynn dis messer des
geysts steckt. Sie sind der schreyn, darynnen man dis
kleynod tregt, Sie sind das gefeß, darynnen man disen
tranck fasset, Sie sind die kemnot [Kammer], darynnen
dise speyse ligt, Und wie das Evangelion selbs zeygt:
Sie sind die körbe, darynnen man dise brot und fische
und brocken behellt [Matth. 14,20]. Ja, wo wyrs versehen,
das wyr – da Gott fur sey – die sprachen faren lassen,
so werden wir nicht alleyn das Evangelion verlieren, sondern wird auch endlich dahyn geratten, das wir wider
lateinisch noch deutsch recht reden odder schreyben künden.« Es war aber nicht nur der Glauben an die wissensver-
mittelnde Funktion der Sprache, die Luther den griechischen Text als Grundlage wählen ließ. Die katholische
Kirche hatte in der »Vulgata« die kanonisierte Fassung
ein für allemal fixiert. Die philologische Anstrengung
erhielt eine weitere polemische Tendenz dadurch, daß
Luther die traditionelle allegorische Schriftauslegung ab-
lehnte. Für ihn war das Herausschälen des exakten Wort-
sinnes die Basis für jede theologische Wahrheit überhaupt.
Mit der Verfügbarkeit des Bibeltextes verband sich also
die Überzeugung, daß das Wort der Schrift direkte Erkenntnis vermitteln könne – und mit der direkten Bezie-

*hung des Menschen zu Gott durch die evangelische Offen-
barung konstituierte Luther ein Verhältnis Mensch–Gott,
das für die kirchlichen Traditionen der katholischen Kirche und Lehre keinen Platz mehr ließ.*

*Der Reformator wollte mit seiner Übersetzung ganz
Deutschland erreichen. Deswegen führte sein Weg zur »gemeinen deutschen Sprach« über gewisse Normierungen:
er lehnt sich an den Gebrauch der sächsischen Kanzlei an,
die selbst schon eine ausgeglichene Mischsprache (in bezug
auf die Dialekte) darstellt; zudem war seine Mundart
ebenfalls ein Produkt mehrerer Regionaldialekte. Doch
sind diese philologischen Fakten, welche die Forschung
lange beschäftigt haben, von zweitrangiger Bedeutung.
Wichtiger ist die soziale Stoßkraft, welche diese Übertragung implizierte und ausübte. Die bewußte Anpassung an
die Volkssprache entsprang dem missionarischen Eifer einer
möglichst weiten Verbreitung des göttlichen Wortes. Mit
dieser – für uns heute nur schwer vorstellbaren – Aufwertung der Umgangssprache ging die Umwertung des einfachen Mannes zum aktiven Träger des göttlichen Auf-
trags (Laienpriestertum) parallel. Diese Übersetzung war
nicht mehr eine geschickte Adaptierung für ein höfisches
oder der klassischen Sprachen unkundiges Publikum; die
Muttersprache erhielt in und durch die Bibel vollen Eigenwert. – Die Wirkungsgeschichte der Übersetzung zeigt,
daß Luthers deutsche Bibel wohl die markanteste Zäsur in
der deutschen Sprach- und Literaturgeschichte gesetzt hat.
Mit ihr konstituiert sich das Deutsche in der Auseinandersetzung mit der lateinischen Gelehrtensprache als fort-
wirkende eigenwertige Kultursprache.*

*Der »Sendbrief vom Dolmetschen« (1530) ist das wich-
tigste Zeugnis Luthers über seine Übersetzungstätigkeit.
Es ist als Verteidigung gegenüber dem altkirchlichen Lager
gedacht und zeigt deutlich, wie sich Luther seiner individuellen Leistung völlig bewußt war. Die Geschichte hat die
Wirkkraft seiner Überzeugung bestätigt: auch das katholi-*

sche Lager mußte, um ihn wirksam bekämpfen zu können,
auf »seine« Sprache zurückfallen.
Die Übersetzungsproben sollen das historische Verständnis
von Luthers Leistung erleichtern. Der erste Bibeldruck
zeigt in der Satzkonstruktion noch deutliche Abhängigkeit
von dem lateinischen Text. Geiler von Kaisersberg illu-
striert mit dem Passionsausschnitt, in welcher Form das
zeitgenössische Publikum vor Luther mit dem Bibeltext in
Berührung kommen konnte. Die »Zürcher Bibel« (1531)
ist in der Gesamtedition als Ausdruck der eigenen refor-
matorischen Richtung Zwinglis zu verstehen. Sprachlich soll
sie am Beispiel belegen, was in den kleinen Änderungen
zum Ausdruck kommt: daß Luthers Übersetzung in einzel-
nen Sprachlandschaften modifiziert wurde – doch auch hier
blieb sie die Grundlage. Es darf abschließend noch bemerkt
werden, daß die englische Übersetzung von William Tyn-
dale (1525/26 Worms) nicht nur sprachlich, sondern auch
ideell stark von Luthers Übersetzung des Neuen Testa-
ments beeinflußt wurde; er traf mit dem Reformator auch
persönlich zusammen. In der Bearbeitung von Miles Cover-
dale war der Einfluß auf spätere Bibeln so stark, daß in
der autorisierten Version von 1611, der »King-James-
Bible«, nahezu neun Zehntel der Wörter auf Tyndale zu-
rückgehen.

Sendbrief vom Dolmetschen (Auszug)

Gnad und fride in Christo, Erber fursichtiger lieber Herr
und freund, ich hab ewer schrifft entpfangen mit den zwo
questionen odder fragen, darin yhr meines berichts begert.
Erstlich warumb ich zun Rŏmern am dritten capitel[1] die
wort S. Pauli »Arbitramur hominem iustificari ex fide
absque operibus«, also verdeutsch habe: »Wir halten, das

1. V. 28.

der mensch gerecht werde on des gesetzs werck, allein durch den glauben«, Und zeigt daneben an, wie die Papisten[2] sich uber die massen vnnütze machen, weil ym text Pauli nicht stehet das wort »Sola« (Allein) und sey solcher zusatz von mir nicht zu leiden ynn Gottes wortten etc. Zum andern, ob auch die verstorben Heiligen fur uns bitten, weil wir lesen, das ja die Engel fur uns bitten etc. Auff die ersten frage (wo es euch gelustet) mügt yr ewern Papisten von meinet wegen antworten also:

Zum ersten, Wenn ich D. Luther mich hette mügen des versehen, das die Papisten alle auff einen hauffen so geschickt weren, das sie ein Capitel yn der schrifft kündten recht und wol verteutschen, So wolt ich furwar mich der demut haben finden lassen, und sie umb hilff und beystand gebeten, das Newe Testament zuverteutschen. Aber die weil ich gewüst, und noch vor augen sihe, das yhr keiner recht weiß, wie man dolmetschen, odder teusch reden sol, hab ich sie und mich solcher mühe uberhaben, Das merckt man aber wol, das sie aus meinem dolmetschen und teutsch, lernen teutsch reden und schreiben, und stelen mir also meine sprache, davon sie zuvor wenig gewist, dancken mir aber nicht dafur, sondern brauchen sie viel lieber wider mich[3]. Aber ich gan[4] es jn wol, den es thut mir doch sanfft, das ich auch meine undanckbare jünger, dazu meine feinde reden gelert habe.

Zum andern mügt yhr sagen, das ich das Newe Testament verdeutscht habe, auff mein bestes vermügen und auff mein gewissen, habe damit niemand gezwungen, das ers lese,

2. *Kollektivschimpfname für die katholischen Theologen, besonders aber für Hieronymus Emser, der von katholischer Seite Luthers »Septemberbibel« (1522) öffentlich scharf kritisiert hatte (1523).*
3. *1527 veröffentlichte Emser eine eigene Übersetzung, deren Abhängigkeit von Luthers Text so offensichtlich ist, daß hier auf eine vergleichende Textprobe verzichtet wurde. Luther polemisiert im »Sendbrief« ununterbrochen gegen ihn, haßt ihn jedoch so stark, daß er ihn nur den »sudler« nennt.*
4. *gönne.*

sondern frey gelasen, und allein zu dienst gethan denen,
die es nicht besser machen kŏnnen, Ist niemandt verboten
ein bessers zu machen. Wers nicht lesen wil, der las es
ligen, ich bite und feyre niemandt[5] drumb. Es ist mein testament und mein dolmetschung, und sol mein bleiben unnd
sein. [. . .]
Also habe ich hie Roma. 3. fast wol gewist, das ym Lateinischen und krigischen text das wort »solum« nicht stehet, und hetten mich solchs die papisten nicht dürffen
leren. War ists. Dise vier buchstaben s o l a stehen nicht
drinnen, welche buchstaben die Eselskŏpff[6] ansehen, wie
die kue ein new thor[7], Sehen aber nicht, das gleichwol die
meinung des text ynn sich hat, und wo mans wil klar und
gewaltiglich verteutschen, so gehoret es hinein, denn ich
habe deutsch, nicht lateinisch noch kriegisch reden wŏllen,
da ich teutsch zu reden ym dolmetzschen furgenomen hatte.
Das ist aber die art unser deutschen sprache, wenn sie ein
rede begibt, von zweyen dingen, der man eins bekennet,
und das ander verneinet, so braucht man des worts »solum« (allein) neben dem wort »nicht« oder »kein«, Als
wenn man sagt: Der Baur bringt allein korn und kein
geldt, Nein, ich hab warlich ytzt nicht geldt, sondern allein
korn. Ich hab allein gessen und noch nicht getruncken.
Hastu allein geschrieben und nicht uberlesen? Und der
gleichen unzelihe weise yn teglichen brauch.
In disen reden allen, obs gleich die lateinische oder kriechi-
sche sprach nicht thut, so thuts doch die deutsche, und ist
yhr art, das sie das wort »allein« hinzu setzt, auff das das
wort »nicht« odder »kein« deste volliger und deutlicher
sey, Denn wie wol ich auch sage, Der Baur bringt korn
und kein geld, So laut doch das wort »kein geldt« nicht so
vollig und deutlich, als wenn ich sage: »Der Baur bringt

5. *lobpreise deswegen niemand.*
6. *Synonym für »Papisten«; Luther bezeichnet hier und öfters auch den
Papst als »Papstesel«.*
7. *sprichwörtl. für ›zurückscheuen vor etwas leicht Ungewohntem‹.*

allein korn und kein geldt«, und hilfft hie das wort
»Allein« dem wort »kein« so viel, das es ein vollige Deutsche klare rede wird, den man mus nicht die buchstaben
inn der lateinischen sprachen fragen, wie man sol Deutsch
reden, wie diese esel thun, sondern, man mus die mutter
jhm hause, die kinder auff der gassen, den gemeinen man
auff dem marckt drumb fragen, und den selbigen auff das
maul sehen, wie sie reden, und darnach dolmetzschen, so
verstehen sie es den und mercken, das man Deutsch mit jn
redet.

Als wenn Christus spricht: Ex abundantia cordis os lo-
quitur[8]. Wenn ich den Eseln sol folgen, die werden mir
die buchstaben furlegen, und also dolmetzschen: Auß
dem uberflus des hertzen redet der mund. Sage mir, Ist
das deutsch geredt? Welcher deutscher verstehet solchs?
Was ist uberflus des hertzen fur ein ding? Das kan kein
deutscher sagen, Er wolt denn sagen, es sey das einer allzu
ein gros hertz habe oder zu vil hertzes habe, wie wol das
auch noch nicht recht ist: denn uberflus des hertzen ist kein
deutsch, so wenig, als das deutsch ist, Uberflus des hauses,
uberflus des kacheloffens, uberflus der banck, sondern also
redet die mütter ym haus und der gemeine man: Wes das
hertz vol ist, des gehet der mund uber, das heist gut deutsch
geredt, des ich mich geflissen, und leider nicht allwege erreicht noch troffen habe, Denn die lateinischen buchstaben
hindern aus der massen, seer gut deutsch zu reden.

Übersetzungen von Markus 14, 3–10

Mentel-Bibel: *Vollständig übersetzte Bibel*, gedruckt von
Johann Mentel, Straßburg 1466

Und do er waz in bethania in dem haus symonis des
misligen und rût: ein weip kame die hett ein bûchs der

8. *Matth. 12, 34 und Luk. 6, 45.*

salben dez edeln nardus gestossen: sy bracht die bůchs und
goß auff sein haubt. Wann do waren etlich die verfiengens
unwirdig: sy sprachen unter in selber Worum ist gemacht
dirr verleuse der salben? Wann dise salb mocht sein verkaufft mer denn CCC pfennig: und wer gegeben den armen. Und sygrumtent wider sy. Wann Jhesus sprach zů
in. Lasst sy. Waz seyt ir laidig? Ein gůt wercke hat sy
gewerckt an mir Wann die armen habt ir zeallen zeyten
mit euch: und můgt in wol thůn so ir wólt: wann mich
habt ir nit zeallen zeyten. Das dise hett das det sy: wann
sy fůrkam zesalben meinen leip zů der begrebde. Gewer-
lich sage ich euch: wo ditz ewangelium wirt gepredigt in
aller der werlte und es wirt derkunt das sy ditz tet in
seiner gedenckunge. Und Judas von scharioth einer von
den .xij. der gieng hin zů den óbersten pfaffen [...].

Johann Geiler von Kaisersberg: *Hauspostille* (III), gedruckt von Johannes Schott, Straßburg 1522

Von dem obentessen Christi mit seinen jüngeren in dem
huß Symonis / am Palmobent / sechs tag vor dem lyden
des herren beschehen. [Matt. 26; Marci 14 / Johan. xij]

Vor sechs tagen der Osterlichen hochzeyt kam Jesus gen
Bethaniam / do Lasarus gestorben was / den Jesus uffer-
wecket hatt. Und als er was zů Bethania in dem huß
Symonis des mallatzen / und nidersassz / bereytetent sye
im do ein obentmol zů. Und Martha dyenet zů tisch. und
Lasarus was auch einer under denen die zů tisch logen mit
im. Und do Jesus also zů tisch lag / kam die fraw Maria /
und gieng zů im / habend ein weissze marmelsteinene
bůchs mit feyner luterer salben / und namm doruß ein
pfundt salben des kostlichen nardi spicati ungefelscht / rein
und trewlich gemacht / und salbet die fůß Jesu / und
ußtrucknet im seine fůß / und goß uß die salb uff das

haubt Jesu zů tisch ligende. Und das huß ward erfüllt von
dem geruch der salben. Als das ettliche jünger sahen / wurden sye zornigklich gemůgt in inen selber / sprechend.
Worumb ist dißer verlust der salben[1] geschehen: Diße salb
möcht wol umb vil verkoufft sein worden / und den armen
gegeben. und wurden unwyrß gegen ir. Do sprach einer uß
seinen jüngeren Judas scarioth der in verroten wurd /
Worumb ist die salb nit verkoufft worden umb drey hundert pfennig / und den armen gegeben: Das sprach Judas /
nitt dorumb das im zůgehort von den armen / das er sorg
für sye hatt / sonder dorumb / das er ein dieb was / und
hett die seckelen / und trůg die ding die do gegeben wur-
dent. Jesus erkant das / und sprach / Was seind ir lästig
dißer frawen: Lond sye machen. Sye hat ein gůt werck
gewürkt an mir. Ir habent allzeit die armen bey uch / und
wenn ir wöllen / mögent ir inen gůts thůn / aber mich
werdent ir nit allzeit bey uch haben. Sye hatt fürkomen
zůsalben meinen leib in die begrebde. dann diße die do
gegossen hatt die salb uff meinen leib / die hat das gethon mich zůbegrabend. Und sprach zům Judas. Lossz sye
machen. uff das sye das behalte bitz uff den tag meiner
bgrebnuß. Fürwor sag ich uch / wo diß evangelium geprediget würt in der gantzen welt / so würt gesprochen /
das sye hab solichs gethon zů einer gedächtnuß.

Luthers Übersetzung des Neuen Testaments *(Septemberbibel)*, gedruckt von Hans Lufft, Wittemberg 1522

Vnd da er zu Bethanien war in Simonis des aussetzigen
hause, vnd sass zu tisch, Da kam ein Weib, die hatte ein
glas mit vngefelschtem vnd köstlichem Nardenwasser, vnd
sie zubrach das glas, vnd gos es auff sein Heubt. Da waren

---

1. *Luther beanstandet im* »Sendbrief vom Dolmetschen« *diesen latinisier-
ten Genitiv.*

etliche, die wurden vnwillig, vnd sprachen, Was sol doch
dieser vnrat? Man kůnd das Wasser mehr denn vmb drey
hundert grosschen verkaufft haben, vnd dasselb den Armen
geben. Vnd murreten vber sie.
Jhesus aber sprach, last sie mitt friden, was bekummert
yhr sie? Sie hatt eyn gutt werck an myr gethan, yhr habt
alltzeytt armen bey euch, vnd wenn yhr wollt, kundt yhr
yhn gutt thun, mich aber habt yhr nit alltzeyt, Sie hatt
than was sie kund, sie ist zuuor komen, meynen leychnam
zu salben, zu meynem begrebnis, Warlich ich sage euch, wo
dis Euangelion predigt wirtt yn aller wellt, da wirtt man
auch das sagen, zu yhrem gedechtnis, das sie itzt than
hat.
Vnd Judas Ischarioth, eyner von den zwelffen, gieng hyn
zu den hohen priestern [...].

Die Zürcher Bibel, gedruckt von Christoph Froschauer,
Zürich 1531

Und do er zů Bethanien was in Simonis des aussetzigen
hauß / und saß zetisch / do kam ein weyb die hatt ein
glaß mit ungefelschtem und kostlichem narden wasser.
Und sy zerbrach das glaß / und goß es auff seyn haupt.
Do warend etlich die wurdend entrüstet / und sprachend:
Was sol doch diser verlust: man kôndte das wasser mer
dann umb dreyhundert pfennig verkaufft haben / und das
selbig den armen geben. Und murretend über sy.
Jesus aber sprach: Lassend sy mit friden / was bekümme-
rend ir sy: Sy hat ein gůt werck an mir gethon. Ir habend
allzeyt die armen bey euch / und wenn ir wôllend / mô-
gend ir inen gůts thůn: mich aber habend ir nit alle zeyt.
Sy hat gethon was sy kondt / sy ist fürkommen meinen
leychnam zesalben zů meiner begrebnuß. Warlich ich sage
euch / wo diß Evangelion gepredigt wirdt in aller welt /

da wirt man auch das sagen zů irer gedächtnuß das sy jetz gethon hatt.

Und Judas Jscharioth / einer von den zwölffen / gieng hin zů den hohen priestern [...].

JOHANN SPRENG

Ilias Homeri (Auszüge)

Bereits im 15. Jahrhundert waren – meist auf Anregung eines Fürsten – einige Werke der klassischen antiken Literatur mit humanistischem Eifer ins Deutsche übertragen worden. Diese Tradition verbreitete sich im 16. Jahrhundert; so übersetzte zum Beispiel Thomas Murner »Vergilii Maronis dryzehn Aeneadische Bücher von Trojanischer Zerstörung und Uffgang des Römischen Reichs« (Straßburg 1515 u. ö.) in deutsche Reimpaare. Das Werk ist Kaiser Maximilian I. gewidmet und bemüht sich um die Eindeutschung in die damalige bürgerliche Welt.

Die Übertragung des Augsburger Schulmeisters und Notars Johann Spreng (1524–1601), der seinen Magister Artium in Wittenberg erlangte, bei einem späteren Studienaufenthalt in Heidelberg die Anregung zum Übersetzen empfing und den Rest seines Lebens in seiner Heimatstadt praktizierend verbrachte, ist die erste deutsche Versübersetzung der »Ilias«. Spreng war auch Meistersinger, und aus diesem gesellschaftlichen Umkreis erklärt sich die Beschränkung seines Werks. Zwar arbeitete er nach mehreren Vorlagen und nach dem griechischen Original; doch vermögen seine Knittelverse nur den Inhalt wiederzugeben, aber nicht ein Bild der Antike zu entwerfen. Daß hingegen seine Vermittlung einem wirklichen Lesebedürfnis der Zeit entsprach, beweisen die zahlreichen Auflagen: Ovids »Metamorphosen«, 1564 u. ö.; »Ilias«, 1610 u. ö.; »Aeneis«, 1616 u. ö. – Der Charakter einer volkstümlichen Anpassung humanistischer Stoffe zeigt sich bei den beiden Tierepen »Reynke de Vos« (Lübeck; später von Goethe bearbeitet) und »Froschmeuseler« (= die pseudohomerische »Batrachomyomachia«, 1595) von Georg Rollenhagen. Mit großem Erfolg wird hier den Bedürfnissen der Zeit das Vorbild, das sich vom Inhalt her auch dafür glänzend eignet, moralsatirisch angepaßt.

Inhalt und Argument deß Ersten Buchs Homeri / von dem Troianischen Krieg

Als für die Schiff der Griechen kam /
Der Priester Chryses lobesam /
Auch umb sein liebe Tochter bat /
Und aber nicht wolt haben statt /
Sein bittlich werben und begern /
Sondern Atrides mit Unehrn /
Ihn wise ab durch zoren grim /
Da hub der alt auff seine stim /
Klagt Phaebo solliches in eyl /
Der schoß ab vil Tödtlicher pfeyl /
In der Griechen Geläger streng /
Darvon starb ein grosse meng:
Achilles auß der Krieges Macht /
Die Obristen zusamen bracht /
Chalchas die ursach bald entdeckt /
Warumb Gott Phaebus hett erweckt /
Die schwere Sucht: und ritt dahin /
Man sollt alsßbald versühnen ihn:
Darüber Fürst Atrides sich
Thet mit Achille hefftigklich
Entzweyen lang in zorens hatz[1] /

1. Haß.

Entzoch ihm seinen liebsten schatz
Bryseidem: Achilles klug /
Unmut in seinem Hertzen trug /
Diß seiner lieben Mutter klagt /
Die tratt für Jovem unverzagt /
Bat / er wolt lassen niderligen
Die Griechen / und ein weyl obsigen /
Die Troianer in dem Streyt /
Juno fieng zu derselben zeyt
Ein groß Gezånck mit Jovi an /
Vulcanus der Kunstreiche Mann /
Versůnet sie mit sůssem Wein /
Den er thet selber schencken ein /
Die Gôtter zechten frôlich gar /
Biß gleich der Tag verschinen war /
Da sucht ein jeder sein Schlaffbett /
Und sich darein verbergen thet.

Das Erste Buch Homeri / vom Troianischen Krieg

Bitt und anruffung sambt der Proposition und Inhalt des Wercks.	Sag mir du Gôttin hochgeborn / Den ungestůmen wilden zoren / Dardurch Achilles hart verletzt / Vil Griechen hat in not gesetzt / Der Helden auch ein grossezal / Geschicket in das tôdtlich Thal / Und ihre Côrper geben preyß / Als er sie macht zu einer speyß / Den Vôglen / und den Hunden grob / So ihnen kam zu schlechtem Lob.
Woher zwischen Achillei und Agamemnone zanck und unruh entstanden.	Gott Jupiter verhenget das / Als Agamemnon Kônig was / Uber das griechisch Heer / und sich Thet mit Achille grimmiglich /

Entzweyen / und erzürnen hefftig /
Ich frag / was für ein Gott geschefftig /
Hett die zwen Männer mit Undanck /
Gereitzet anzu disem Zanck.

Phaebus schickt
ein Sterben in
der Griechen
Läger.

Dasselbig thu ich jetzt verjehen[2] /
Durch Phaebum sollichs ist beschehen /
Jovis und auch Latonae Kind /
Ein zoren fasset er geschwind /
Wider den König zu der frist /
(Deß Namen Agamemnon ist)
Gar ein vergiffte Sucht und Plag /
Under die Griechen er in Clag /
Darkommen ließ / . . . .

Die Narrenfigur: Brant, Kaisersberg, Murner

*Die Narrenfigur, ja überhaupt die Narrenliteratur ist stil-
typisch für das 16. Jahrhundert. Die drei bedeutendsten
Vertreter – zu denen neben den anonymen Schwanksammlungen, zum Beispiel »Ulenspiegel«, noch Fischart tritt –
werden hier mit Proben vorgestellt, die eigentlich ein
mechanistisches Zufallsprinzip verbindet: der gleiche Holzschnitt findet sich in den drei Sammlungen unter den hier
zitierten Abschnitten. Dies läßt sich zunächst auf eine damals allgemein geübte Illustrationspraxis zurückführen:
rationelles Wiederverwenden von publikumskräftigen Bil-
dern. Doch führt dieses äußerliche Sammelthema auch die
direkte literarische Abhängigkeit vor Augen; die drei El-
sässer haben mehr als die Kulturlandschaft gemeinsam.*

2. sagen, ankündigen.

SEBASTIAN BRANT

Geb. 1458 in Straßburg, gest. am 10. Mai 1521 in Straßburg. Promovierte 1489 in Basel zum Doktor beider Rechte, war später Dekan der juristischen Fakultät und übte nachher, nachdem er 1499 in seine Vaterstadt zurückgekehrt war, mehrere Ämter (Stadtschreiber, Kaiserlicher Rat usw.) aus. Er kam früh mit dem Humanismus in Berührung und ist eigentlich der erste Schriftsteller, der das lateinische Gedankengut in eine volkskräftige Sprache umsetzen konnte. Er verfaßte Gedichte, Flugschriften, Übersetzungen und die 1494 erschienene Satire *Das Narrenschiff*, die ein Bestseller wurde: 5 Originalausgaben bis 1509; Nachdrucke bis ins 17. Jahrhundert hinein; schon 1497 eine lateinische Übersetzung durch Jacob Locher, vom Autor selbst überwacht.

Das Narrenschiff (Auszug)

Sicher trugen die (z. T. Dürer zugeschriebenen) einprägsamen Holzschnitte wesentlich zur Popularität des Werkes bei. Doch ist der Narrenbilderbogen nur in Verbindung mit dem ausgesprochen humanistischen Glauben wertmäßig richtig einzuschätzen. Der bürgerliche Besserungsoptimismus, daß Sünde und Untugend nur Narretei sei, ist eine gelehrte Umbiegung der mittelalterlichen Ständesatire. Wie die andern – außer den Flugblättern fast nur lateinisch geschriebenen – Werke verraten, war Brant zwar konservativ, aber durchaus weltoffen. Sprichwort, Sentenz und Zitate aus der Bibel und aus antiken Schriftstellern konnten diese Geisteshaltung in einer volkstümlichen Sprache zum Ausdruck bringen. Unsere Textprobe hält sich im Motto, wie die meisten Abschnitte, nicht genau an die Illustration. Aber direkte Verweise auf das »durch die Finger sehen« und das Sprichwort von der Katze und den Mäusen nehmen Bezug auf die naive Schaufreude, treten jedoch zurück hinter der langen Exempelkette, die kompilatorisch ein Hauptlaster, die Wollust, anprangert.

Wer durch die fynger sehen kan
Vnd loßt syn frow eym andern man
Do lacht die katz die müß süsß an

[Holzschnitt]

Von eebruch

Eebrechen wigt man als geryng
Als ob man schnellt eyn kyseling /
Eebruch / das gsatz yetz gantz veracht
Das keiser Julius hatt gemacht[1]
Man vörht keyn pen[2] noch stroff yetz me
Das schafft das die synt jn der ee
Zerbrechen krůg vnd håfen glich
Vnd kratz du mich / so kratz ich dich
Vnd schwig du mir / so schwig ich dir
Man kan wol haltten finger für
Die ougen / das man såch dar vß
Vnd wachend tůn / als ob man ruß[3] /
Man mag yetz lyden frowen schmach
Vnd gat dar nach keyn stroff noch rach
Die mann / starck mågen hant jm land
Sie mögen towen[4] gar vil schand
Vnd tůn als ettwan dett Catho
Der lech syn frow Hortensio[5] /
Wenig sint den gat yetz zů hertz
Vß eebruch sollch leyd / sorg / vnd smertz
Als Atrydes[6] strafften mit recht

1. Der Adoptivsohn von Julius Caesar, Kaiser Augustus, erließ die Lex
Iulia de Adulterio, ein strenges Ehegesetz.
2. Pein, Qual.
3. schnarchen würde.
4. ertragen.
5. Nach Plutarch soll der jüngere Cato, ein röm. Politiker, Hortensius
seine Gattin Marcia abgetreten haben, die nach dessen Tode zu ihm zurückkehrte.
6. Menelaos konnte den Raub der Helena an den Trojanern rächen; Aga-

Do jn jr wiber worent gschmåht /
Oder als Collatinus[7] det
Das man Lucretz geschmåhet het /
Des ist der eebruch yetz so groß
Clodius[8] beschißt all weg vnd stroß /
Der yetz mit geyßlen die wol strich
Die vß dem eebruch růmen sich /
Als man Salustio[9] gab lon
Mancher der wurd vil schnatten[10] han /
Ging yedem eebruch sollch plag nach
Als dann Abymelech[11] geschach /
Vnd den sůnen Benyamyn[12] /
Oder dar noch ging sollich gwynn
Als Dauid gschah mit Bersabee[13]
Manchen glust brechen nit die ee /
Wer lyden mag das syn frow sy
Im eebruch / vnd er wont jr by
So er das wißlich weisßt[14] vnd sycht
Den halt ich für keyn wysen nycht
Er gibt jr vrsach mer zů fall
Dar zů die nochburn mumlen all
Er hab mit jr teyl vnd gemeyn
Sie bring ouch jm den rörroub[15] heyn

memnon hingegen wurde bei der Rückkehr von Klytämnestra und ihrem Geliebten Aigisthos ermordet.
7. Nach röm. Sage wurde die Gattin des L. T. Collatinus, Lucretia, vom Königssohn Sextus Tarquinius geschändet, worauf sie sich erdolchte, ihr Mann aber das Königshaus entmachtete und zum Mitbürger der Republik wurde.
8. Vgl. Juvenal, »Satiren« VI, 345; stimmt nicht genau, denn Clodius nahm als Verkleideter an Frauenmysterien teil und wurde deswegen des Religionsfrevels angeklagt.
9. nach Gellius beim Ehebruch erwischt und ausgepeitscht.
10. Striemen.
11. 1. Mose 20, 18.
12. Richt. 20.
13. Bathseba; vgl. 2. Sam. 11. 12.
14. wissentlich Kenntnis davon hat; Brant war Jurist.
15. Beute; von rören, ›fallen lassen‹.

Sprech zů jm / hans myn gůtter man
Keyn liebern will ich / wen dich han
Eyn katz den müsen gern noch gat
Wann sie eynst angebissen hat /
Welch hatt vil ander mann versůcht
Die würt so schamper vnd verrůcht
Das sie keyn scham noch ere me acht
Irn můtwill sie alleyn betracht /
Eyn yeder lůg das er so leb
Das er synr frow keyn vrsach geb
Er hallt sie früntlich / lieb vnd schon
Vnd vôrcht nit yeden glocken thon[16] /
Noch kyfel[17] mit jr nacht vnd tag
Lůg dar by was die glocken schlag
Dann ich das rott jn truwen keym[18]
Das er vil gest fůr mit jm heym
Vor vß lůg für sich der genow
Wer hat ein hübsch / schon / weltlich frow
Dann nyemans ist zů truwen wol
All welt ist falsch vnd vntruw vol
Menelaus hett syn frow behan
Hett er Paris do vsßhin gelan /
Hett Agamennon nit zů huß
Gelossen syn fründt Egysthus[6]
Vnd dem vertruwt hof / gůt / vnd wyb
Er wer nit kumen vmb syn lyb /
Glych wie Candaules[19] der dor groß
Der zeigt syn wyb eym andern bloß /
Wer nit syn freüd mag han alleyn
Dem gschicht reht das sie werd gemeyn
Dar vmb soll man han für das best

16. *und kehrt sich nicht an jedes Gerede.*
17. *keife, zanke.*
18. *denn ich rate keinem in Treuen.*
19. *Nach Herodot I, 8–13; bekannt ist die Bearbeitung von Hebbel:*
»*Gyges und sein Ring*«.

Ob eelüt nit gern haben gest
Vor vß / den nüt zů trüwen ist
Die weltt steckt voll beschysß vnd lyst
Wer argwon hat / der gloubt gar bald
Das man tůg das jm nit gefalt
Als Jacob mit dem rock beschach[20]
Den er mit blůt besprenget sach
Aswerus gdocht das Amon meynt
Hester gesmåhen der doch weynt[21] /
Abraham vorcht synr frowen ee
Dann er ye kåm gon Gerare[22]
Wåger eyn schmyrtzler jn sym huß
Dann[23] brůten frômde eyer vß
Wer vil vß fliegen will zů wald
Der wurt zů eyner grasmuck[24] bald /
Wer brennend kol jnn gôren leidt[25]
Vnd schlangen jnn sym bůsen treyt
Vnd jnn synr teschen zücht eyn muß
Solch gest lont wenig nutz jm huß

JOHANN GEILER VON KAISERSBERG

Geb. am 16. März 1445 in Schaffhausen, gest. am 10. März 1510 in Straßburg. Wurde nach Studien in Freiburg i. Br. ebenfalls in Basel zum Doctor Theologiae promoviert und wirkte später von 1477 bis zu seinem
Lebensende als bedeutendster Kanzelprediger seiner Zeit in Straßburg.
Neben äußeren Ehrenämtern (Kaiserl. Kanzler) nahm er aktiv teil an
den humanistischen Bestrebungen dieser Stadt; durch ihn wurden Jakob

20. *1. Mose 37, 31 ff.*
21. *Esth. 7, 7.8; Haman bat Esther kniend um sein Leben, als der König
hinzukam.*
22. *1. Mose 20, 2; Abraham gab aus Furcht seine Frau Sara als Schwester
aus.*
23. *besser einen Knauser im Haus haben, als.*
24. *Sie brütet untergeschobene Kuckuckseier aus.*
25. *wer brennenden Kohl im Schoß trägt.*

Wimpheling und Sebastian Brant an die Domschule berufen. Neben seinen zu Lebzeiten von ihm nur flüchtig besorgten Predigtsammlungen und
Andachtsbüchern (*Todtenbüchlein*, 1480; *Trostspiegel*, 1503; *Das Büch
Granatapfel*, 1510) ragt das von seinem Ordensgenossen, dem berühmten
Schwankschriftsteller Johann Pauli (*Schimpf und Ernst*, 1522; vgl. dieses
Kapitel: Der Schwank), 1520 herausgegebene *Narrenschiff* hervor. Es ist
eine Predigtsammlung, in der Geiler Brants Werk als Vorlage nimmt;
gehalten wurden die Predigten 1498/99 bis 1510, von einem Schüler (Ot-
ther) wurden sie nach Skizzen und aus dem Gedächtnis lateinisch als
Naviculae sive Speculum Fatuorum ediert und endlich 1520 von Pauli
deutsch wiedergegeben.

Das Narrenschiff (Auszug)

*Der satirisch-didaktische Stil dieser Predigtsammlung ist
volkstümlicher und lebhafter als der Brants, was freilich
durch die Predigtform präjudiziert sein mag. In der
Textprobe scheint auch nur flüchtig durch, daß Geiler ein
bedeutender Theologe war; das katechetische Anliegen
wirkt im Narrenschellengeklingel direkt und seelsorgerlich-
praktisch. Es zeigt sich auch, wie Geiler als orthodoxer
Reformer und Mahner zu verstehen ist. Er trifft alle
Stände, geißelt selbst Prälaten – doch alles in herkömm-
lichen Kategorien. Aber auch hier ist die Anpassung an die
Gedankenwelt des einfachen Mannes unverkennbar.*

Am mitwochen nach dem Palmtag. Von Ee narren (Auszug)

Die XXXII. narrenschar ist der eebrecher. Ee narren nit
die in der ee seint. Aber die / die eebrecher seint / die
bekenn ich in siiben schellen[1].

Von der ersten schellen

Die erst schel ist unküscheit eins ledigen gesellen mitt einer
eefrawen / oder ein ee man / mit einer ledigen metzen.

1. *7 Betrachtungspunkte; Anspielung auf die Narrenkappe.*

Es weißt jederman / waz narrheit das ist / o brůder was
grosse narrheit das ist / sich setzen in ein sollichen sorg-
lichen stant umb also ein unreinen kurtzen glust / du junger du fraw / du bist in sorgen / des leibs halb / der seelen
halb / deins lobs und gůten namens halb / ir müessen warten / wa ir erschlagen werden / du kumpst einest iimal.
v.mal hundertmal darvon / es kumpt die stund / daz du
es einsmals bezalst / du machest kinder und seint nit dein.
fremde erben waz grosse irrung das ist / wüssen die / die
damit umb müessen gon / o gesel wenstu / das du allein lieb
seiest du irrest / niemantz steckt ein reiff uß umb eins
gastz willen[2] noch kein krämer leit uß umb eins willen
der kromen wil.

Von der anderen schellen

Die ii. schel ist / da ein eeman het zeschaffen mit einer
anderen eefrawen / daz ist zwifeltiger eebruch und grosse
sünd und noch dem gesatz moysi. levi .xx.[3] solt man sie
versteinigen / und auch nach dem weltlichen rechten / und
da würt niemans ußgenummen. Es sol sich auch niemans
verwundern das man den eebruch also hert strofft / wann
er ist wider das natürlich gesatz / was da woltest das man
dir nit thette / das thů eim anderen auch nit / nun wolte
keiner das einanderer solt sünden mit seim weib. Es seint
vil man sie liessen sich ee tödten / oder enterben / dan das
sie das litten / der eebruch würt herter gestrofft den diebstal / wann im diebstal / so nimstu eim sein gelt / im
eebruch sein weib es wer eim lieber du nemst im hundert
gulden / dan das du im das weib nimst / darumb in den zehen
gebotten / da stat der eebruch / nach dem todtschlag und
vor dem diebstal / so ist es doch schwerer dan der diebstal. Es ist billich das der eebruch so hert gestrofft werd /
wan er nit vergat on grosse verachtung / und verschme-
hung gots / wan der eebruch ist wider das sacrament der

2. *sticht ein Faß an wegen eines einzigen Gastes.*
3. *3. Mose 20, 10 ff.*

heiligen ee / und got hat die ee im stant der unschuld uff
gesetzt / darumb so mag eim semlichen[4] sacrament die
uner nit geschehen / on schmach gottes.

Von der dritten schellen

Die drit schel ist ein hůren offentlich mitt der eefrawen
halten. Es ist nitt genůg du nar das du ein eebrecher bist /
und deiner frawen trew / und glauben brichst / du můst
sie erst offentlich schenden und betriegen / und ein dorn
in ir aug stossen / und die betrübt ist noch me betrüben /
und ergerest den nechsten der ein exempel von dir nimpt /
und gedenckt / ist es dem recht / so ist es mir auch recht /
O we den oberen / und liederlichen prelaten / durch die
finger sehen[5] / die semliche[4] schedliche und unnützliche
ding verhencken meinestu darumb daz man es hie nit
stroft / das sie dort vor dem aller gerechtesten richter nit
iren lon werden empfahen / noch irem verdienen. Lieber
wer[6] wil hie semliche[4] ding stroffen / so die / die es stroffen
solten / die regenten / und prelaten / in geistlichem und
weltlichem stantselbs in der tincten stecken und in dem
spittal siech ligen[7].

Von der vierden schellen

Die vierd schell ist das eeweib selber füeren zů dem
eebruch / oder lassen geschehen / oder ursach darzů geben.
Es seint etlich bůben die ire weiber heissen unrecht thůn /
wan seint suffer schlemmer müessiggenger tag / und nacht
vol und wan sie kein gelt haben / so sprechen sie zům
weib gang und lůg das wir gelt haben gang zů dem pfaffen / zů den edlen entlehen ein guldin oder ii guldin so

---

4. *solchen/-e.*
5. *Vgl. neben der bildlichen Darstellung auch Vers 13 des Brant-Ab-*
schnittes.
6. *Lieber! Wer.*
7. *im gleichen Spital krank sein.*

got sy anhin frum[8] / und kumpt ein hůr widerumb. Ich
hort nechten / am abent sagen von einer frawen / da wolt
der man alle mal gelt von ir haben / sie kochet uff ein
mal ein habermůß / daz satzt sie uff ein ort des tisches
und ein krůg mit wasser darneben / und ir hußbrot / und
uff die andere seiten satzt / sy ein gebratnen kappunen /
und ein kannen mit wein und weißbrot / da der man kam
da sprach sie zů im hußwirt / nun sitze an welches ort du
wilt / wiltu kappunen essen und wein trincken / so můstu
mich lassen gon an ort / und stat da ichs verdien / und
můst ein gemeiner leiden / wiltu aber zům habermůß sitzen / und wasser trincken / so hastu ein frumme frauw /
und wil dir helffen wercken / und thůn was dir lieb ist /
was ein frumme frauw thůn sol.
Aber der narr saß / zů dem kappunen woltt lieber ein gemeiner haben / den ein frumme fraw mit dem wasser
krůg etc.
Es seindt darnach ander männer / die es ire weiber nit
heissen / aber sie lassen es geschehen / und geben inen
ursach darzů / von ir farlessigkeit wegen. Es zücht einer
wol ein frumme frauw / er zücht auch wol ein unfrumme /
sie faren etwan von den weiberen / on forcht / und on
sorg / es gilt inen geleich / sie haben zeessen oder nit. Es
ist mit einer frawen geleich wie mit eim roß. Etliche pferd
die fallen / andere pferdt die fallen nitt sie struchen[9] /
aber die dritten pferdt hincken / also seint etliche frawen
die fallen durch den eebruch / andere seint nit ver darvon
von eebruch / aber sie haben es noch nit gethon / die dritten die hincken / also seint schier gemeinlich alle frawen
zůbösem geneigt von juget uff / wan sie schon böse ge-
selschafft / und sunderliche geberd haben[10] / wan man sie
nit stetz im zaum hat so fallen sie. Es seint darnach
männer die selten bey iren frauwen seint / sie gond uber

---

8. *tüchtig, rechtschaffen; reimt sich mit dem Satzschluß.*
9. *straucheln.*
10. *sich aufreizend zu gebärden.*

feld zů den heiligen / ettwan der kauffmanschatz irem
gewerb nach / damit geben sie inen ursach zestruchen[9] die
weil sie ussen seint / so streicht ein anderer zů / also geschach
eim schiffman / als Pogius[11] / schreibt der het vil lands
uff dem mŏr durch faren / das er in fünff iaren nie zů
seiner frawen heim kam / die gůt fraw was jung / und
hübsch / und arm sie meint ir man wer etwan ertruncken
hielt mit eim anderen huß / und da er wider heim kam /
und in die stuben kam. sie waz geziert mit zinnen / und
messen geschirr[12] die küche vol eeren[13] heffen kessel / er
fraget die frauw / wa ir semlich hußgeschirr her kem er
het es ir nit kaufft / sie sprach. Es seint gotz gaben gott
hat mirs geben. Er sprach gelobt sei got der meiner
frawen / so vil gůtz beschert hatt / er kam in die kam-
meren / da waren hübsche bedt / sergen[14] / küsse / und
dergleichen / er fraget aber / sy antwurtet got hetz geben /
er lobt und dancket got / darnach kam ein hübsch büeblin
von der gassen lauffen zů der můter / ettwan von iii.
iaren er fraget weß das kind wer / got hetz mir geben
seit sie. Er sprach darumb danck ich got nit umb den
hußrot er hat da zevil sorg gehebt für mein huß.

11. *Poggio Bracciolini (1380–1459), eine für die deutsche Humanisten-
bewegung äußerst wichtige Vermittlerfigur; seine Fazetien waren schon
ins Deutsche übersetzt. Die sprachliche Pointierung kommt auch im Deutschen durch.*
12. *Zinn- und Messinggeschirr.*
13. *irdene.*
14. *(mit Seide durchwirkte) Leinendecken.*

THOMAS MURNER

Geb. am 24. Dezember 1475 in Oberehnheim (Elsaß), gest. vor dem
23. August 1537 in Oberehnheim. Er wetteiferte mit Brant und Geiler
von Kaisersberg. Seine berühmten Narrenwerke (z. B. *Narrenbeschwörung*, 1512; *Gäuchmatt*, 1519) zeigen ihn als sprachlich hervorragenden
Narrenautor, der in der hereinbrechenden Reformation der wortgewal-
tigste katholische Vertreter gegen Luther wurde. Seine 1522 erschienene
Satire *Vom großen lutherischen Narren*, in der er erbittert mit Luther
und seinen Anhängern zu Gericht geht, war eine der wenigen erfolgreichen deutschen Kampfschriften aus dem altkirchlichen Lager. Ein gebil-
deter und weitgereister Mann (Studien in Freiburg, Paris, Krakau usw.;
1505 von Maximilian zum poeta laureatus gekrönt), wurde er nach man-
nigfachen Aufgaben als Franziskaner 1525 von den Bauern aus seiner elsässischen Heimat vertrieben, mußte nach Luzern flüchten, wurde auch
dort wegen seiner aktiven Polemik gegen Zwingli verjagt und beschloß
sein Leben (seit 1533) als Seelsorger im Elsaß. Doch seine Gelehrsam-
keit (auch er hatte den Doktorgrad) war verbunden mit einem geltungs-
süchtigen, aggressiven Charakter. Es steht fest, daß er auch wegen politischer Umtriebe angefeindet wurde; und so ist es schwer zu beurteilen,
wieweit das maßlos verzerrende Charakterbild, das seine reformatorischen Gegner von ihm entwarfen, mit der Wirklichkeit übereinstimmt.

Narrenbeschwörung (Auszug)

*Murner geht in seiner Satire immer von einer sprichwörtli-
chen Redensart aus und tritt selbst als Narrenbeschwörer
auf, wie auch in der Textprobe. Das Motto ist hier freilich auf ein einziges konkretes religiös-soziales Problem
begrenzt. Und es spricht für den Tiefblick des Autors, daß
er mit seiner Kritik nicht nur beim Sündenkatalog stehen-
bleibt, sondern in seiner Narrenmaske der stilistisch kräf-
tigste und analytisch schärfste dieser drei Autoren ist.*

Den arß in die schantz schlahen[1]

Ich stand hie an der narren dantz,
    Das ich myn arß schlach in die schantz.

1. sich prostituieren.

Gott geb gewunnen oder verloren,
   So louff ich doch mit andern thoren.

[Holzschnitt]

»Herr narren bschwerer, lont dar von!
   Ir hettendt vns wol lassen gon
Vnd vns nit zů den narren gstelt,
   So wir nit hŏren zů der welt.
Mŏchten ir das bůch nit enden,
   Ir miesten vns hie ŏflich schenden[2]?
Mariam solt ir sehen an
   Vnd ir vns lassen genossen han[3]!«
Wie sindt ir yetz so katzen rein
   Vnd schament üch der narren gemein!
Ouch nempt üch zürnens zů mir an,
   Als ich üch vnrecht hab gethan,
Vch geistlich frowen her citieren.
   Ich wil üch in ein schweißbad fieren,
Das mießt ir selber hie besitzen;
   Wann dann kein narren von üch schwitzen,
So mŏgt ir darnach ab mir clagen,
   Der ǎptissen von mir sagen,
Das myn kunst nit sy probiert[4],
   Hab vnbillich her gefiert.
Ich hett vor mals der narren ein,
   Der meint ouch wyß zů syn allein,
Vnd stack[5] der narren also vol,
   Das ichs nie mŏcht erzelen wol.
Wie kan ich mich an trǒwort kŏren[6]?
   Ir mießt mich dennocht reden hŏren,

2. *Sonst müßt ihr uns öffentlich anprangern.*
3. *und uns an ihr teilhaben lassen.*
4. *daß mein Können nicht ausgewiesen sei.*
5. *steckte.*
6. *auf gut Glauben darauf verlassen.*

Vnd solt es üch noch baß verdriessen.
  Ir wölt maria zart geniessen?
Das nun warlich billich were!
  Doch so ir yetz sindt kummen here,
So wil ich lügen, was ich kan,
  Das nit sy vmb sunst gethan
Ein solche wytte reiß vnd straß.
  Habt gedult! üch wirt schier baß[7]!
Maria wardt in tempel bracht,
  An dise welt nie mer gedacht;
Wie iung sy was, noch giengs fürsich
  Vnd schowt nie vmb vnzüchtigklich;
Dann wer syn handt legt an ein pflůg[8]
  Vnd thůt sym orden nit genůg,
Vnd sicht vmb sich mit bösen berden[9],
  Der mag doch nit geschickte werden
Zů gott vnd laßt das hymelrych,
  Als christus selb thůt leren dich.
Gar wenig sindt yetzundt der frowen,
  Die dise gschicht mit flyß anschowen
Vnd lernten von maria rein,
  Wie man lebt im closter gemein.
Ist yetzundt ein edelman,
  Der syn kindt nit vermåhelen kan,
Vnd hat kein gelt ir nit zů geben,
  So můß sy clösterlichen leben;
Nit das sy got wöl dienen dinn,
  Allein das ers nach synem sinn,
Nach syner hoffart, mit sym gůt
  Versorg, als man dem adel thůt.
Wann sy dann zů den iaren gat
  Vnd sich entpfindt in irem stat,

7. *Es geht euch bald besser!*
8. *Luk. 9, 62.*
9. *schamlosem Gehaben.*

Vnd sy der narr facht an zů iucken,
  So laßt[10] sy sich herumbher bucken
Vnd flůcht dem vatter vnderm grundt,
  Das er sy nit versehen kundt,
Vnd hett vil lieber ein armen man,
  Dann das sy wŏl zů metten gan.
So ist es dann verloren gantz,
  Wann sy den arß schlecht in die schantz[1].
Spricht man dann: »es ist nit recht,
  Du schendst do mit dyn frums geschlecht«,
So antwurt sy gar bald vnd gschwindt:
  »Ich wolt, das ich vierhundert kindt
Vff erden brächt, nun in zů leidt.
  Wes[11] stiessens mich in dises cleidt?
Was ich nun erdencken mag,
  Do mit ich in mit schanden schad,
Das wil ich thůn! wol hin, wol hin,
  Das leder můß gegerbet syn!
Ich kam doch nie in disen orden,
  Syt das ich bin ein nunnen worden,
Das ich myn regel halten wolt,
  Als ein nun das billich solt;
Darumb leit ich die kutten an,
  Das myn vatter mich nit kan
Versehen nach des adels art,
  Darumb ich hie ein nunnen wardt
In mynem orden, den ich halt.«
  Sy sey doch iung recht oder alt,
Wel am meisten kinder macht,
  Die würdt äbtissen hie geacht.[12]

---

10. *und verursacht, daß.*
11. *warum; wozu.*
12. *In der Version von Bebels Fazetien (Ausgabe von 1555, 47 b) heißt
dieser verbreitete Witz: omnes ... esse matres, et quasdam habere nu-
merosam prolem, praesertim virginem maximam, quae Abbatissa a nobis
dicitur ... Verum est, nisi enim saepe mater facta esset, ex institutione
et regula earum repelletur ab officio.*

Darumb ich warn ein edelman,
  Wil er im todt kein flůchen han,
Syn kindt sol er mit gwalt nit zwingen,
  Vnwillig in ein closter bringen.
Vil besser ist, sy bring vil kindt,
  Was sy für ein eeman findt,
Dann das sy in dem closter lere
  Weder gots, noch zytlich ere.
Die frowen clôster sindt yetz all
  Gemeiner edel lüt spittal.

Die Legende: Rauscher

*Die Reformatoren standen der Legende aus verständlichen
Gründen (Heiligenverehrung) ablehnend gegenüber. Doch
erst mit der beginnenden Gegenreformation, welche die
literarische Heiligenvita wieder vermehrt pflegte, schlug
die Ablehnung in offene Abwehr um.*

HIERONYMUS RAUSCHER

Papistische Lügen (Auszug)

*Die Textproben machen die ablehnende Haltung des Am-
berger Hofpredigers Rauscher (gest. 1569) deutlich, die
eine ebenso heftige Reaktion bei dem in Bayern wirkenden
Hofprediger Johannes Nas (1534–90) auslöste, weshalb
er dann auch in erbittertem katholischem Angriff mit
seinen »Centurien« (1567–70) vorpreschte. Der erste Text
hat als Stoff (von einer andern Vorlage her) seine literarische Letztfassung in Gottfried Kellers »Die Jungfrau und
die Nonne« (»Sieben Legenden«, 1872) gefunden.*

Von einer schőnen Nonne / so XX. Jar in eim hurhauß
gewesen / welche die Junckfraw Maria dieweil im Kloster
vertreten hat

Es ist sehr ein schőne Nonne in einem Kloster gewesen /
mit Namen Beatrix / die selbig hat mit grosser andacht
der Junckfrawen Maria gedienet / ist auch lange zeyt
Custos inn demselben Kloster gewesen / Es begab sich
aber auff ein zeyt das sie ein junger Pfaff lieb gewan / und
offt an sie setzte sie solt mit im darvon / Wiewol sie
im solchs etlich mal abgeschlagen / ist sie doch letztlich
vom fleisch uberwunden worden / fur den Altar der
Junckfrawen Maria getreten / und gesagt / Du Patrona
dises Bethauses / wiewol ich ein zeitlang fleissig in deinen
diensten gewest / so kan ich doch dise anfechtung des flei-
sches nit lenger gedulden / sihe da uberantwort ich dir
dein Schlüssel / hat damit die Schlüssel auff den Altar
geworffen / und ist mit dem jungen Pfaffen darvon ge-
wischt / derselbig hat sie zu schanden gemacht / und
nach wenig tagen von im gejagt / Da die gut Nonne nun
nicht wuste was sie solt anfahen / und wo sie essen und
trincken solte nemen / auch auß forcht nicht mehr inn
das Kloster dorfft / ist sie in ein offentlich gemein hurhauß kommen / und XV. jar mit unzucht sich darinn
genehret. Da sie nun derselbigen handtierung auch műde
worden / ist sie auff ein zeit in irer hűrischen kleidung
fűr das kloster kommen / darinnen sie zuvor gewest / hatt
wőllen forschen was man von ihr sagt / und zum Pfortner
gesagt / Hast du auch die Beatrix gekennet / welche vor
zeyten fűnff jar Custos inn disem Kloster gewesen / Der
Pfortner antwortet / Die Beatrix kenne ich wol / dann sie
hat sich von jugent auff biß auff den heutigen tag / Gott-
selig und fromm inn disem Kloster gehalten / Ob diesen
worten hat sich die Beatrix sehr entsetzt / und da sie hinweg wolt gehen / da ist ir erschienen die Mutter der
Barmhertzigkeit in einer bekanten gestalt / und zu ir

gesagt / Beatrix / Ich hab dein ampt inn deinem abwesen nun XV. jar / so lang du im huren leben bist umbgelaufen / verwesen / inn deiner gestalt / das jederman gemeint hatt du seyest es / darumb komm wider ins Kloster und thu buß / dann kein mensch weiß von deiner ubertrettung / die Beatrix hatt der Mutter Gottes gefolget / ins Kloster gangen / und dieweil sie gelebt / ist sie ir dafůr danckbar gewesen.

Erinnerung

Ach du reine keusche Junckfraw Maria / die du keinen Mann nie erkannt hast / wie kommstu darzu / das du die Nonnen so zu huren werden / und in die offentlichen hurheuser lauffen / vertreten must / Haben dir die Papisten kein ander ampt in Nonnenklôsteren geben kônnen dann dises / so hetten sie dich dises auch wol erlassen und uberheben kônnen / Pfuy dich teufel / Pfuy dich du teufflisch Bapstumb / kanstu die hochgelobten junckfrawen Maria nicht anderst sehen denn auff dise weise / Wenn die junckfraw Maria solchen grossen gewalt im himmel het / und bey ir stůnde verdammen und selig machen / so wůrde sie solche lůgenhafftige Papistische Scribenten / in abgrund der hellen stossen.

Wie ein Esel Francisco gehorsam ist

Als Franciscus prediget / ward ein esel gar unrichtig under dem Volck / Franciscus sprach / Bruder Esel sey still biß ich geprediget hab / Bald legt sich der Esel zwischen die bein Francisci.

Erinnerung

Gleych und gleych gesellt sich gern / ein Esel versteht deß andern Spraach wol / sie dôrffen keines Dolmetschers nicht / so sind sie auch billich an einander gehorsam.

Die äsopische Fabel: Steinhöwel, Luther, Alberus

Die dem sagenhaften griechischen Aisopus (6. Jh. v. Chr.) zugeschriebene Fabelsammlung hatte sich über die römische Literatur bis ins Mittelalter gehalten; freilich mit wesentlichen Veränderungen und Zusätzen. Die Fabeldichtung erreichte im Spätmittelalter einen eigentlichen Höhepunkt – und aus der ersten Hälfte des 15. Jahrhunderts sind nicht weniger als drei Übersetzungen bekannt. Die zitierten drei »Bearbeitungen« der 1. Fabel zeigen vor allem in der Ausdeutung die Verlagerung des Schwerpunkts in der historischen Sequenz.

HEINRICH STEINHÖWEL

Geb. 1412 in Weil der Stadt, gest. 1482 in Ulm. Nach ausgedehnten Studien Arzt in Esslingen und Ulm. Er ist vor allem als Übersetzer berühmt geworden: Gottfried von Viterbos Roman *Apollonius von Tyrus* (1464 bis 1471), die *Griseldis*-Novelle in der Petrarca-Fassung. Sein Interesse für klassische und neuitalienische Literatur wurde in Padua geweckt. Nach seiner Rückkehr nach Deutschland wurde er zum bedeutendsten deutsch schreibenden Vertreter des Frühhumanismus.

Steinhöwels Fabelübertragungen »Esopus« (1476/80) – ein kühner Versuch zur frühneuhochdeutschen Kunstprosa – sind insofern frühhumanistisch geprägt, als der Verfasser eindeutig den Sinn, die gedankliche Form in den Vordergrund stellt. Sie wurden bis ins 18. Jahrhundert nachgedruckt, und der Einfluß dieser Sammlung läßt sich in der Wirkung mit den Grimmschen Märchen vergleichen.

Fabula prima de gallo et margarita

In sterquilinio quidam pullus gallinatius dum quereret escam, invenit margaritam in loco indigno iacentem, quam

cum videret iacentem sic ait: O bona res, in stercore hic
iaces! si te cupidus invenisset, cum quo gaudio rapuisset ac
in pristinum decoris tui statum redisses. Ego frustra te in
hoc loco invenio iacentem, ubi potius mihi escam quero,
et nec ego tibi prosum, nec tu mihi. Hec Esopus illis narrat,
qui ipsum legunt et non intelligunt.

Die erst fabel von dem han und dem bernlin[1]

Ein han suchet syne spys uff ainer misty, und als er
scharret, fand er ain kostlichs bernlin an der unwirdigen
statt ligende[2]; do er aber daz also ligend sach, sprach er:
O du guotes ding, wie liegst du so ellenglich in dem
kauft[3]! hette dich ain gytiger gefunden, wie mit großen
fröden hett er dich uffgezuket[4], und werest du wider in
den alten schyn[5] dyner zierde geseczet worden. So aber
ich dich finde an der schnöden statt ligende, und lieber
myne spys fünde, so bist du weder mir nüczlich, noch ich
dir. Dise fabel sagt Esopus denen, die in lesent und nit
verstant, die nit erkennent die kraft des edeln bernlins[6],
und das honig uß den bluomen nit sugen künent; wann den
selben ist er nit nüczlich ze lesen.

1. *Wörtliche Übertragung von lat.* margarita: *Perle. Als Abschluß einer
zweisprachigen Fabelversion gibt Steinhöwel jeweils noch eine knappe
Inhaltsangabe in Distichen.*
2. *ein deutliches Beispiel für die Übernahme der lat. Konstruktion ins
Deutsche.*
3. *Kot.*
4. *aufgehoben.*
5. *Der lat. Ausdruck ist im Deutschen verbildlicht.*
6. *Damit fängt der eigene Zusatz Steinhöwels an, der ein Bild bringt,
das schon in der griech. Lyrik (Pindar) zu finden ist, dort freilich für
das Dichten, hier für das Lesen.*

MARTIN LUTHER

*1530 veröffentlichte Luther »Etliche Fabeln aus dem Esopo
verdeudscht«. Daß er die Fabeln auf den konfessionellen
Stellenwert hin bezieht, versteht sich von selbst. Ein Abschnitt aus der Vorrede soll aber darüber hinaus zeigen,
wie sich die zensurierende und purgierende Absicht mit
konkreten Vorstellungen über die (mündliche) Vermittlung
verbindet. Am Anfang dieser Einleitung stellt er übrigens
den Wahrheitsgehalt und die Wirklichkeitsdarstellung der
»Fabeln und Merlin« rangmäßig unmittelbar unter die
Hl. Schrift: »... wuesste ich ausser der heiligen Schrift |
nicht viel Buecher | die diesem [Äsop] uberlegen sein
sollten | so man Nutz | Kunst und Weisheit ... wolt anse-
hen.«*

Vorrede (Auszug)

Aus der Ursachen haben wir uns dis Buch fürgenomen zu
fegen und jm ein wenig besser Gestalt zu geben, denn es
bisher gehabt, Allermeist umb der Jugend willen, das sie
solche feine Lere und Warnung unter der lieblichen gestalt
der Fabeln gleich wie in einer Mummerey[7] oder Spiel deste
lieber lerne und fester behalte. Denn wir gesehen haben,
welch ein ungeschickt Buch aus dem Esopo gemacht haben,
die den Deudschen Esopum, der fürhanden ist, an tag
geben haben[8], welche wol werd weren einer grossen Straffe,
als die nicht allein solch fein nützlich Buch zu schanden
und unnütz gemacht, sondern auch viel Zusatz aus jrem
Kopff hinzu gethan, Wiewol das noch zu leiden were.
Darüber so schendliche, unzüchtige Bubenstück darein ge-
mischt, das kein züchtig, from Mensch leiden, zuvor kein
jung Mensch one schaden lesen oder hören kan, Gerad als

7. Verkleidung.
8. Anspielung auf die Steinhöwelsche Fassung.

hetten sie ein Buch in das gemein Frawen haus oder sonst
unter lose Buben gemacht. Denn sie nicht den Nutz und
Kunst in den Fabeln gesucht, sondern allein ein Kurtzweil
und Gelechter daraus gemacht, Gerade als hetten die
Hochweisen Leute jren trewen grossen vleis dahin gericht,
das solche leichtfertige Leute solten ein Geschwetz und
Narrenwerck aus jrer Weisheit machen. Es sind Sew und
bleiben Sew, für die man ja nicht solt Berlen werffen⁹.
Darumb so bitten wir alle frome Hertzen, wöllen denselbigen Deudschen schendlichen Esopum ausrotten und
diesen an sein stat gebrauchen. Man kan dennoch wol
frölich sein und solcher Fabel eine des Abends uber Tisch
mit Kindern und Gesind nützlich und lüstiglich handeln,
das man nicht darff so schampar und unvernünfftig sein
wie in den unzüchtigen Tabernen und Wirtsheusern. Denn
wir vleis gethan haben eitel¹⁰ feine, reine, nützliche Fabeln
in ein Buch zubringen [...].¹¹

Vom Han und Perlen

Ein Han scharret auff der Misten und fand eine köstliche
Perlen. Als er dieselbigen im Kot so ligen sahe, sprach er,

9. Matth. 7, 6.
10. nur.
11. *Wie sehr damit auch dies Werk Luthers in den Strudel der Konfes-*
sionspolemik geriet, bezeugt ein Passus aus dem »Vierdt hundert evan-
gelischer Wahrheiten« des in München wirkenden Franziskanerpredigers
Johannes Nas (1534–90), 1568 in Ingolstadt erschienen: »... das die Fa-
bel Aesopi den Predigkautzen und ires Vatters Luthers das beste Büch
sey | nach gemelter Bibel | das bezeügen sie | die Predigkautzen sel-
berst | ... Und Luther selbst | inn der Vorrede uber seinen Aesopum
etc. Iha so hoch ist diß Fabelbüch bey inen gehalten worden | und der
Bibel am nächsten gesetzt | das Philippus Melanchthon den Luter ver-
manet | er solt den Aesopum gar vollenden | er west ihm ein Herrn |
der ihm wurd tausent gulden schencken | wann ern im dedicirt (Da mercke
einer hienebenbey | was Luther mit seinem Bücherschreiben erlangt |
bringt ihm der Aesopus tausent gülden | Was werden die andern opera
thon haben? Das laß mir einer ein Garn und Geltnetz sein.«

Sihe, du feines Dinglin, ligstu hie so jemerlich, Wenn dich ein Kauffmann fünde, der würde dein fro, und du würdest zu grossen Ehren komen. Aber du bist Mir und Ich dir kein nütze. Ich neme ein Körnlin oder Würmlin und lies eim alle Perlen. Magst bleiben, wie du ligst.

Lere

Diese Fabel leret, das dis Büchlin bey Bawren und groben Leuten unwerd ist, wie denn alle Kunst und Weisheit bey den selbigen veracht ist, Wie man spricht, Kunst gehet nach Brod. Sie warnet aber, das man die Lere nicht verachten sol[12].

ERASMUS ALBERUS

Geb. um 1500 in Sprendlingen (Wetterau), gest. am 5. Mai 1553 in Neubrandenburg. 1520 Studium an der Wittenberger Universität, danach Prediger an verschiedenen Orten bis zu seinem Tode. Neben seinen humanistischen Beiträgen (z. B. lat.-dt. Wörterbuch) haben ihn vor allem seine Reformationssatire *Der Barfüßer Mönche Eulenspiegel oder Alcoran* (1542) sowie seine versifizierten Fabeln bekannt gemacht.

Von einem Hanen

Zu Sternbach war ein reicher man /
der hatt ein hof / da war ein han /
Der gieng umbher / und scharr im mist /
wie dann der huner gewonheit ist.
Da fand er etwas / das war klein /
das selbig war ein Edelgstein.
Was find ich da so glitzericht?

12. *die evangelische Lehre, d. h. die Hl. Schrift.*

sprach er / es nutzt mir eben nicht.
Wehr irn ein reicher kauffman hie[13] /
er wer so hoch erfrewet nie /
Der wust wol / was er mit thun sölt /
und das es ihm vil geldes gölt /
Ich weiss nit / was ich mit soll thun /
weiss nit mehr dann ein ander hun.
Drumb wehr es noch so hubsch und schon
so gibt mirs doch geringen lohn /
Und fünd ich tausent edelgstein /
ich acht sie allzumal gar klein.
Fund ich dafur uff dissem mist
ein gersten korn / mir lieber ist.

Morale / oder Verstand so aus Dießer Fabel zunehmen.

Der Edellstein die künst bedeut /
und der han die tolle leut /
Und die noch nichts dann wollust streben[14] /
fressen und sauffen ist ihr leben /
Sie fragen nichts noch gutter ler /
ein voller bauch ihn lieber wer.

Der Schwank: Bebel, Pauli, Frey, »Ulenspiegel«, Sachs, Schreiber, Wickram, Montanus, »Lalebuch«

Der Schwank ist vielleicht die beliebteste Prosaerzählform des 16. Jahrhunderts. Und von seinem Charakter her ist es verständlich, daß er in der Tradition mindestens drei literarische Väter hat: das mittelalterliche Predigtmärlein oder Exempel, die mündlich überlieferte oder auch in Verse

---

13. *wäre von den reichen Kaufleuten einer hier.*
14. *Randnotiz: »Contemptus bonarum literarum« (Verachtung der guten Schriften, d. h. auch der Freien Künste).*

gefaßte Anekdote und die humanistischen Fazetien. Schon im Predigtmärlein lag die Tendenz, das Unterhaltende die Oberhand gewinnen zu lassen über die religiöse Belehrung; und das Problem des Verhältnisses von Witz und Moral spiegelt sich deutlich in den abgedruckten Textproben. Wenn hier das chronologische Prinzip der Textanordnung zugunsten von Motiven teilweise durchbrochen wurde, so ist dies auch von den literarischen Bedingungen her zu rechtfertigen: denn viele dieser Geschichten sind jahrhundertealt und finden sich in den verschiedenen Schwanksammlungen in kaum veränderter Form.

HEINRICH BEBEL

Libri Facetiarum

Heinrich Bebel (1472–1518), Sohn eines Bauern und Professor in Tübingen, kommt das Verdienst zu, die Fazetien aus ihrem Ursprungsland (»Liber Facetiarum« von Gian Francesco Poggio Bracciolini, 1471) in den deutschen Kulturraum verpflanzt zu haben (1508). Die beiden kurzen Textproben charakterisieren die Erzählform genügend: Wortspiel und Schlagfertigkeit spielen die entscheidende Rolle. In den entsprechenden deutschen Fassungen von Johann Pauli (»Schimpf und Ernst«, 1522), der als Herausgeber einiger Schriften Geilers von Kaisersberg sein Sprachtalent bewies, und von Jakob Frey (»Gartengesellschaft«, 1556) spiegeln sich zwei verschiedene Möglichkeiten der literarischen Übernahme. Der erstere gibt das Latein in einem gemilderten eleganten Deutsch wieder, während der zweite die Geschichte auch lokal verpflanzt und ausweitet, sie aber wieder ins pfiffige Sprichwort ausmünden läßt.

I, 35

De alio [quodam in tempestate maris deprehenso]

Alius, cum coorta tempestate universi res ponderosiores in
mare proiicere iuberentur, uxorem suam in mare primam
proiecit: nullam se graviorem rem habere testatus.

JOHANN PAULI

Schimpf und Ernst

Nr. 138

Es war einer vf ein mal mit seiner frawen in einem schiff,
das schiff was vberladen, das iederman vber das schiff vsz
werffen müst was er het, das das schwerest was, stück für
stück, da es an in kam, da sprach er, das schwerest das ich
hab das ist meiner frauwen zung, die mag ich noch[1] alle
meine nachburen nit ertragen.

HEINRICH BEBEL

Libri Facetiarum (I, 29)

Fabula de adultera

Habebat quidam rusticus uxorem impudicam multisque
adulteriis famosam; quam rem maritus aegerrime ferens
ad socerum detulit repudiaturumque eam minitatus est.
Socer consolatus generum: »Aequo sis animo, ait, sinasque

---

1. *weder ich noch.*

eam suis moribus uti ad aliquod tempus; revocabitur enim
aliquando ad pudorem et continentiam sicuti et mater eius,
uxor mea: quae cum in viridiori aetate iisdem criminibus
obnoxia esset, attamen nunc in provecto aevo est omnium
castissima. Ita et spes firmissima est de filia.«

JAKOB FREY

Gartengesellschaft

Nr. 25

Von einer thochter, die irer mûter in alle weg nachschlûg

Zû Straubing im Baierland gab ein bader[2] eim jungen gesellen sein thochter zû der ehe; die wolt nicht schneiden, sie
tratte täglichs mit dem hindern auß dem gestell[3]. Wann sie
dann der mann niendert zû finden wußte, so sûcht er sie
im pfarrhof; dann der pfarrherr het zwen junger starcker
caplön; daselbst fande er sie.
Der gût man kundts und mochts inn die harr[4] nitt mehe
geleiden oder gedulden, klagts seinem schwäher[5], batt in,
er solte die thochter wider zû im nemen, oder er wolt sich
von ihr schaiden lassen: es were ihr mißhandlung zû vil
am tag und offenbar, das er sich sein schamen müst etc.
Der gût frumb schwäher tröst in mit gantz früntlichen
worten: »Lieber mein sûn«, sagt er zû im, »sey gûts mûts,
übersihe noch zû diser zeyt deiner frawen, laß sie etwan
ein zeit lang irem gebrauch nach gût leben haben; du

---

2. *Wundarzt.*
3. *Sie machte sich rückwärts aus dem Staube (mit obszöner Nebenbedeutung).*
4. *auf die Länge.*
5. *Schwiegervater.*

findst doch eben dein theil noch übrig gnůg. Es würt aber
die zeyt kumen, das sie sich dessen alles wider abthůn
und zů weiblicher zucht und erbarkeit sich richten würt.
Zů gleicher weiß ihr můtter auch gethon hat, mein liebe
hausfraw, welche, als sie noch jung und in irem blüenden
alter war, da hat sie solche händel alle volbracht, und hat
mir auch nichts geschadt; dann ich was lieb und wert bey
den edlen und der priesterschafft gehalten allein darumb,
das ich übersehen mocht, und het ich dannocht gnůg für
mich. Jetzunder nun, so sie alt worden, ist sie under die
fromsten frawen gezelt, die hie sind; man thůt ir auch
zucht und ehr an. Dise hoffnung sollest du gewiß von
deiner frawen auch haben, so du noch etliche jar gedultig
bleibst. Dann griss schlecht gern gramen nach[6].«

Ein kurtzweilig Lesen von Dil Ulenspiegel

*Dil Ulenspiegel, wohl die langlebigste Schwankfigur aus
dieser Zeit, ist eine spätmittelalterliche historische Figur,
die später dazu diente, Aufhänger für die unterschiedlich-
sten Anekdoten zu werden. Der Text, zitiert nach dem
ältesten erhaltenen, anonym erschienenen Druck, zeigt, wie
Ulenspiegel im 16. Jahrhundert nicht nur als harmloser Spaß-
macher gesehen wurde: Die Begegnung mit dem Kleriker
enthält eine tüchtige Portion Zeitkritik. Er ist auch in
neuerer Zeit in dieser Rolle mit berühmten Nachfahren
des Antihelden (mit dem Soldaten Schwejk; von Peter
Demetz) verglichen worden.*

---

6. *denn Kummer bringt gerne graue Haare; Wortspiel mit dem noch
heute lebendigen »Griesgram« (Mürrischer).*

Die 92. Histori
sagt, wie Ulenspiegel sein Testament macht, darin der Pfaff
sein Händ bescheiß

Mercken geistlich und weltliche Persone, daz Ihr Euwer
Händ nit verunreingen an Testamenten, als Ulenspiegels
Testament gescha.
Ein Pfaff ward Ulenspiegeln zugebracht, das er ihm beichten solt. Als nun der Pfaff zu ihm kam, da gedacht der
Pfaff in ihm: »Er ist ein abentürlich Mensch gewesen, damit hat er vil Gelts zusamenbracht; es kan nit felen, er
mus ein mercklich Sum Gelts haben, daz solst du ihm ab-
ziehen in seinen letsten End, villeicht würt dir auch etwas
darvon.« Als nun Ulenspiegel dem Pfaffen begunt zu beichten und kamen zu Worten, under anderm sprach der Pfaff
zu ihm: »Ulenspiegel, mein lieber Sun, bedencken Üwer
Sele Seligkeit in Euwerm End. Ihr seint ein abentürlich
Gesel gewesen und haben vil Sünd getriben, das lassen Uch
leid sein und haben Ihr etwaz von Gelts, ich wolt daz wol
geben in die Eer Gots und armen Priestern als ich bin. Daz
wil ich Euch raten, wan es ist gar wunderlich[1] gewunen,
und wan Ihr dan solich thun wellen, daz Ihr mir daz offenbaren und geben mir solich Gelt, ich wolt daz bestellen,
daz Ihr sollen in Eer Gots kumen. Und wolten Ihr mir
auch etwas geben, so wolt ich Euwer alle mein Lebtag gedencken und nachlessen Vigilien[2] und Seelmessen.« Ulenspiegel sagt: »Ja, mein Lieber, ich wil Euwer gedencken
und kumen nach Mittag wider, ich wil Euch selber in die
Hand geben ein Stück Golts, so seint Ihr gewiß.« Der Pfaff
ward fro und kam nach Mittag wider lauffen. Und dieweil daz er uß waz, da het Ulenspiegel ein Kanten, die
thet er halber vol Menschendrecks und zettelt[3] ein wenig
Gelt daruff, so daz daz Gelt den Treck bedeckt.

1. *auf eigenartige Weise.*
2. *Totengebete.*
3. *zerstreute, schichtete darauf.*

Als nun der Pfaff widerkam, sprach er: »Mein lieber
Ulenspiegel, ich bin hie, wöllen Ihr mir nun etwas geben,
als Ihr mir gelopt haben, das wil ich entpfahen.« Ulenspiegel sagt: »Ja, lieber Her, wan ihr nun züchtig wölten
greiffen und nit geitig⁴ wolten sein, so wolt ich Euch lassen
greiffen einen Griff uß diser Kanen, da sollen Ihr mein gedencken.« Der Pfaff sprach: »Ich wils thun nach Euwerm
Willen und greiffen darin als ich uff daz gnawest kan.«
Also thet Ulenspiegel die Kanten uff und sagt: »Seh hin,
lieber Her, die Kan ist gar vol Gelt, da tasten in unnd
langen daruß ein Handvol und greiffen doch nit zu dieff.«
Der Pfaff sagt ja, und ihm ward so ernst, und die Geiti-
keit bedrog ihn, und er grif mit der Hand in die Kan und
meint, ein gut Handvol zu greiffen, und schlug die Händ
in die Kant. Da befand er, das es naß und weich under
dem Gelt was. Da zuckt er die Hand wider zu ihm. Da
waren ihm die Knittel⁵ besudelt in dem Treck. Da sprach
der Pfaff zu ihm: »O wie ein vorteiliger⁶ Schalk bist du.
Betrügst du mich in deinem letzten End, da du in deinem
Todbet leist, so dürffen dieginnen⁷ nit klagen, die du betrogen hast in deinen jungen Tagen.« Ulenspiegel sagt:
»Lieber Her, ich warnet Euch, Ihr solten nit zu dief
greiffen. Bedrügt Euch nun Euwer Begierigkeit und thun
uber mein Warnung, daz ist mein Schuldt nit.« Der Pfaff
sprach: »Du bist ein Schalck ob allen Schälcken ußgelesen.
Kanst du dich von Lübick von dem Galgen reden⁸, du
antwurst auch wol mir wider⁹«, und gieng und ließ Ulenspiegel ligen. Ulenspiegel riefft ihm nach, das er beitten
solt und das Gelt mit ihm nem. Der Pfaff wolt nit hören.

---

4. *gierig.*
5. *die Knöchel, d. h. bis zu den Knöcheln.*
6. *hinterhältiger, vorwitziger.*
7. *diejenigen.*
8. *In der 58. Historie rettet sich Eulenspiegel vom Galgen mit einem
ziemlich derben Scherz; auch dort spielen (Wein-)kannen eine Rolle.*
9. *entgegnest trotzig, widerstehst.*

HANS SACHS

Drey schwenck-red auß Diogene, dem kriechischen philosopho (1555. Auszug)

Die Proben von Hans Sachs und J. Schreiber sollen neben dem motivischen Stellenwert auch darauf hinweisen, daß die Meistersingerschulen ein wichtiger Umschlagplatz für die Tradition dieser Schwänke waren.

Es beschreybet uns Plutarchus
Drey schwenck, so der philosophus
Diogenes geübet hat.

Der erst schwanck
Als man zu Athen vor der stat
Zu summers-zeyt trieb kurtzweyl viel,
Auch warff mit steynen zu dem ziel,
Undter den eyner Calon hieß,
Der warff zu dem ziel gar ungwiß.
Als Diogenes ersach das,
Er bald hin zu dem ziele saß.
Eyner sprach: Fleuch! ich mayn: du begerst,
Das du beym ziel getroffen werst.
Er antwort: Ich sitz darumb her,
Auff das ich nit getroffen wer,
Wann Calon wirfft selten dahin.
Drumb ich da am sichersten bin.
Verspot sein ungwiß werffen mit.
Kein unart kund er loben nit.

J. SCHREIBER

Meisterlied in der hagelweis Hülzings

*In seiner moralischen Betonung enthüllt dieses Meisterlied
besonders das Bewußtsein seines Autors.*

Der münich mit dem esel

In Esopo ich klerlich fund,
Wie das bei einem kloster stund
Ein wirtshauß, da ein hauffen
Nunnen waren darinn.
    Wann inen in dem clostere
Das beten und fasten thet we,
Den detens eilend lauffen
Zu disem wirtshauß hin,
    Da drunckens für den durst ein wein.
In die grentz kam ein bruder,
Der kert auch in das wirtshauß ein,
Sucht ein schiff für sein ruder.
Als er da fand
Ein hürlein, die war nicht fast groß,
Under sein kuten er sie schloß
Und thet sie mit im dragen
In sein closter zuhand.

Der münich lieff on alle ru
Gar eilend seiner zellen zu,
Des weibs füß theten ragen
Under der kuten rauß.
    Er eilet sehr, denn sie war schwer.
Der apt bekam im angefer[1],
Fragt, was er da thet dragen.
Er antwort im an grauß:

1. *begegnete ihm zufällig.*

»Ich drag ein sattel, secz mich drauff,
Wann ich morgen außreite.«
Er sprach: »So zeuch die steigreiff nauff!
Dann es ist grosse zeite[2].
Wenn die andren
Münch erspehen den sattel dein,
So wolt ider auch reysig sein[3];
Möcht euch auch nicht verdragen
Umb den satel alsden.«

Er drug heim disen satel sein
Und rit darauff die nacht alain
Wol in dem finstren walde,
Het doch kein gferten nicht. –
    Ja, solt ich iczt ein satler sein,
Ich kaufft vil solcher setelein,
Ich wolts verdreiben balde.
Doch hat man mich bericht,
    Man fand iczt solcher setel vil.
Darum ich mir gedacht,
Die münch der keuscheit vol und stil
Reiten nicht bey der nachte.
Doch ist die zeit
Kumen und ist gemain am tag,
Das sie füren die grösten klag,
Das niemand[4] bei in suchet
Zucht, scham und geistlichkeit.

2. *allerhöchste Zeit.*
3. *ein kriegerischer Reiter sein.*
4. *es ist so offensichtlich geworden, daß sie sich beklagen, daß niemand mehr.*

JÖRG WICKRAM

Das Rollwagenbüchlin (Nr. 36)

Die am weitesten verbreitete Schwanksammlung des 16. Jahrhunderts ist dieses 1555 u. ö. erschienene Buch geworden, das eigentlich kaum eine Tendenz verrät – außer derjenigen natürlich, daß es wirkliche Unterhaltung bringen will und für die »güte kurtzweil« geschrieben ist. Der Name bezeichnet die Funktion als Reisekutschen-Unterhaltungslektüre.

Von einem, der ein fürsprechen überlistet und hatt in der fürsprech das selbs gelert[1]

Einer ward vor dem gericht umb ein sach angesprochen, des er sich wol versach, er wurde on gelt nicht darvonkomen. Das klagt er einem fürsprechen oder redner; der sprach zü im: »Ich will dir zůsagen auß der sach zü helffen unnd on allen kosten und schaden darvonbringen, so ferne du mir wilt vier gulden zů lon für mein arbeit geben.« Diser war zůfriden und versprach im, die vier gulden, so verne er im auß der sach hulffe, zů geben. Also gab er im den radt, wann er mit im für das gericht keme, so solt er kein ander antwort geben, god geb, was man in fragt oder schalt, dann das einig wort »blee«.
Do sie nun für das gericht kamen, unnd vil auff disen geklagt ward, kunt man kein ander wort auß im bringen dann blee. Also lachten die herren und sagten zů seinem fürsprechen: »Was wölt ir von seinetwegen antworten?« Sprach der fürsprech: »Ich kan nichts für in reden; dann er ist ein narr und kan mich auch nichts berichten, das ich

1. Ein Schwankstoff, der in der zwischen 1461 und 1469 verfaßten Komödie von »Maistre Pierre Pathelin« einen festen Platz in der frz. Literatur erhielt. Johannes Reuchlins lat. Komödie »Henno« benutzt dieses komische Motiv auch ausgiebig.

reden sol. Es ist nichts mit im anzůfahen; er sol billich für ein narren gehalten und ledig gelassen werden.« Also wurden die herrn zů rath und liessen in ledig.

Darnach hiesch im[2] der fürsprech die vier gulden. Do sprach diser: »Blee.« Der fürsprech sprach: »Du wirst mir das nit abblehen; ich will mein gelt haben«, unnd bot im für das gericht. Und als sie beide vor dem gericht stunden, sagt diser alweg: »Blee.« Do sprachen die herrn zum fürsprechen: »Was macht ir mit dem narren? Wist ir nit, das er nit reden kan?« Also můst der redner das wort blee für seine vier gulden zů lon han, und traff untrew iren eygen herrn.

MARTIN MONTANUS

Der Wegkürtzer

Schon im Namen deutet diese Sammlung von 1557 die tatsächliche literarische Abhängigkeit von Wickrams Werk an, und es ist nicht die einzige, für die Wickram das Vorbild lieferte. Montanus' Geschichte geht auf eine humanistische Fazetie Poggios zurück und versucht, die humanistische Geschliffenheit, mit der das Original dieses delikate Sujet behandelt, im Deutschen wiederzugeben.

Fraw Agnes schicket nach einem, den sie zwen bundtschůch zů haben vermeint[1]

Ein junger übelgekleidter gesell kam auff ein zeyt in ein wirtshauß, darinn ein edle wittfraw zu herberg lag; von

2. *forderte von ihm, verlangte.*
1. *nach Poggio Bracciolinis (1380–1459) »Facetien« (Nr. 62 nach der Ausgabe von 1538) »De Guilhelmo qui habeat priapeam supellectilem formosam«.*

wes handels wegen, ist mir nit bewust. Die fraw sich ein
weyle auff das bettlin, so in der stuben was, gelegt hett,
davon der gůt jung schön gsell nicht weyt saß. Nun ich
weiß nicht, was ime in sinn kam oder was er gedacht, ye
das hertz im latz[2] wischet im auff und ihm neben dem latz
gestracket hinnauß fůre. Das die fraw belder dann der
jüngling war genommen; doch so bald er das seltzam thier
heraussen vermercket, mit scham dasselbig wider hinein
thet. Nun hett aber der latz an den hosen nicht mehr
dann ein nestel; unnd wie er ihne an der einen seyten
hinein thet, der gotsdieb und bößwicht ime zu der andern
seytten wider hinauß fůre. Das die fraw aber als bald
sahe, bey ir selbst gedacht, ires willens mit im zu pflegen,
dem gesellen bald schůff[3] essen zugeben.
Und als der tag vergangen, die nacht herbey kommen und
yderman schlaffen gewisen ward, die fraw dem gůten
jungen gsellen zuwissen thet bey einer irer magd, das er
solt zu ihr kommen; sie hette etwas mit ime zureden. Der
gůt gesell was der bottschafft fro, gedacht wol, der metzen
sontag wer, dieweil die schönen fräwlein nach im schickten,
sich nit saumet[4], auff seine fůß sprang unnd mit der mayd
in der frawen kamer gieng. Und als sie den jüngling bey
ir sahe, yederman auß der kamer schaffet, und sie sich
freündtlich gegen dem gesellen erzeiget, sich mit sampt im
auff das beth setzet. Der gůt jung wol sahe, was ime zu-
thůn wer und warumb er beschickt wer worden, mit der
frawen anfieng zu schertzen und in kurtzem irem willen
ein genůgen thete.
Nun undter anderm die fraw ihn fragen ward, sie hette
wol gesehen, das er zwen hett, und ob sonst mehr leüt
weren, die also wol gestaffiert weren. »Nein«, saget der
jüngling, »ich bin durch sondere gnad von got also begabt

2. der mit Nesteln auf beiden Seiten zugeschnürte Hosenladen.
3. veranlaßte, daß.
4. nicht zögerte.

worden; dann ich sonst nyemandt also weiß weder ich.«
Die fraw dem jüngling gentzlich glaubet unnd den andern
auch zůversuchen begeren warde. Und der jüngling, der
nun etlich meyl auff dem einen roß geritten was, auff saß
und noch manig meyl vor tag ritte.
Ich weiß nicht, wie der jüngling mit der frawen handlet,
ye er gefiel ir so wol, das sie ihn nicht mehr wolt von ir
lassen. Ihne etliche wochen bey ihr behielt, von newem
kleidet und gern gar, wa es des jünglings will gewesen
wer und ir darvon nicht schand zugestanden wer, bey ir
behalten het. Aber dem jüngling solchs in die lenge so
streng zutreyben nicht müglich sein wolt, unnd nach etlichen vergangnen tagen urlaub name, sich mit der frauwen
letzet[5] und mit grossem unmůth der frawen von dannen
schied.
Gott geb allen gůten gesellen solche gůtte herberg! Amen.

Das Lalebuch (Nr. 27 u. 30)

*Dieses 1597 erschienene anonyme Volksbuch tritt als Lek-
türe für anspruchsvolle Leser auf; seine Geschichten sind
unter dem Namen des ein Jahr später erschienenen Buches
von den »Schildbürgern« in die deutsche Tradition eingegangen. Hier sind die Anekdoten wirkungsvoll in einen
Rahmen gebracht: das bürgerliche Utopia in satirischer
Darstellung. Die Auszüge wurden absichtlich so gewählt,
daß auch die Erklärung der Torheit der Lalen – sie entwickelte sich aus einer bewußten Verstellung zur wirklichen
Einfältigkeit – dem heutigen Leser die vielfältige Ausrichtung der einzelnen Schwänke klarmacht. Spiegelt sich hier
in der Verspottung das Problem der erstarkten Bürger-
kultur, so kommen auch in den andern erwähnten Samm-*

---

5. *sich losmachte von, verabschiedete.*

lungen vielfach hinter der Witzfassade Konflikte zur
Sprache, die ein lebendiges – und unterhaltsames – Bild
jener Zeit entwerfen.

Wie die Lalen ein bitt an den Keiser theten / vnd derselbigen gewårt wurden[1]

Dieweil aber der Keyser lenger bey jhn gebliben / dann er
sonst willens gewesen / derowegen die zeit kam / daß er
wider von jnen abscheiden / vnd deß Reychs geschåffte verrichten solte / fůgt er jhnen solches zuwissen: mit erbiet-
tung / hetten sie etwas beschwerden / das solten sie jhm anzeigen / so wolte er fůrsehung thun / daß sie ein gnedig-
sten Herrn an jme hetten. Ab solchem frewten sich die
Lalen nicht wenig / liessen jhm derowegen durch jren
Schulthessen / in namen vnd von wegen jhr E. W. jhr begeren folgender massen fůrtragen.
Demnach vnd sie fůr etwas zeitten von frembdaußlåndi-
schen Fůrsten vnd Herrn viel vnd offtmals beschickt / vnnd
von Hauß abgefordert seyen worden / vnd aber hiezwischen
an dem jhren grossen schaden vnd versaumnuß erlitten haben / dann jhnen (wie jener Schmid saget) vnter deßn nicht
Speck in jrer Kuche gewachsen[2]: seyen sie auß obvermelter
vrsach veranlasset vnnd gezwungen worden / grossem vn-
gemach fůrzukommen / vnd hochschådlichen abgang jhrer
Gůttern zuvermeyden / solche nårrsche weise an sich zu-
nemmen / ob man sie etwann deß abfordern erliesse / vnd
sie bey Hauß vnd Hofe bleiben möchten. Vnd dieweil sie
gespůren vnd befinden / daß jnen solches bißher erschieß-
lich vnd nutzlich gewesen / derowegen bedacht also fortzu-
fahren: aber sich besorgen mňssen / dieweil die Welt boß-
hafftig / daß sie an solchem jhrem fůrhaben möchten auff-

1. *Der Name »Lalen« leitet sich etymologisch aus dem Griechischen*
(Schwätzen) ab. Der Kaiser hatte sich einige Zeit mit seiner Hofgesell-
schaft bei den Lalen aufgehalten und ergötzt.
2. *sprichwörtl. für ›Es wächst nichts mehr von selbst‹.*

gehalten / verhindert / verlacht vnd außgeatzelt[3] werden /
wie dann heutigs tags kein Narr sicher sey / daß jn nit
jedermann für ein Narren halten wölle: Als lange jr E. W.
bitt vnd begeren / an den Juncker Keyser / solch jhr für-
haben nicht nur zubestetigen / sonder auch sie darüber
zubefreyen[4] / daß sie von meniglichen daran vngehindert /
vnbekümmert / vnd vngevexirt sollen seyn / etc.
Als der Keyser solche jhr bitt angehört / vnd die gantz
zimlich sein erachtete / erleubt er jnen gnediglich / ver-
sichert sie auch noch darüber mit darzu gehörigen Sigilln
vnd Brieffen / welcher außzug hienach folget.
Also zog der Keyser / nach dem er sein kurtzweil gnug gehabt / hinweg: da dann die Lalen jn mit jrer Ritterschafft /
darvon obsteht / geleitteten: für welches der Keyser jnen
ein gute Verehrung geben / vnd abdancken ließ. Dieselben
haben sie folgender massen verzehret.

Wie zwen Lale mit einander die Häuser vertauschen

Die Lale waren handlich[5] daran mit jhrer Narrey / vnnd
trieben solche so viel / daß sie es in Gewonheit brachten.
Vnd wie sie am ersten[6] auß zeittigem vnnd wolbedachtem
rhat die Thorheit angefangen hatten / also schlug sie jhn
hernach in jr Natur vnd Art / also daß sie fürohin nicht
mehr auß Weyßheit Narrey trieben / sonder auß rechter
erblicher angeborner Thorheit. Vnd wer hie diesen spruch /
Consuetudo est altera Natura[7] (dz ist: Was gwohnet ward /
Schlegt in die Art) nit glauben wölte / der wurde von disen
Bauren vberzeugt worden / daß ers glauben müste / oder
er wer wol ein Sch. Dann sie nichts mehr thun könten / es

3. *verspottet.*
4. *mit Privilegien zu versehen.*
5. *behende.*
6. *zuerst.*
7. Cicero: *»De finis bonorum«*, V 25, 74.

war alles nårrsch / es war alles lauter Narrey vnd Thorheit / was sie gedachten / geschweig erst was sie anfiengen.

Also waren zwen vnter jnen / die hatten etwan gehört / dz die Leut zun zeiten mit tauschen viel gewonnen hatten / daher sie bewegt / wolten jhr Heil auch an einandern versuchen vnd wagen / werden also eins / vmb jre Häuser mit einandern zutauschen. Solches aber geschahe beym Weyn / als sie deß Keysers Letze[8] verzechten. Wie dann solche sachen gerne pflegen zugeschehen / wann der Wein eyngeschlichen / vnd die Witz außgewichen ist[9].

Als nun jeder dem andern sein Hauß eynraumen solt / nam der eine / der wohnet zu oberst im Dorff / sein Hauß (dann dazumal hatten die Bawren noch nicht so grosse Pallåst / als sie jetzund haben) führt dasselbige stuckweiß in das Dorff hinab: der ander aber / welcher zu vnterst im Dorff gewohnet / das seine dargegen hinauff / hatten also einandern den tausch gehalten vnd geliffert. Wer lacht doch? Ey lieber lachet. Oder ist es nit lachens wert / so saltzt es mit dem nachfolgenden / so wirds wolgeschmackt werden. Man muß ja eins mit dem andern verkauffen / vnd also böses mit gutem vertreiben.

MAXIMILIAN I.

Kaiser Maximilian I. (1493–1519), der »letzte Ritter«, geb. am 22. März 1459 in Wiener-Neustadt, gest. am 12. Januar 1519 in Wels, nimmt in der deutschen Literatur einen bedeutenden Rang ein, vor allem als Sammler und Vermittler. Eine sorgfältige Erziehung führte ihn nicht nur zu einer glanzvollen politischen Karriere, sondern regte ihn dazu an, als Herrscher die schönen Künste und Wissenschaften tatkräftig zu fördern; sein Hof ist in dieser Hinsicht ein ebenbürtiges Spiegelbild der Renaissancefürstenhöfe in Italien. Seine literarische Wirkung ergibt sich aus dem Spannungsfeld zwischen der Wiederbelebung des mittelalterlich-feudalen Ritterideals und dem neuzeitlich-humanistischen Lebens- und Selbst-

8. *Abschiedsgeschenk; wird in der 28. Geschichte erzählt.*
9. *sprichwörtl.; Witz = Verstand.*

verständnis. Viele Werke der mittelalterlichen Literatur sind uns durch seine Tatkraft überliefert worden: Der berühmteste dieser »originalnahen« Texte ist wohl das im Auftrag vom Zolleinnehmer Hans Ried verfaßte *Ambraser Heldenbuch* (1516).

Teuerdank (116. Kap.)

Dieses Werk von 118 Kapiteln und rund 10 600 Versen wurde in Anlage und Inhalt vom Herrscher selbst entworfen, doch muß die Hauptverfasserschaft den Redaktoren Max Treitzsauerwein (Geheimschreiber), Sigmund von Dietrichstein (Kämmerer) und Melchior Pfinzing (Dompropst) zugeschrieben werden. Das 1517 erschienene Buch wurde viel gelesen, was wohl nicht zuletzt der prächtigen (Bild-)Ausstattung zuzuschreiben ist; es darf als erstes bibliophiles Druckwerk der deutschen Literatur angesehen werden. Von der Struktur her ein mittelalterlicher Ritterroman, ist es in erster Linie die herrscherliche Selbstdarstellung; es schildert allegorisch Brautfahrt und Heirat des Römisch-Deutschen Kaisers mit der Tochter Karls des Kühnen, Maria von Burgund (1477).

Teuerdank (Maximilian I.) macht sich mit seinem Diener Ernhold auf die Reise von Österreich nach Burgund, nachdem König Romreich (Karl der Kühne) testamentarisch verfügt hat, daß seine Tochter Ernreich (Maria von Burgund) Teuerdank zum Gemahl nehmen soll. Da der Teufel den Brautfahrer nicht verführen kann, sendet er ihm mit seinen Dienstmannen Fürwittig, Unfalo und Neidelhart eine Reihe von Gefahren (Jagdunfall, Vergiftung, Naturgewalten), die den Helden aber von seinem Weg nicht abbringen können. Er wird ehrenvoll empfangen, muß allerdings auf Anstiften der drei bösen Männer sich zuerst in ritterlichen Spielen beweisen, bevor diese für ihre Untaten erkannt und zum Tode verurteilt werden. Die Königin gibt ihm ihre Hand (Text), nachdem ihn ein Engel bestärkt hat, ihrem Wunsch nach einer Heerfahrt nachzugeben; ein Priester segnet den Eheverspruch, und der Held rüstet zum Kriegszug, nach dessen Abschluß er dann als Gemahl in seine Rechte und Pflichten eingesetzt werden wird.

Die Hindernisse, die Teuerdank zu überwinden hat, sind Anspielungen auf politische Widerstände gegen sein dynastisches Streben. Der Text bringt dies zum Ausdruck. Mit der Aufschiebung der Heirat – der mittelalterliche Selbstschutz vor dem »verligen«, das heißt dem verweichlichenden Müßiggang – verbindet sich ein Plan, den Maximilian I. sein Leben lang verfolgt hat, jedoch nicht ausführen konnte: ein Kreuzzug gegen die drohende Türkengefahr (Fall Konstantinopels, 1453). Die dichterische Einfügung einer Engelsbotschaft, die ihn in diesem Vorhaben stärkt, zeigt, wie ernst diese Reichs- und Ritterideologie von ihm genommen wurde; daneben ist das höfische Zeremoniell ebenfalls als zeitgenössischer Rahmen zu verstehen.

Wie der verrümt held Teurdank der künigin Ernreich ir begern zu vollziehen zusagt, und zwischen in die e auf sein widerkunft beschlossen ward[1].

Teurdank hin zu der küngin gieng,
Gar freundlichen sie in empfieng,
Fürt in in ir köstlich gemach,
Darin sie stets zu wonen pflag,
Nam darzu etlich ir gheim rät,
Desgleich auch Teurdank der held tet.
Auf dasselb sie anfieng und sprach:
»Herr, habt ir euch auf diese sach
Bedacht, so Ernhold[2] gworben hat
Von meintwegen und meinem rat,
So wolt mir ein antwurt geben.«

1. *d. h. verschoben wurde.*
2. *Diener Teuerdanks; zeitgenössisch für* ›Herold‹.

Teurdank der sprach: »Ich hab eben
Mein Ernhold in seinr red vernomn
Und bin darum her zu euch komn,
Euch zuvor etwas zu fragen,
E ich mein antwurt will sagen.
Edle küngin, ich hab daran
Kein zweifel, ir habt von vil man
Erfarn, das ich vor langer zeit
Von meim vater daheim ausreit,
Fremde land und leut zu bauen,
Ob ich euch zuletzt möcht schauen,
Und e ich bin komen hieher,
Ueberstanden ganz manch gefär
Für all künig und fürsten me,
So eur begert han zu der e,
Eurem feind hab ich schaden tan,
Wiewol mich die drei bösen man[3]
Geren hetten geirrt darin,
Die sein aber darum dahin.
Was ich dann noch nit hab verbracht,
Darauf will ich auch sein bedacht,
Nochmals nach dem vermögen mein
Zu tun, in was weg das mag sein.
Bitt darauf eur jungfräulich zucht,
Zu der ich hab all mein zuflucht,
Ir wollt solche sach bedenken
Und mich drum an alles wenken
Vor andern erwäln für eurn man.
Möcht ich abr solchs an euch nit han,
Sonder hett einen bessern willen
Zu eim andrn, sagt mirs in stillen,
Das ich umsonst nit hoffnung hab.

3. *die drei Hauptleute Fürwittig, Unfalo und Neidelhart, die dem
Helden auf seiner Herfahrt in vielfach variierten Gefahrensituationen
nach dem Leben trachteten; dann aber später, mit seiner Ankunft, über-
führt und zum Tod verurteilt wurden.*

Doch trau ich, ir werdts nit schlagn ab.
Dann euch, der allerschönsten maid,
Bin ich zu dienen allzeit breit.
Wann ich darauf hab eurn verstand[4],
Alsdann will ich weiter zuhand
Euch meines willen berichten.«
Die küngin antwort mit züchten:
»Hochgeborner fürst, herr Teurdank,
Warlichen, es ist nit gar lang,
Das vil großer küng und herren
Kinder von nahent und ferren
Haben um mich werben lassen,
Doch hab ichs mit guten maßen
Allzeit in ru und anstand gstellt,
Dann ich weiß, das ir, edler held,
Seid vor anderen weis und klug
Und habt bisher, mit eurm unfug[5],
Beschirmet wol mein land und leut;
Darum wär es mir ein schand heut,
Wo ich euch des nit gnießen ließ.
Mein vater mich auch dasselb hieß,
Das ich keinen näm zu eim man
Dann euch, edler held wolgetan.
Darzu hab ich euch auserwält.
Alls eur wesen mir wolgefällt,
Will euch drauf nemen zu der e.
Doch das ir mich einer bitt e
Gwären wolt, die ich will sagen.
Ganz vor kurz verschinen tagen
Haben die feind aus übermut
Vergossen vil kristlich blut
Und mir verheert mein leut und land
Mit hinfüren, raub, mord und brand,
Dann mein erbland an einem ort

4. Meinung.
5. Treiben.

Grenzt mit den unglaubigen dort.
Solch not und widerwärtigkeit
Ist ein abbruch der kristenheit.
Das alls leit mir ietz heftig an.
Wo ir euch dann wolt understan,
Zu vertilgen derselben gwalt,
So will ich euch on aufenthalt
Die e geloben an eur hand,
Darzu geben reich, leut und lant;
Doch also und mit der maßen,
Das ir den beischlaf wölt lassen
Anstehn, bis euch der ewig gott
Wider heim hilft aus dieser not.
Diese reis⁶ laßt euch nit sein schwer,
Dann ir dardurch erlangt vil er.
Gelaubt, wo ich ein andern möcht
Finden, der zu solcher reis töcht,
Ich wolt euch nit lassen von mir.«
Der held merkt der küngin begir,
Das sie die sachen meinte gut.
Indem kam im auch in sein mut,
Was im vor der englische geist
Hett gestern darin underweist⁷;
Gewann darin einen mut fest,
Gedacht: Es mag mir sein das best,
Das ich mich der sach underfach!
Kert sich gen der küngin und sprach:
»Eur lieb hat mich so umgeben,
Das ich euch in meinem leben
Billichen nichts versagen soll,
Dann ich bin aller freuden voll,
Das ich euch allein tu gfallen
Vor den andern fürsten allen,

---

6. *Wortsinn: Kriegszug.*
7. *Ein Engel erschien und gab ihm neben den Weisheitslehren den Befehl,
diesen Kriegszug zu unternehmen.*

So um euch auch geworben han.
Die reis will ich gern nemen an.
Gott well mir darzu glück geben
Und mir darin fristn mein leben,
Das ich dieselb müg mit eren
Vollbringen und mein lob meren
Und euch widerfinden gesund.«
Die küngin küßt in an den mund,
Mit freuden sie den held umfieng.
Damit ein priester herzu gieng,
Gab sie beed elich zusamen.
Darnach die andern rät kamen,
Wünschten inen gelückes vil.
Die küngin die sprach: »Herr, ich will
Euch nach notdurft zu solchem zug
Mit gutem volk versehen gnug
Und was ir darzu bedürft mer.«
Der held sprach: »Ich will mein beger,
Was ich bedarf, anzeigen wol,
Und ich noch darzu haben soll.«
Die göttlich e was zu der zeit
Beschlossen und der erlich streit;
Darin welle behüten gott
Sie bedesamt vor aller not.

JÖRG WICKRAM

Geb. um 1505 in Kolmar, gest. vor 1562 in Burgheim a. Rh. Der uneheliche Sohn des Stettmeisters Konrad Wickram war zuerst als Goldschmied, Maler und Stadtweibel in seiner Vaterstadt tätig; später wurde er Stadtschreiber in Burgheim. Sein Wirken spiegelt den selbstbewußten Vertreter des damaligen Städtebürgertums. Mit ungeheurer Schaffenskraft, autodidaktischer Bildung und formaler Geschicktheit versuchte er sich in nahezu allen Formen der zeitgenössischen Dichtung. 1546 gründete er die Meistersingerschule in Kolmar. Daneben erweiterte er zum Beispiel Gengenbachs *Spiel von den Zehn Altern* (1542), verfaßte in den *Sieben*

Hauptlastern eine farbige Moralsatire, adaptierte Murners *Narrenbe-schwörung* (1556) und zeigte auch ausgesprochen humanistisches Streben in seiner Bearbeitung (1545) der Ovidschen *Metamorphosen* Albrechts von Halberstadt (um 1210). Sein erfolgreichstes Werk war die Schwank-sammlung des *Rollwagenbüchleins* (1555).

Der Goldfaden (Auszug)

Ihren Höhepunkt hat Wickrams schriftstellerische Leistung in dem Prosawerk »Der Goldfaden«. Es wird literatur-historisch als erster deutscher Roman in Fabel und Be-handlung bezeichnet. Der Weg dazu führte über die Neu-bearbeitung einer Ritterromanvorlage, den »Ritter Galmy« (1539); auch in der zwölf Jahre später entstandenen »Hi-stori von Reinhart und Gabriotto« ist er noch ganz von diesen Motiven und Techniken beeinflußt. Formale Schwie-rigkeit und Stoffbewältigung lösen sich erst im »Knaben-spiegel« (1554), der nun auch thematisch neuartig bringt, was der »Goldfaden« weiterbildet: die mögliche Überle-genheit des bürgerlich tüchtigen Menschen gegenüber dem Adligen. Auch hier spielen natürlich formal viele traditio-nelle Momente hinein, welche diese Geschichte heute nur schwer als eigentlichen Roman erkennen lassen. So sind zum Beispiel die verknüpfenden und vorausdeutenden Hinweise noch ziemlich isoliert, das Anekdotische und Bruchstückhafte gibt dem Erzähltempo etwas sehr Sprung-haftes; aber dennoch reihen sich die Episoden zu einer glücklich ans Ende geführten Liebesgeschichte.
Der Originaltitel lautet: »Der Goldtfaden. Ein schöne liebliche und kurtzweilige Histori von eines armen hirten son / Lewfrid genant / welcher auß seinem fleißigen stu-dieren / underdienstbarkeyt / und Ritterlichen thaten eines Graven Tochter uberkam / allen Jungen knaben sich der tugendt zůbefleissen / fast dienstlich zů lesen«.
Leufried, der Sohn eines Hirten, wird einem Kaufmann, seinem Paten, zur Erziehung in die Stadt gebracht. Den

*Namen hat er von einem Löwen, der seinem Vater die
Herde hüten half und ihn in der Folgezeit viel begleitet
(als Motiv aus dem Ritterroman genommen, aber nicht
konsequent durchgeführt). Wegen eines Streits mit adligen
Schülern geht er als Küchenbub in die Dienste eines Grafen, wird dort von der Tochter Angliana beim Neujahrs-
geschenk übergangen, protestiert dagegen in Form eines
»Armutsliedleins« und erhält das nächste Jahr spottweise
einen Goldfaden. Die sich entwickelnde Liebesgeschichte
wird unterbrochen durch zahlreiche Abenteuer des Helden;
so zum Beispiel im Märchenmotiv, daß der Graf den un-
liebsamen Jüngling durch einen Jäger umbringen will,
Leufried aber gewarnt wird usw. Nachdem er den König
von Kastilien in der Fremde überwunden hat, wird er
in Portugal zum Ritter geschlagen. – Der Graf gerät unter-
dessen zu Hause in große Bedrängnis, wird aber von Leufried gerettet, und nun steht der Hochzeit mit der geliebten Angliana nichts mehr im Wege. Mit einem märchen-
haften Ausblick auf die glückliche Regierung des zum
Fürsten aufgestiegenen Hirtensohnes schließt das Werk.
Das abgedruckte Kapitel ist eine wichtige Gelenkstelle
innerhalb dieses Romans. Es erklärt den Titel, gibt aber
im Liebesdialog auch einen Eindruck von den Möglichkeiten des damaligen Erzählers. Ausnahmsweise ist dieser Text
nicht in seiner originalen Fassung abgedruckt, sondern in
der sprachlich modernisierten Form von Clemens Brentano.
Es soll dadurch zum Ausdruck kommen, wie sehr die Romantiker dazu beigetragen haben, das Interesse an der
Literatur des 16. Jahrhunderts wieder zu wecken – vor
allem in ihren Neubearbeitungen. Der Zufall will es hier,
daß Brentano durch Jakob Grimm zu diesem Vorhaben an-
geregt wurde, der ihm einen Originaldruck des »Goldfadens« übersandte; schon 1809 lag die sprachlich moderni-
sierte Version vor.*

Wie Leufried heimlich in seiner Kammer sich mit einem Messerlein die Brust öffnete, den Goldfaden in die Wunde legte und sie mit köstlichen Salben wieder zuheilte.

Als sich Leufried jetzt ganz allein wußte, nahm er ein scharfes Federmesser, öffnete seinen Wams auf der Brust und schnitt sich unter der linken Brust, recht bei dem Herzen, die Brust auf, legte seinen lieben Goldfaden in die Wunde und nähte dieselbe nicht ohne großen Schmerz mit einer Nadel wieder zu. Doch hatte ihn die Liebe gegen die Jungfrau mit solcher Gewalt gefangen, daß er keinen Schmerz mehr achtete, und da er sich vorher bei des Grafen Wundarzt um heilsame Salbe beworben hatte, so heilte er seine Wunde bald dermaßen zu, daß er wenig Schmerz mehr fühlte. Forthin verrichtete er sein Amt wie vorher in Anglianas Stube, und diese gab sehr acht, ob er noch einige Schwermut verriete, aber fand ihn nun immer eines sehr fröhlichen Gemütes. Da er ihr nun zu Gefallen noch oft singen mußte, gedachte er bei sich selbst: Nun mag ich wohl mein Herz gegen die Jungfrau auftun, daß sie es allein bemerke, und nahm er sich vor, ein Lied von dem Goldfaden zu dichten und es vor ihr zu singen; da sie sein Armutsliedlein verstanden hatte[1], gedachte er, sie werde nun auch diesem wohl nachsinnen, und so setzte er sich zu gelegner Stunde hin und dichtete folgendes Liedlein:

Im Ton: Ach Lieb mit Leid

Groß Leid und Schmerz
Hat mir mein Herz
Vor einem Jahr beladen,
In diesem Jahr
Hat mir fürwahr
Von rotem Gold ein Faden
Das Leid zerstört

1. Vgl. die Inhaltsangabe.

Und schnell verzehrt
Mein Trauren und mein Schmerzen,
Bin ganz fröhlich,
Und nun mag ich
Auch singen, springen, scherzen.

Den Faden ich
Gar fleißiglich
Hab in mein Herz verborgen,
So Tag und Nacht
Ist er bewacht,
Drum bin ich ohne Sorgen.
In starkem Schrein,
Im Herzen mein
Der Faden ist behalten,
Wer ihn will han,
Der muß fortan
Die Brust mir erst zerspalten.

Der Frauen Zier
Den Faden mir
Gegeben hat mit Freuden,
Demant noch Gold,
Noch reicher Sold
Soll je von ihm mich scheiden.
Du Faden mein
Sollst bei mir sein,
Und müßt ich leiden Schaden,
Will ich ohn Leid
In Ewigkeit
Liebhaben diesen Faden.

Mit ganzem Fleiß lernte Leufried dieses Lied, und wenn
Angliana ihn zu singen ermahnte, hat er immer zuerst vom
Goldfaden gesungen. Angliana, welche eine gescheite Jung-
frau war, konnte nicht genug nachdenken, wie Leufried

doch immer den Faden möchte bewahret haben, denn sie
verstand wohl, wie er ihren Goldfaden in dem Liede
meinte, drum beschloß sie, den Jüngling, sobald sie mit
ihm allein sein würde, um alles zu befragen.
Nun begab es sich, daß Angliana auf einen Sonntag sich
krank stellte, ihre Jungfrauen allein zur Kirche gehen
ließ, und da sie glaubte, ganz ungestört zu sein, rief sie
Leufried zu sich und sprach: »Mein lieber Leufried, hast
du wohl meinen Goldfaden wohl aufbewahrt? So du mir
ihn zeigen kannst, soll dir ein viel köstlicheres Geschenk
statt dessen werden.«
»Gnädige Jungfrau«, sprach da Leufried, »den Schlüssel,
mit welchem ich den Behälter des lieben Goldfadens auf-
schließe, habe ich in meinem Gemach, so es Euer Gnaden
beliebet, will ich den bald holen.«
»Das wäre mein Wille«, sagte die Jungfrau, »aber eile.«
Da lief Leufried schnell nach seinem Gemach, holte das
scharfe Schreibmesserlein und kehrte zu Angliana zurück,
eröffnete sein Wams vorn auf der Brust, und eh' es sich
Angliana versah, schnitt er sich die zugeheilte Wunde auf
und zog den Goldfaden ganz unerschrocken wieder heraus. Da Angliana dies sah, ward sie vor Schreck ganz
bleich, denn Leufried fing stark an zu bluten, sie nahm
das Messer und den Goldfaden von ihm und bat ihn mit
gefalteten Händen gar beweglich, zu dem Wundarzt zu
gehen und sich verbinden zu lassen, damit ihm kein grö-
ßerer Schaden erwachse.
Da sprach Leufried gar freundlich: »Gnädige Jungfrau,
Ihr sollt Euch ob meiner Wunde nicht entsetzen, ich habe
mich das erstemal selbst geheilt und gehe jetzt hin, mich
zu verbinden.«
»Das tue«, sagte Angliana, »aber kehre bald wieder zu
mir.«
In großen Freuden schied da Leufried, denn er liebte die
Jungfrau so inniglich, daß er den Schmerz seiner aufge-
rissenen Wunde gar nicht fühlte. Er verband sich, weil ihn

Angliana darum gebeten, viel fleißiger, als er sonst getan
hätte, denn es war ihm schier, als wäre es das Herz der
Jungfrau selber, das er verwundet habe. Dann legte er
auch andre Kleider an und tat sein blutiges Gewand bei-
seite.

Als aber Leufried sie verlassen hatte, nahm Angliana den
Goldfaden und wusch ihn in lauterem Wasser, da war er
so glänzend und unversehrt, als wenn er erst vom Rahmen
gekommen wäre; des konnte sich die Jungfrau nicht genug
verwundern. Noch mehr aber bewunderte sie den Jüngling,
der sich ihr zulieb schon zweimal mit scharfem Messer an
seinem Leibe versehrt hatte. Von dieser Stunde an ward
Angliana gar schwer vom Pfeil der Liebe Kupidinis verwundet. Sie wartete mit gar großem Verlangen auf den
Jüngling, um zu sehen, ob er blaß oder schwach geworden. Da Leufried bald mit guter Gestalt und fröhlichem
Angesicht zurückkehrte, ward sie nicht wenig durch seinen
Anblick erfreut.

Es war aber jetzt an der Zeit, daß die Jungfrauen aus der
Kirche zurückkehren sollten, und Angliana konnte nicht
mehr mit Leufried reden, wie es ihr ums Herz war, sie
sagte aber allein: »Leufried, verlange jetzt nicht die ver-
sprochene Gabe, denn die Zeit erlaubt es nicht, morgen
aber will ich dir ein Päcklein vor all meinen Jungfrauen
irgendwohin zu tragen geben[2], damit aber gehe allein
auf dein Gemach und bewahre es mit allem, was du darin
finden wirst, auch wird ein Brief darinnen sein, dessen
Inhalt nimm fleißig wahr und folge seinem Befehl. Jetzt
aber verlasse wieder mein Gemach und warte an der Tür,
denn gewiß werden meine Jungfrauen nicht lange mehr
ausbleiben.«

Leufried begab sich ganz zitternd vor großer Freude wieder auf seine Stelle, und gleich darauf kehrten Anglianas
Jungfrauen aus der Kirche zurück.

2. *Natürlich führt dies dann zu weiteren Verwicklungen, indem der
kostbare Ring, den Angliana sendet, samt dem Begleitbrief zwar beim*

Historia und Geschicht Doctor Johannis Fausti
(Auszüge)

Durch Goethes »Faust« ist der »Magister Georgius Sabelli-
cus, Faustus junior« (Quelle für Totenbeschwörer, Stern-
deuter, Heilverkünder, Magier, Handleser, Luftdeuter,
Feuerdeuter und heilkundige Handbeschauer), wie er sich
auf seiner Visitenkarte 1506 ausgegeben haben soll, eine
Figur der Weltliteratur geworden. In der Literatur des
16. Jahrhunderts existieren jedoch viele Traditionen, die
diesen aus Württemberg stammenden Teufelsbündler († um
1540) unter verschiedenen Aspekten sehen. – Viele Zeug-
nisse von Humanisten bestätigen, daß es in der ersten
Hälfte jenes Jahrhunderts eine schillernde Persönlichkeit
dieses Namens gegeben haben muß, an die sich schon zu
Lebzeiten eine Reihe von Schwänken, Anekdoten und sa-
genhaften Erzählungen heftete; um 1556 wurden sie in
Erfurter Universitätskreisen aufgezeichnet – und aus
Wittenberg gibt es ebenfalls eine um diese Zeit entstan-
dene lateinische Sammlung.
Das Volksbuch von Dr. Faust gibt sich als warnendes
Exempel für menschliche Überheblichkeit und muß im Zu-
sammenhang mit der damals blühenden Teufelsliteratur
gesehen werden. Hinter dieser mahnenden Tendenz können
sich jedoch die Freude und geheime Bewunderung für diese
volkstümliche Version einer Renaissancefigur nur schlecht
verbergen. Die Disputation mit dem Teufel, das Wirken
am Hof Karls V., die Beschwörung der schönen Helena
werden vom Erzähler in ausführlicher Breite dargestellt
und leben stark aus dem Wirklichkeitsverständnis jener
Zeit. Zwar kann man die Uneinheitlichkeit der Erzähl-
haltung nicht übersehen, doch bemüht sich der anonyme

richtigen Empfänger landet; aber durch das Geschwätz der Hofnärrin
über dieses Geschenk erfährt dann der Graf von der Neigung seiner
Tochter.

Autor bewußt um Absicherung seiner Fiktion im Berufen auf »Quellen« und Gewährspersonen, was diesem Buch seinen außerordentlichen Charakter gibt. Auch stofflich weist dieses Volksbuch Züge auf, die es nicht einfach zu einer Sammlung moralischer Geschichten machen, sondern schon mit der Einheitlichkeit des Titelhelden nahe zur romanhaften Form rücken.

Unsere Textproben gehen auf die Wolfenbüttler Handschrift zurück, die vor dem ersten Druck (1587) entstanden sein muß. Die Einleitung und der Pakt mit dem Teufel sollen dem Leser andeuten, wie der Volksbuch-Faust gesehen werden muß. – Als interessanter Vergleich bietet sich »The Tragicall Historie of Dr. Faustus« (1588) von Christopher Marlowe an, der die renaissancehaften Anlagen schon ein Jahr nach dem Druck zu bühnenreifer Form entwickelt.

Originalis
Anfanng Leben vnd
Historj D: Faustj

Doctor Faustus ist eines Bawren Sohn gewesen zu Rod bey Weimar vrburdig / Der zu Wittemberg ein grosse Freundtschafft gehabt / Dieweil seine Eltern Gottselige vnnd Cristliche Leuth gewesen / ja sein Vetter Der zu Wittemberg seshafft ein Burger wol vermugens gewest / jn Den Doctor Faustum auferzogen / vnnd gehalten wie ain kindt / Dann Er ohne Erben ward / Nam Er disen Faustum zu ainem kindt vnnd Erben auf / Ließ jn jnn die Schuel geen Theologiam zu studiern / Er ist aber von sollichem Gottseligen Furnemen abgetretten / Gottes wort misbraucht / Derohalben wir sollicher Eltern vnnd Freund die gern alles guetts / vnnd das besst gesehen hetten (.wie solches alle Frombe Elttern gern sehen.) ohne Tadel sein sollen lassen / Sie jnn die Historj nicht mischen / So haben auch seine

Eltern dises Gottlosen kinds Grewel nicht erlebt noch gesehen / Dann einmahl gewiß / wie auch die Eltern dess
Doctor Faustj (wie menigclich zu Wittemberg bewust) sich
ganntz hertzlich erfreudt haben / Das jr Vetter jn als ein
kind aufnam / vnnd darnach die Eltern an jm spurten wie
er ein treffenlichs Ingenium vnnd Memoriam hette / auss
sollichem gewislich gefolgt ist / das Dise Elttern grosse
fursorg fur jn gehabt haben / gleich wie Job. cap: j. fur
seine kinder getragen hatte / Damit Sie sich am herren
nicht versündigten / Vnnd volgen[1] das frombe Eltern daneben auch Gottlose vnnd Vngerathne kinder haben. Die
jch darumb erhole[2] / Dieweil jr vil gewesen so disen Eltern
viel Schuldt vnnd Vnglimpff furwerffen / Die jch hiemit
excusiert will haben / Dann solche Larfen den Eltern nicht
allein schmachhafft / sonndern auch als were Faustus von
seinen Eltern Darzue gezogen / da sie ettlich Articul fur-
geben / So Sie haben ∙jm allen Muetwill jnn der jugent
gestattet / vnnd jn nit fleissig zum studiern geraytzt &
Jtem Da die Freundt seinen geschwinden kopff gesehen /
vnnd Er zu der Theologia nit Viel Lust gehabt / darzue
offenntlichen ein Sag gewest / Er gehe mit der Zauberey
vmb / solt man solchs bey zeit gewert haben & solches
alles seind somnia[3] / Dann Sie hierjnnen nicht sollen ver-
kleinert werden / Dieweil an jnen kein Schuld ist Fur
Ains. ad propositum[4].
Als Doctor Faustus eines gantz glirnigen vnnd geschwinden kopfs zum studiern qualificiert vnnd genaigt ward /
jst Er hernach in seinem Examine bey den Rectoribus so
weitt kommen / das man jn jm Magistrat examiniert / vnnd
neben jm auch Sechzehen Magistros. Denen ist Er jnn

---

1. *es folgt daraus.*
2. *erwähne, erzähle.*
3. *Träume, Gaukelspiele; mit den zahlreichen lat. Ausdrücken will sich
der Autor sowohl als gebildet ausgeben wie auch zu einem »gebildeten«
Publikum sprechen.*
4. *rhetorischer Fachausdruck: zur eigentlichen Frage, zum Gegenstand.*

Frag / verhör / vnnd geschickhlicheit allen obgelegen /
Also Das er seinen Theil genuegsam gestudiert hat / ward
also ein Doctor Theologiæ. Daneben so hat Er auch ein
thummen Vnsynnigen vnd hofferttigen kopff wie man jn
dann allzeit den SPeculierer genannt / jst zu der boesten
gesellschafft gerathen / hat die Haylig Schrift ein weil
hinder die Thur / vnnd vnder Die Banndkh gesteckht / Das
wortt Gottes nit Lieb gehalten / sonnder hat Roch vnnd
Gottloß jnn Fullerey / vnnd Vnzucht gelebt (.wie dann
dise Historj hernach genuegsam zeugnus gibt.) Aber es ist
ein War sprichtwort / Was zum Teuffel will / last sich nit
aufhalten /

Zudem so fand Doctor Faustus seines gleichen / Die giengen Vmb mit Chaldeyischen / Persischen / Arabischen /
vnnd Griechischen Wörtern Figuris, characterib: Coniura-
tionibus, Incantationibus[5] / Vnnd Dise erzelte stuckh waren
Lautter Dardaniæ Artes Nigromāntiæ[6], Carmina vene-
ficium, vaticinium, Incantatio, vnnd wie solliche Buecher /
Worter / vnnd Namen der beschwerung vnnd Zauberey
genennt werden mögen /

Das gefiel Doctor Fausto wol speculiert vnnd studiert Tag
vnnd Nacht darjnnen / Wolt sich hernach kein Theologum
mehr nennen lassen / ward ein Weltmensch / Nennt sich
ein Doctor Medicinæ, ward ein Astrologus vnnd Mathe-
maticus / vnnd zum glimpffen[7] ward Er ein Artzt /
halff erstlichen vil Leuthen mit der Artzney durch Kreutter /
Wurtzel vnd Trankh / Recept / vnnd Christieren[8] / neben
dem ward Er beredt / jnn der Heyligen schrift wol erfahren / wust Die Regell Christj gar wol (.Wer den willen
des herren waiß vnd thuet jn nicht / der wirt Doppelt geschlagen / jtem Du solt Gott deinen herren nit versuechen.)

---

5. *Figuren, Gestalten, Beschwörungen, Zaubersprüchen.*
6. *heidnische Totenbeschwörungen.*
7. *hier wohl: zum Heilen.*
8. *Klistieren.*

Aber Diss alles schlueg Er jn Wind / setzt sein Seel ein
weil vf die Vberthur[9] / Darumb bey jm kein entschuldi-
gung soll /

Doctor Faustj Obligation

Jch Johann Faustus Doctor

Bekenn mit meiner aignen hanndt offentlich vnd zu ainer
bestettigung vnnd kraft diss briefs / Nachdem jch mich
(wiewol zusagen die Gaben so mir von Oben herab beschert vnnd gnedig mitgetheilt worden) sollich geschickhlicheit in meinem kopff nicht ain will genuegsam befindt /
sonndern Lust habe dem weitter nach zu grunden / hab
jch jnn das werckh gesetzt die Elementa zu speculiern /
welches man von den Menschen nit kan bekommen /
Darumb jch erfordert gegenwerttigen gesandtn Gaist der
sich Mephostophiles nennet / ein Diener dess Hellischen
Printzen In Orient (.Dem vbergeben ist[10] Mich solliches
zuberichten vnnd zulehren) Dagegen soll jch jm ein pro-
mission aines jnstruments[11] vbergeben / Der sich Dagegen
auch versprochen mir jnn allem vnderthenig vnnd gehorsam zu sein / jch mich aber gegen jm hinwider versprich /
Das wann jch des so jch von jm beger genuegsam gesettiget
bin / vnnd Vierundzwaintzig jar verlauffen / geendt vnnd
kommen sein / er alsdann mit mir nach seiner Artte oder
was weiß jm gefellig schalten / walltten / Regiern / vnnd
fiern mag / mit allem was es sey / Leyb / guet / fleisch /
bluet & Vnnd das jnn sein Ewigkait verknipft / ver-
sigelt / Vnnd ergib diss zu einer erstattigung mit meiner
aignen hanndtschrift vnnd mit meinem aignen Bluet jnn
gewalt vnd krafft diss briefs / Meines Synns / kopffs /
gedannckhen / bluets vnnd willen / Hierauff absag jch al-

9. *setzte . . . gegen einen unangemessen hohen Wert ein.*
10. *Dem habe ich mich übergeben, unterworfen.*
11. *ein rechtsgültiges Versprechen.*

len denen so da Leben / allem Hymlischen Höer / vnnd
allen Menschen / vnd Das mueß sein / Dess zu becrefftigung vnnd Vrkhundt hab jch an statt eines Sigels mein
aigen bluet aufgedruckht / vnnd es Damit bezeugt /

Doctor Faustus der erfahrne
der Elementen vnd Geistlichen Doctrin

JOHANN FISCHART (gen. Mentzer, d. h. Mainzer)

Geb. 1546 in Straßburg, gest. 1590 in Forbach bei Saarbrücken. Sohn des
Gewürzhändlers Hans Fischer. Nach ausgedehnten Bildungs- und Studienreisen in den Niederlanden, Frankreich, England und Italien promovierte er zum Doktor beider Rechte in Basel, war seit 1580 Praktikant
am Reichskammergericht in Speyer und anschließend bis kurze Zeit vor
seinem Tode Amtmann in Forbach, wo er wahrscheinlich an einer Seuche
starb.
Fischart war ein erstaunlich fruchtbarer Schriftsteller und »die bedeutendste Gestalt in der deutschen Literatur des ausgehenden 16. Jahrhunderts« (Richard Newald). In unterhaltender, erbauender und agitatorischer Weise vereinigte sich in ihm eine erstaunliche Bildung mit einer
ungewöhnlichen Sprachgewalt. In humanistischer Tradition sind seine Texte
geschrieben als Unterhaltung, Belehrung und Erklärung, wobei nun freilich zu der Bibel, den Kirchenvätern und dem zeitgenössischen lateinischen
Schrifttum eine umfassende Kenntnis der volkstümlichen Literatur seines
Jahrhunderts hinzutritt. Darüber hinaus verfügt er mittels der Persiflage,
des Kalauers und der Parodie über ein unerschöpfliches Register von Bezügen. Die satirischen *Eulenspiegel Reimensweis* (1572), *Flö Hatz Weiber
Tratz* (1573) oder *Das Jesuiterhütlein* (1580) stehen neben dem bürgerlich lebensfrohen *Glückhafften Schiff von Zürich* (1577) oder dem anspruchsvollen *Philosophischen Ehzuchtbüchlin* (1578). Vieles in seinem
Werk läßt sich aus der elsässischen Kulturlandschaft, von der er geprägt
ist, verstehen; vieles hat er auch mit seinem Landsmann Thomas Murner,
den er den »obersten Dreckrüttler deutscher Nation« nennt, gemeinsam.
Auch er nimmt in vielen kleinen Schriften zu politischen und religiösen
Vorgängen Stellung; wobei er freilich als kalvinistisch orientierter Christ
nun polemisch die einsetzende Gegenreformation des katholischen Lagers
bekämpft. In Fischart zeigt sich am deutlichsten der Wille zu einer
neuen Formgebung. Er schöpfte seine Mittel freilich so aus, daß er praktisch ohne Nachfolge blieb.

Affentheurlich Naupengeheurliche Geschichtklitterung (Das Vierdte Capitel)

Dieser Roman von 1575/90 ist eine freie Übersetzung des satirischen »Vie inestimable du Grand Gargantua, père de Pantagruel« (1534) von François Rabelais; und zwar bringt sie nur das erste Buch der Vorlage, das in der letzten Ausgabe auf das Dreifache an Umfang angeschwollen ist. Es ist völlig unmöglich, eine Inhaltsangabe dieses Riesenfamilienromans zu geben, der die satirische Absicht des französischen Autors so sehr ins Groteske steigert, daß gerade in der dichten Bezogenheit schon der einzelnen Sätze das Grotesk-Absurde der Handlung sich auch sprachlich mitteilt. Der Satzrhythmus, der sich in endlosen Kalauern und Lautausdeutungen fortwälzt, spiegelt die monströsen Proportionen des Riesen, dessen Jugend- und Erziehungsgeschichte erzählt werden soll; der Text von Rabelais, der zwar übersetzt ist, verschwindet völlig in Fischarts »Übertragung«. Die Sprache ist ein Erkenntnisweg eigener Ordnung geworden, der im Benennen über die Dinge der realen Welt nach Belieben verfügen kann.

Das Vierdte Capitel

Von des Grandgoschier[1] vollbestallter Kuchen, Kasten, und Keller: was endweder ins Glaß gehort, oder auff den Teller

So hört nun ihr meine Orenspitzige unnd offenmaulvergessene Zuhörer, inn was schlampen[2], unser Grandgausier[3] pflegt zu kran laden[4] seine Wampen[5] Reusper dich Roßtreck, der Herr will reuten.

1. Großmäuligen.
2. Schwelgerei, Völlerei.
3. aus dem Französischen: mit dem großen Schlund.
4. mit dem Hebekran beladen.
5. Bauch, Mutterleib, Eingeweide.

Er befand[6] sonst under anderen vilen, dise bald folgende sehr just auff seiner Goldwag, darauff man die Holtzschlegel lancirt: Als die schläfferige Sibaritische[7], die Lindbettige Milesische, die Nußölige zart Tarentische, die Zottenreissende Asotische[8] die Großbissige Frisische, die Abtpröbstliche Benedictinische, die Rebensafftige Reinstromische, Kerntische Erndtische, Weinsammete Elsassische, Herbstmostige Fränckische und Bambergische zechen, nach aller Land art unnd gelegenheit[9], auff Hochzeiten, Metzigerkeuffen[10], unnd fürnemlich bei dem Kottfleisch[11], da geht es wie bei Nabals Schafscheren ordenlich zu[12], da würstelirt man, Saumagirt[13] man mit Hammen unnd pachen[14], da halt man ordenlich etlich tag den S. Schweinhardo gribenfressige[15], maulschmutzige[16] begegnuß mit Lederkrachen[17], Fettschwimmendem Wein, frißt wie ein Klosterkatz zu beyden backen: Dann Schwein töden ist der frölichen töd einer, neben der erbreichen Pfaffen und vergulten alten Weibs ars tod. Unnd gewiß wann einer wüßt, daß die Canibalische Leutfresser, solche schmutzige[16] Freud mit eim nach dem Tod triben, solt sich einer noch so willig an Pratspiß stecken lassen, weil man doch sagt, ein gut mal sey henckens werd. Wiewol jener Italiener meint, ein Jungfraukuß sey henckens werd: Dann er wer lieber von einer Jungfrauen gehengt, dann außgestrichen[18]: Ursach:

---

6. *entdeckte; das Objekt (zechen: eig. Geldbetrag zum gemeinsamen Schmaus; hier: Gericht) folgt erst nach der Aufzählung.*
7. *griech. Kolonie in Süditalien, deren Wohlleben sprichwörtlich war.*
8. *griech.: Schwelgerische.*
9. *Lager, Liegegelegenheit.*
10. *Einkäufen des Metzgers, mit einem Essen verbunden.*
11. *›Innereien‹, auch ›Schlachtfest‹.*
12. *Vgl. 1. Sam. 25, 2 ff.*
13. *von ›Saumagen‹.*
14. *Schinken und Rückenstück des Schweins.*
15. *Griebe: kleine gebratene oder gekochte Fettgewebestücklein.*
16. *›Schmutz‹ alem. für ›Fett‹.*
17. *Bratenhaut, hart wie Leder.*
18. *glattgestrichen; aber auch ›herausgekehrt‹.*

inn Italien muß der Hencker seinen Henckmessigen Son,
zuvor zu guter nacht küssen. Und solche unsere meynung
von den schlampen[2] sollen folgende Reimen bestettigen.

Welcher ein stund will leben wol
Der seh und thu das Henckermol:
   Oder laß ihm eyn stund balbiren[19],
   Oder mit Seytenspiel hofiren.
Wilt aber ein Tag frölich sein,
So gang ins Bad, so schmeckt der Wein:
   Wilt du dann lustig sein ein Woch,
   Spreng die Ader, auff Beyrisch doch:
Nemlich hindern Umbhang gelegen,
Daß dir keyn Lufft nicht gang entgegen.
   Gefallt dir sein eyn Monatsfürst,
   Schlacht Säu, freß und verschenck die würst.
Wilt dann ein halb Jar freuden treiben,
So magstu auff gerhat wol[20] Weiben:
   Oder nem dich eins Aemtlins an,
   So heist das Jar durch Herr fortan.
Aber wilt wol dein lebtag leben,

So magst dich inn ein Kloster geben. Oder wilt einmal
wol leben, so koch ein Henn, wilt zweimal wol leben, ein
Ganß, wilt ein gantz Woch wol leben, schlacht ein Schwein,
wilt ein Monat wol leben, so schlacht ein Ochssen.
Demnach waren ihm die Pfaffenbißlin[21] auch noch nit gar
erleidet[22]: die Hennenpörtzel[23], unnd Pfaffenschnitt kont
er noch treffen: Es war eben ein zapff für dise Flasch,
dann faul eyer unnd stinckend Butter gehören zusamen:
Ists nicht war Herr Prior, so Priet[24] oder pringt mir eins.
Auß diesem streich gehn noch viel stück, als die Christliche

19. *barbieren.*
20. *aufs Geratewohl hin, auf gut Glück.*
21. *die besten Bissen.*
22. *verleidet, war . . . überdrüssig.*
23. *Steiß der Henne.*
24. *von frz. prier, ›beten‹.*

Klöstercolätzlin[25], wann der Herr Abt Würffel auflegt,
unnd sich der Culullus[26] regt, da glüen die Julier treibatz-
ner ins Granalirers Ofen[27], da regt sich unser Dänkunst[28].
Dann die Kutt ist weit, und die Hosen über dem Peter-
man[29] sind preit. Holla probetur, daß man sing. Ein Abt
den wöllen wir weihen, Ist auß dermassen gut, Ein Kloster
wöllen wir bauen, Ligt gar inn grosser Armut, Darinn
manch Bruder tringt[30] keyn gelt, Unnd ißt keyn Wein,
daß er den Orden helt. Wolan die Hüner gachsen viel,
die Eyer kommen schier[31], und wer die Eyer haben will,
Muß gachsen hören mir: Derhalben pfeiff auff Bruder, Ich
lig auch gern im Luder[32], Ich saugts von meiner Muter, die
tranck es nur bei fuder[33]: Nun resonet in laudibus[34], Heut
gar mit guter muß: Meßner richt die Kirchen zu, der Nach-
baur ist zur Todenrhu: Seit frölich, lauff zum Pfaffen inn
der nech, daß sie kommen zu der Zech, zum Gabriel, Eya,
Eya, derselbig hat viel guter Fisch, So sitz ich oben an dem
Tisch, Saufffs gar auß, Hodie der Baur ist todt, der Baur
ist tod inn diesem Dorff, Gibt er kein gelt, so legt man ihn
nicht inn Kirchoff, Elslein liebes Elslein, so han wir aber
zu trincken Wein, Biß frölich, Eya, Eia, so laßt uns han
ein guten mut, als der Baur der Bäurin thut, Im Kämmer-
lein. Unser Herr der Pfarrherr, der hat der Pfenning vil,
darzu ein schöne Köchin etc.

---

25. Collatz: *Verleihung einer geistlichen Pfründe.*
26. *lat., der Pokal, Becher.*
27. *die Dreibätzner in des Falschmünzers Ofen.*
28. *wahrscheinlich: das kunstvolle Dehnwerkzeug.*
29. *dem Penis.*
30. *trinkt; wie das folgende »ißt« ironisch gemeint, weil nur buchstäblich ausgedrückt.*
31. *schnell.*
32. *eig. Kadaver; hier: Schlemmerei.*
33. *vom Wagenfuder, d. h. vom Faß.*
34. *lat., es töne im Lobgesang; aus »Josef, lieber Josef mein . . .«. Auch die folgenden Sätze sind bruchstückhafte Liederteile. Vgl. »Elslein, liebes Elslein« mit der Version, die in Kap. II, 1 der Ballade von den Königskindern beigefügt ist.*

Weiterführende Leseliste

Die ausgewählten Textbeispiele sind, sofern nicht in sich abgeschlossene Arbeiten, zentralen Werken entnommen, deren vollständige Lektüre empfohlen wird. Sie werden deshalb in dieser Rubrik nicht mehr einzeln aufgeführt. Genaue bibliographische Angaben hierzu im Quellenverzeichnis.

Sammlungen

Aus dem Zeitalter der Reformation und Gegenreformation. Hrsg. von Marianne Beyer Fröhlich. Leipzig 1932. (Deutsche Literatur in Entwicklungsreihen. Reihe deutsche Selbstzeugnisse. Bd. 5.) Reprogr. Nachdr. Darmstadt 1964.

Deutsche Flugschriften zur Reformation. Hrsg. von Karl Simon. Stuttgart 1980. (Reclams UB Nr. 9995 [5].)

Deutsche illustrierte Flugblätter des 16. und 17. Jahrhunderts. Hrsg. von Wolfgang Harms. Bd. 2. München 1980.

Deutsche Kunstprosa der Lutherzeit. Hrsg. von Arnold Berger. Leipzig 1942. (Deutsche Literatur in Entwicklungsreihen. Reihe Reformation. Bd. 7.) Reprogr. Nachdr. Darmstadt 1968.

Die deutsche Märendichtung des 15. Jahrhunderts. Hrsg. von Hanns Fischer. München 1966. (Münchener Texte und Untersuchungen zur deutschen Literatur des Mittelalters. Bd. 12.)

Die deutschen geistlichen Lieder. Hrsg. von Gerhard Hahn. Tübingen 1967. (Neudrucke deutscher Literaturwerke des 16. und 17. Jahrhunderts. N.F. 20.)

Erzählungen des späten Mittelalters und ihr Weiterleben in Literatur und Volksdichtung bis zur Gegenwart. Hrsg. von Lutz Röhrich. 2 Bde. Bern/München 1962-67.

Etliche hübsche Bergreihen [...] (1531). Hrsg. von John Meier. Halle 1892. Neuausg. u. d. T.: Bergreihen. Eine Liedersammlung des 16. Jahrhunderts mit drei Folgen. Hrsg. von Gerhard Heilfurth [u. a.]. Tübingen 1959. (Mitteldeutsche Forschungen. Bd. 16.)

Fastnachtspiele des 15. und 16. Jahrhunderts. Unter Mitarb. von Walter Wuttke ausgew. und hrsg. von Dieter Wuttke. Stuttgart 1973 [u. ö.]. (Reclams UB Nr. 9415 [6].)

Frühneuhochdeutsches Lesebuch. Hrsg. von Alfred Götze und Hans Volz. Göttingen ⁴1958.

Die Frühzeit des Humanismus und der Renaissance in Deutschland. Hrsg. von Hans Rupprich. Leipzig 1938. (Deutsche Literatur in Entwicklungsreihen. Reihe Humanismus und Renaissance. Bd. 1.) Reprogr. Nachdr. Darmstadt 1964.

Fünfzehn Fastnacht-Spiele aus den Jahren 1510 und 1511, nach Aufzeichnungen des Vigil Raber. Hrsg. von Oswald Zingerle. Wien 1886. (Sterzinger Spiele. Bd. 1.)

Gedichte 1500–1600. Nach dem Erstdruck und Handschriften [. . .]. Hrsg. von Klaus Düwel. München 1978. (Epochen deutscher Lyrik. Bd. 3.)

Lateinische Ordensdramen des 16. Jahrhunderts. Mit dt. Übers. hrsg. von Fidel Rädle. Berlin / New York 1979. (Ausgaben deutscher Literatur des XV. bis XVIII. Jahrhunderts. Reihe Drama 6.)

Texte zur Geschichte der altdeutschen Tierfabel. Ausgew. und hrsg. von Arno Schirokauer. Bern 1952. (Altdeutsche Übungstexte. Bd. 13.)

Vierhundert Schwänke des sechzehnten Jahrhunderts. Hrsg. von Felix Bobertag. Darmstadt ²1967.

Vom Sterben des reichen Mannes. Die Dramen von Everyman, Homulus, Hecastus und dem Kauffmann. Nach Drucken des 16. Jahrhunderts übers., hrsg. und eingel. von Helmut Wiemken. Bremen 1965. (Sammlung Dietrich. Bd. 298.)

Zur Friedensidee in der Reformationszeit. Texte von Erasmus, Paracelsus, Franck. Eingel. und erl. von Siegfried Wollgast. Berlin [Ost] 1968.

Einzelwerke

Michael Beheim: Die Gedichte des Michael Beheim. Bd. 1. Hrsg. von Hans Gille und Ingeborg Spriewald. Berlin [Ost] 1968.

Götz von Berlichingen: Mein Fehd und Handlung. Hrsg. von Helgard Ulmschneider. Sigmaringen 1981. (Forschungen aus Württembergisch Franken. Bd. 17.)

Sebastian Brant: Das Narrenschiff. Übertr. von H. A. Junghans, durchges. und mit Anm. sowie einem Nachw. neu hrsg. von Hans-Joachim Mähl (mit 115 Holzschnitten). Stuttgart 1964 [u. ö.]. (Reclams UB Nr. 899 [6].)

Epistolae obscurorum virorum, Briefe der Dunkelmänner. Vollstän-

dige Ausg. übers. von Wilhelm Binder, rev. von Peter Ame-
lung. München 1964. (Die Fundgrube. Bd. 5.)

Erasmus von Rotterdam: Ausgewählte Schriften in 8 Bdn. Lat./dt.
Hrsg. von Werner Welzig. Darmstadt 1967–80.
Das Lob der Torheit. (Encomium moriae.) Übers. und hrsg.
von Anton J. Gail. Stuttgart 1949 [u. ö.]. (Reclams UB Nr.
1907 [2].)

Johann Fischart: Flöh Hatz. Weiber Tratz. Hrsg. von Alois Haas.
Stuttgart 1967 [u. ö.]. (Reclams UB Nr. 1656 [2].)
Das Glückhafft Schiff von Zürich. Hrsg. von Alois Haas.
Stuttgart 1967 [u. ö.]. (Reclams UB Nr. 1951.)

Hans Folz: Reimpaarsprüche. Hrsg. von Hanns Fischer. München
1961. (Münchener Texte und Untersuchungen zur deutschen
Literatur des Mittelalters. Bd. 1.)

Fortunatus. Studienausg. nach der Editio princeps von 1509. Mit
Materialien zum Verständnis des Textes hrsg. von Hans-Gert
Roloff. Stuttgart 1981. (Reclams UB Nr. 7721 [5].)

Nicodemus Frischlin: Deutsche Dichtungen [u. a. Ruth, Hochzeit zu
Kana]. Hrsg. von David Friedrich Strauß. Stuttgart 1857.
(Bibliothek des Litterarischen Vereins in Stuttgart. Bd. 41.)
Reprogr. Nachdr. Darmstadt 1969.

Geiler von Kaisersberg: Ausgewählte Schriften. 4 Bde. Trier
1881–83.

Pamphilus Gengenbach: Die Totenfresser. Siehe: Das Zürcher Spiel
vom reichen Mann und vom armen Lazarus.

Historia von D. Johann Fausten. Hrsg. von Richard Benz. Stuttgart
1964 [u. ö.]. (Reclams UB Nr. 1515 [2].)

Ulrich von Hutten: Deutsche Schriften. Hrsg. von Peter Ukena
(Nachw. von Dieter Kurze und eine Pirckheimer-Briefübers.
von Annemarie Holborn.) München 1970. (Die Fundgrube.
Bd. 50.)

Johannes Kerckmeister: Codrus. Ein neulateinisches Drama aus dem
Jahre 1485. Hrsg. von Lothar Mundt. Berlin / New York 1969.
(Ausgaben deutscher Literatur des XV. bis XVIII. Jahrhun-
derts. Reihe Drama 3.)

Martin Luther: An den christlichen Adel deutscher Nation. Von der
Freiheit eines Christenmenschen. Sendbrief vom Dolmetschen.
Hrsg. von Ernst Kähler. Stuttgart 1962 [u. ö.]. (Reclams UB
Nr. 1578 [2].)
Das Klug'sche Gesangbuch von 1533 [1. Aufl. 1529]. Erg. und
hrsg. von Konrad Ameln. Faks.-Dr. Kassel/Basel 1954.

Vom ehelichen Leben und andere Schriften über die Ehe. Hrsg. von Dagmar C. G. Lorenz. Stuttgart 1978. (Reclams UB Nr. 9896.)

Wittenberger Gesangbuch von 1524 (Vorrede Martini Luther). In: D. Martin Luthers Werke. Kritische Gesamtausg. (Weimarer Ausg.). Bd. 35. Weimar 1923. (Reprogr. Nachdr. Graz 1964.) S. 474–476.

Niklaus Manuel: Der Ablaßkrämer. Hrsg. von Paul Zinsli (mit zwei Faksimiles). Bern 1960. (Altdeutsche Übungstexte. Bd. 17.) Werke. Hrsg. von Jakob Bächtold. Frauenfeld 1878.

Pico della Mirandola: De Dignitate Hominis. Lat./dt. Hrsg. von Eugenio Garin. Bad Homburg / Berlin / Zürich 1968. (Respublica Literaria. Bd. 1.)

Thomas Müntzer: Die Fürstenpredigt. Theologisch-politische Schriften. Hrsg. von Günther Franz. Stuttgart 1967 [u. ö.]. (Reclams UB Nr. 8772 [2].)

Thomas Naogeorg: Sämtliche Werke. Hrsg. von Hans-Gert Roloff. Berlin / New York 1975 ff. (Ausgaben deutscher Literatur des XV. bis XVIII. Jahrhunderts.)

Paracelsus: Vom Licht der Natur und des Geistes. In Verb. mit Karl-Heinz Weimann hrsg. und eingel. von Kurt Goldammer. Stuttgart 1960 [u. ö.]. (Reclams UB Nr. 8448 [3].)

Paul Rebhun: Ein Geistlich Spiel von der Gottfürchtigen und keuschen Frauen Susannen (1536). Unter Berücksichtigung der Ausg. von 1537 und 1544 kritisch hrsg. von Hans-Gert Roloff. Stuttgart 1967 [u. ö.]. (Reclams UB Nr. 8787 [2].)

Johannes Regiomontanus: Der deutsche Kalender des Johannes Regiomontan. Nürnberg, um 1474. Faks.-Dr. mit einer Einl. von Ernst Zinn. Leipzig 1937. (Veröffentlichungen der Gesellschaft für Typenkunde des XV. Jahrhunderts. Wiegendruckgesellschaft. Reihe B 1.)

Jakob Regnart: Jakob Regnarts deutsche dreistimmige Lieder nach Art der Neapolitanen [1576] nebst Leonhard Lechner's fünfstimmiger Bearbeitung [1579] hrsg. von Robert Eitner. Leipzig 1895.

Johannes Reuchlin: Henno. Lat./dt. Hrsg. von Harry C. Schnur. Stuttgart 1970 [u. ö.]. (Reclams UB Nr. 7923.)

Thüring von Ringoltingen: Melusine. In der Fassung des Buches der Liebe (1587) mit 22 Holzschnitten hrsg. von Hans-Gert Roloff. Stuttgart 1969. (Reclams UB Nr. 1484 [2].)

Jakob Ruf: Von des Herren Weingarten. In: Schweizerische Schauspiele des sechszehnten Jahrhunderts. Hrsg. von Jakob Bächtold. Bd. 3. Frauenfeld 1893.

Hans Sachs: Ein comedi Plauti mit 10 personen, heyst Monechmo. In: H. S.: Hrsg. von Adelbert von Keller. Bd. 7. Tübingen 1873. (Bibliothek des Litterarischen Vereins in Stuttgart. Bd. 115.) Neudr. Hildesheim ²1964.

Fastnachtspiele. Ausgew. und hrsg. von Theo Schuhmacher. Tübingen ²1970. (Deutsche Texte. Bd. 6.)

Die Wittenbergisch Nachtigall. Spruchgedicht, vier Reformationsdialoge und das Meisterlied »Das walt got«. Hrsg. von Gerald H. Seufert. Stuttgart 1974. (Reclams UB Nr. 9737[3].)

Hartmann Schedel: Register des Buchs der Chroniken und Geschichten. Faks.-Dr. München 1965.

Dietrich Schernberg: D. Sch.s »Schoen Spiel von Frau Jutten«. Hrsg. von Manfred Lemmer. Berlin 1971. (Texte des späten Mittelalters und der frühen Neuzeit. Bd. 24.)

Wolfgang Schmeltzl: Comedia des verlorenen Sons wie sie zu Wienn in Osterreich vor Rôm. Khü. May. gehalten [. . .]. Wien 1545. Hrsg. von Alice Rößler. Halle 1955. (Neudrucke deutscher Literaturwerke des 16. und 17. Jahrhunderts. Bd. 323.)

Alexander Seitz: Tragedi vom grossen Abentmal. Hrsg. von Peter Ukena. Berlin / New York 1969. (Ausgaben deutscher Literatur des XV. bis XVIII. Jahrhunderts. Seitz: Sämtliche Schriften. Bd. 3.)

Cyriacus Spangenberg: Von der edlen und hochberüembten Kunst der Musica [. . .] auch wie die Meistersenger auffkhommenn vollkhommener Bericht [. . .]. Straßburg 1598. Hrsg. von Adelbert von Keller. Stuttgart 1861. (Bibliothek des Litterarischen Vereins in Stuttgart. Bd. 62.)

Johannes Stricker: De Dûdesche Schlômer (niederdt. 1584). Hrsg. von Arnold E. Berger. In: Deutsche Literatur in Entwicklungsreihen. Reihe Reformation. Bd. 6. Leipzig 1936. Reprogr. Nachdr. Darmstadt 1967.

Theologia deutsch: »der Franckforter« in neuhochdt. Übers. und mit einer Einl. vers. von Alois M. Haas. Einsiedeln 1980.

Michael Vehe: Ein New Gesangbüchlin Geistlicher Lieder. Faks.-Dr. hrsg. und eingel. von Walter Lipphardt. Mainz 1970. (Beiträge zur mittelrheinischen Musikgeschichte. Bd. 11.)

Veit Warbeck: Die schöne Magelona. In der Fassung des Buches der Liebe (1587) mit 15 Holzschnitten hrsg. von Hans-Gert Roloff. Stuttgart 1969. (Reclams UB Nr. 1575.)

Valentin Weigel: Sämtliche Schriften. Hrsg. von Will-Erich Peuk-
    kert und Winfried Zeller. Stuttgart-Bad Cannstatt 1962 ff.
Jörg Wickram: Georg Wickram: Sämtliche Werke. Hrsg. von Hans-
    Gert Roloff. Berlin / New York 1967 ff. (Ausgaben deutscher
    Literatur des XV. bis XVIII. Jahrhunderts.)
Jakob Wimpheling: Stylpho. Lat./dt. Hrsg. von Harry C. Schnur.
    Stuttgart 1971. (Reclams UB Nr. 7952.)
Das Zürcher Spiel vom reichen Mann und vom armen Lazarus.
    Pamphilus Gengenbach: Die Totenfresser. Hrsg. von Josef
    Schmidt. Stuttgart 1969 [u. ö.]. (Reclams UB Nr. 8304.)
Zwölff Sibyllenweissagungen [...] (1532). Faks.-Dr. hrsg. von
    Will-Erich Peuckert. Darmstadt 1969.

Die von Hans-Gert Roloff und Käthe Kahlenberg herausgegebene
Reihe »Ausgaben deutscher Literatur des XV. bis XVIII. Jahrhunderts« (Berlin / New York) wird bei Abschluß die Standardausgabe
für viele Autoren des 16. Jahrhunderts sein.

Ausgewählte Forschungsliteratur

Literaturgeschichten, Gesamtdarstellungen

Beriger, Leonhard: Das Zeitalter des Humanismus und der Reformation. In: Deutsche Literaturgeschichte in Grundzügen. Hrsg. von Bruno Boesch. Bern ³1967.

Bernstein, Eckhard: Die Literatur des deutschen Frühhumanismus. Stuttgart 1978. (Sammlung Metzler. Bd. 168.)

Boeckh, Joachim G. [u. a.]: Geschichte der deutschen Literatur von 1480 bis 1600. Berlin [Ost] 1961. (Geschichte der deutschen Literatur von den Anfängen bis zur Gegenwart. Hrsg. von Klaus Gysi [u. a.]. Bd. 4.)

Borinski, Karl: Die Poetik der Renaissance und die Anfänge der literarischen Kritik in Deutschland. Berlin 1886.

Brandi, Karl: Reformation und Gegenreformation. Darmstadt 1960. (1. Aufl. 1927.)

Buck, August (Hrsg.): Zu Begriff und Problem der Renaissance. Darmstadt 1969. (Wege der Forschung. Bd. 204.)

Burckhardt, Jakob: Die Kultur der Renaissance in Italien. Durchges. von Walter Goetz. Stuttgart ¹⁰1976. (1. Aufl. 1860.)

Burdach, Konrad: Reformation, Renaissance, Humanismus. Berlin/Leipzig ²1926.

Burger, Heinz Otto: Renaissance, Humanismus, Reformation. Deutsche Literatur im europäischen Kontext. Bad Homburg / Berlin / Zürich 1969. (Frankfurter Beiträge zur Germanistik. Bd. 7.)

Dilthey, Wilhelm: Weltanschauung und Analyse des Menschen seit Renaissance und Reformation. In: W. D.: Gesammelte Schriften. Bd. 2. Leipzig/Berlin ³1929.

Frey, Winfried / Raitz, Walter / Seitz, Dieter [u. a.]: Bürgertum und Fürstenstaat – 15./16. Jahrhundert. Opladen 1981. (Einführung in die deutsche Literatur des 12.–16. Jahrhunderts. Bd. 3.)

Goetze, Alfred: Frühneuhochdeutsches Glossar. Berlin 1967.

Hankamer, Paul: Die Sprache, ihr Begriff und ihre Deutung im 16. und 17. Jahrhundert. Bonn 1927.

Heer, Friedrich: Die dritte Kraft. Der europäische Humanismus zwischen den Fronten des konfessionellen Zeitalters. Frankfurt a. M. 1959.

344 Ausgewählte Forschungsliteratur

Heger, Hedwig (Hrsg.): Blütezeit des Humanismus und der Reformation. München 1978. (Spätmittelalter, Humanismus, Reformation. Bd. 2,2.)

Hess, Günther: Deutsch-lateinische Narrenzunft, München 1971. (Münchener Texte und Untersuchungen zur deutschen Literatur des Mittelalters. Bd. 41.)

Hoffmeister, Gerhard (Hrsg.): The renaissance and the reformation in Germany. New York 1977.

Hubatsch, Walter (Hrsg.): Wirkungen der deutschen Reformation bis 1555. Darmstadt 1967. (Wege der Forschung. Bd. 203.)

Huizinga, Johan: Herbst des Mittelalters. Studien über Lebens- und Geistesformen des 15. und 16. Jahrhunderts in Frankreich und in den Niederlanden. Stuttgart [11]1975.

L'humanisme allemand (1480–1540). 18[e] colloque international de Tours. München/Paris 1979. (Humanistische Bibliothek. Reihe 1. Bd. 38.)

Jantz, Harold: German Renaissance Literature. In: Modern Language Notes 81 (1966) Nr. 4.

Könneker, Barbara: Die deutsche Literatur der Reformationszeit. München 1975.

Lortz, Joseph / Iserloh, Erwin: Kleine Reformationsgeschichte. Freiburg i. Br. / Wien 1971.

Markwardt, Bruno: Geschichte der deutschen Poetik. Bd. 1: Barock und Frühaufklärung. Berlin [2]1958.

Müller, Günther: Deutsche Dichtung von der Renaissance bis zum Barock. Darmstadt [2]1957. (1. Aufl. 1927.)

Newald, Richard: Humanismus und Reformation, 1490–1600. In: Annalen der deutschen Literatur. Hrsg. von Heinz Otto Burger. Stuttgart [2]1962.

Newald, Richard: Die deutsche Literatur vom Späthumanismus bis zur Empfindsamkeit (1570–1750). München [6]1967. (Geschichte der deutschen Literatur von den Anfängen bis zur Gegenwart. Hrsg. von Helmut de Boor und Richard Newald. Bd. 5.)

Pascal, Roy: German Literature in the sixteenth and seventeenth Centuries. Renaissance, Reformation, Baroque. London 1968.

Peuckert, Will-Erich: Die große Wende. Das apokalyptische Saeculum und Luther. Darmstadt [2]1967. (1. Aufl. 1948.)

Roloff, Hans-Gert: Reformationsliteratur. In: Reallexikon der deutschen Literaturgeschichte. Begr. von Paul Merker und Wolfgang Stammler. 2. Aufl. hrsg. von Werner Kohlschmidt und Wolfgang Mohr. Bd. 3. Lfg. 4. 5. Berlin 1968–71. S. 365–403. –

Vgl. auch den Artikel dieses Autors über »Neulateinische Literatur«; von Walter Jens den Artikel »Rhetorik« u. a.

Rupprich, Hans (Hrsg.): Die Frühzeit des Humanismus und der Renaissance in Deutschland. Leipzig 1938. (Deutsche Literatur in Entwicklungsreihen. Reihe Humanismus und Renaissance. Bd. 1.) Reprogr. Nachdr. Darmstadt 1964. S. 5–47.

Rupprich, Hans / Heger, Hedwig: Die deutsche Literatur vom späten Mittelalter bis zum Barock (1370–1570). 2 Bde. München 1970–73. (Geschichte der deutschen Literatur von den Anfängen bis zur Gegenwart. Hrsg. von Helmut de Boor und Richard Newald. Bd. 4,1.2.)

Schirokauer, Arno: Frühneuhochdeutsch. In: Deutsche Philologie im Aufriß. Unter Mitarb. zahlreicher Fachgelehrter hrsg. von Wolfgang Stammler. Bd. 1. Berlin ²1966. Sp. 855–930.

Spriewald, Ingeborg [u. a.]: Grundpositionen der deutschen Literatur des 16. Jahrhunderts. Berlin/Weimar ²1976.

Stammler, Wolfgang: Von der Mystik zum Barock. 1400–1600. Stuttgart ²1950. (Epochen der deutschen Literatur. Bd. 2,1.)

Taylor, Archer: Problems in German Literary History of the fifteenth and sixteenth Centuries. New York 1939.

Tschirch, Fritz: Geschichte der deutschen Sprache. Bd. 2. Berlin 1969. (Grundlagen der Germanistik. Bd. 9.)

Wehrli, Max: Geschichte der deutschen Literatur vom frühen Mittelalter bis zum Ende des 16. Jahrhunderts. Stuttgart 1980. (Geschichte der deutschen Literatur von den Anfängen bis zur Gegenwart. Bd. 1.)

Wolfenbüttler Renaissance-Mitteilungen. Bd. 1 ff. Wolfenbüttel 1977 ff.

Kulturdokumente

Böckmann, Paul: Der gemeine Mann in den Flugschriften der Reformation. In: P. B.: Formensprache. Darmstadt 1969.

Ritter, Susanne: Die kirchenkritische Tendenz in den deutschsprachigen Flugschriften der frühen Reformationszeit. Diss. Tübingen 1970.

Schottenloher, Karl: Flugblatt und Zeitung. Ein Wegweiser durch das gedruckte Tagesschrifttum. Berlin 1922.

Stöcklein, Ansgar: Leitbilder der Technik. Biblische Tradition und technischer Fortschritt. [Maschinen-Bücher aus dem 16. bis 18. Jahrhundert mit Illustrationen.] München 1969.

Lyrik

Bäumker, Wilhelm: Das katholische deutsche Kirchenlied in seinen Singweisen. 4 Bde. Freiburg i. Br. 1883–1911.

Breslauer, Martin: Das deutsche Lied geistlich und weltlich bis zum 18. Jahrhundert. [Bibliographie.] Berlin 1908. Neudr. Hildesheim 1966.

Ellinger, Georg: Geschichte der neulateinischen Literatur Deutschlands im 16. Jahrhundert. 3 Bde. Berlin/Leipzig 1929–33.

Gabriel, Paul: Das deutsche evangelische Kirchenlied von Martin Luther bis zur Gegenwart. Berlin ³1956.

Geppert, Waldtraut-Ingeborg: Kirchenlied. In: Reallexikon der deutschen Literaturgeschichte. Bd. 1. Berlin ²1958. S. 819–852.

Henkel, Arthur / Schöne, Albrecht: Emblemata. Handbuch zur Sinnbildkunst des 16. und 17. Jahrhunderts. Stuttgart ²1976.

Müller, Günther: Geschichte des deutschen Liedes. München 1925. Neudr. Darmstadt 1959. Kap. 1 und 2.

Nagel, Bert: Meistersang. Stuttgart ²1971. (Sammlung Metzler. Bd. 12.)

Suppan, Wolfgang: Volkslied. Stuttgart ²1978. (Sammlung Metzler. Bd. 52.)

Wackernagel, Philipp: Das deutsche Kirchenlied. Bd. 4. Leipzig 1874.

Drama

Borcherdt, Hans H.: Das europäische Theater im Mittelalter und in der Renaissance. Hamburg ²1969. (rororo 322–324.)

Catholy, Eckehard: Das Fastnachtspiel des Spätmittelalters. Gestalt und Funktion. Tübingen 1961. (Hermaea. N.F. 8.)

Catholy, Eckehard: Fastnachtspiel. Stuttgart 1966. (Sammlung Metzler. Bd. 56.)

Catholy, Eckehard: Das deutsche Lustspiel. Vom Mittelalter bis zum Ende der Barockzeit. Stuttgart/Berlin 1969.

Kindermann, Heinz: Theatergeschichte Europas. Bd. 2: Das Theater der Renaissance. Salzburg 1959.

Lenk, Werner: Das Nürnberger Fastnachtspiel des 15. Jahrhunderts. Ein Beitrag zur Theorie und zur Interpretation des Fastnachtspiels als Dichtung. Berlin [Ost] 1966.

Michael, Wolfgang F.: Das deutsche Drama und Theater vor der

Reformation. In: Deutsche Vierteljahrsschrift für Literaturwissenschaft und Geistesgeschichte 31 (1957) S. 106–153. [Forschungsbericht.]

Michel, Kurt: Das Wesen des Reformationsdramas, entwickelt am Stoff des verlorenen Sohnes. Diss. Gießen 1934.

Roloff, Hans-Gert: Neulateinisches Drama. In: Reallexikon der deutschen Literaturgeschichte Bd. 2. Berlin ²1965. S. 645–678.

Tarot, Rolf: Literatur zum deutschen Drama und Theater des 16. und 17. Jahrhunderts. In: Euphorion 57 (1963) S. 411–453. [Forschungsbericht.]

Valentin, Jean-Marie: Le théâtre des Jesuites dans les pays de langue allemande (1554–1680). 3 Bde. Bern / Frankfurt a M. / Las Vegas 1978.

Ziegler, Klaus: Das deutsche Drama der Neuzeit. In: Deutsche Philologie im Aufriß. Bd. 2. Berlin 1954. Sp. 949–1298.

Epik

Brückner, Wolfgang (Hrsg.): Volkserzählung und Reformation. Ein Handbuch zur Tradierung und Funktion von Erzählstoffen und Erzählliteratur im Protestantismus. Berlin 1974.

Leibfried, Erwin: Fabel. Stuttgart ⁴1982. (Sammlung Metzler. Bd. 66.)

Lugowski, Klemens: Die Form der Individualität im Roman. Studien zur innern Struktur der frühen deutschen Prosaerzählung. Berlin 1932. (Neue Forschung. Bd. 14.)

Rosenfeld, Hellmut: Legende. Stuttgart ⁴1982. (Sammlung Metzler, Bd. 9.)

Thomas, Norbert: Handlungsstruktur und dominante Motivik im deutschen Prosaroman des 15. und frühen 16. Jahrhunderts. Nürnberg 1971. (Erlanger Beiträge zur Sprach- und Kunstwissenschaft. Bd. 37.)

Zu einzelnen Dichtern und Texten

Hieronymus Bock

Ivins, William: Prints and Visual Communication. London 1953.

Sebastian Brant

Gaier, Ulrich: Satire. Studien zu Neidhart, Wittenwiler, Brant und zur satirischen Schreibart. Tübingen 1967.

Erasmus von Rotterdam

Huizinga, Johan: Europäischer Humanismus. Erasmus. Hamburg 1958.
Stupperich, Robert: Erasmus von Rotterdam und die neue Welt. Berlin / New York 1977.

Johann Fischart

Peuckert, Will-Erich: Pansophie. Ein Versuch zur Geschichte der weißen und schwarzen Magie. Berlin ²1956.
Sommerhalder, Hugo: Johann Fischarts Werk, eine Einführung. Berlin 1960. (Quellen und Forschungen zur Sprach- und Kulturgeschichte der germanischen Völker. N.F. 4. Nr. 128.)

Sebastian Franck

Peuckert, Will-Erich: Sebastian Franck. Biographie. München 1943.

Geiler von Kaisersberg

Weithase, Irmgard: Zur Geschichte der gesprochenen Sprache. Bd. 1. Tübingen 1961. S. 40–54.

Historia und Geschicht Doctor Johannis Fausti

Engel, Karl: Zusammenstellung der Faustschriften vom 16. Jahrhundert bis Mitte 1884. Oldenburg 1885. Neudr. der 2. Aufl. Hildesheim 1963.
Friedrich, Theodor / Scheithauer, Lothar J.: Kommentar zu Goethes Faust. Stuttgart 1974 [u. ö.]. (Reclams UB Nr. 7177 [5].)
Theens, Karl: Doktor Johann Faust. Geschichte der Faustgestalt vom 16. Jahrhundert bis zur Gegenwart. Meisenheim 1948.

Ulrich von Hutten

Holborn, Hajo: Ulrich von Hutten. Göttingen 1968. (Kleine Vandenhoeck-Reihe. Nr. 266.)
Newald, Richard: Vier Gestalten aus dem Zeitalter des Humanismus. In: Probleme und Gestalten des deutschen Humanismus. Studien von Richard Newald. Hrsg. von Hans-Gert Roloff. Berlin 1963. S. 151–325.

Martin Luther

Lohse, Bernhard: Martin Luther. Eine Einführung in sein Leben und sein Werk. München 1981.

Peuckert, Will-Erich: Die große Wende. Das apokalyptische Saeculum und Luther. Hamburg 1948.

Stolt, Birgit: Studien zu Luthers Freiheitstraktat mit besonderer Rücksicht auf das Verhältnis der lateinischen und der deutschen Fassung zueinander und die Stilmittel der Rhetorik. Stockholm 1969. (Stockholmer Germanistische Forschungen. Bd. 6.)

Wolf, Herbert: Martin Luther. Eine Einführung in germanistische Luther-Studien. Stuttgart 1980. (Sammlung Metzler. Bd. 193.)

Niklaus Manuel

Catholy, Eckehard: Die Verbindung von Konfessionspolemik und Komik bei Niklaus Manuel. In: E. C.: Das deutsche Lustspiel. Vom Mittelalter bis zum Ende der Barockzeit. Stuttgart/Berlin 1969. Kap. 3.

Maximilian I.

Theuerdank. Faks.-Ausg. mit Beiträgen von Heinz Engels [u. a.]. Plochingen/Stuttgart 1968.

Thomas Müntzer

Bloch, Ernst: Thomas Münzer. Frankfurt a. M. 1960 [u. ö.].

Thomas Murner

Könneker, Barbara: Wesen und Wandlung der Narrenidee im Zeitalter des Humanismus. Brant, Murner, Erasmus. Wiesbaden 1966.

Schutte, Jürgen: »Schympff Rede«. Frühformen bürgerlicher Agitation in Thomas Murners Großem Lutherischen Narren. Stuttgart 1973.

Spanier, Meier: Brants Narrenschiff – Murners Narrenbeschwörung und Schelmenzunft. Einleitung zu Th. Murners deutschen Schriften. Bd. 2. Berlin/Leipzig 1926. S. 6 ff.

Thomas Naogeorgus

Berger, Arnold: Thomas Naogeorgus und sein Drama Pammachius [der 1. Akt ist im Original wiedergegeben]. In: Deutsche Literatur in Entwicklungsreihen. Reihe Reformation. Bd. 5. Leipzig 1935. Reprogr. Nachdr. Darmstadt 1967. S. 221–314.

Dörrer, Anton: Ludus de Antichristo. In: Die deutsche Literatur des Mittelalters. Verfasserlexikon. Begr. von Wolfgang Stammler, hrsg. von Karl Langosch. Bd. 3. Berlin 1943. Sp. 87–185.

Hans Sachs

Balzer, Bernd: Bürgerliche Reformationspropaganda. Die Flugschriften von Hans Sachs. Stuttgart 1973.
Cramer, Thomas / Kartschocke, Erika (Hrsg.): Hans Sachs. Studien zur frühbürgerlichen Literatur im 16. Jahrhundert. Bern / Frankfurt a. M. / Las Vegas 1978.
Könneker, Barbara: Hans Sachs. Stuttgart 1971.

Jörg Wickram

Christ, Hannelore: Literarische Texte und historische Realität. Jörg Wickrams Knabenspiegel und Nachbarn. Düsseldorf 1974.
Meucelin-Roeser, Marianne: Studien zum Prosastil Jörg Wickrams. Diss. Basel 1955.

Synoptische Tabelle

	Literatur	Geschichte	Künste, Wissenschaft und Technik
1431		Basler (Reform-)Konzil (bis 1449)	
1440			Nikolaus v. Kues: De docta ignorantia
1450	J. Hartlieb: De Amore deutsch (1440/50). Erstdruck 1484 (Ü.)		J. Gutenberg in Mainz errichtet Werkstatt zum Druck mit beweglichen Lettern Erste Zentren des Humanismus u. a. in Wien u. Nürnberg (um 1450)
1453		Eroberung Konstantinopels durch Mohammed II.	Von Konstantinopel fliehen Gelehrte mit ihren Manuskripten nach Italien
1455		Rosenkriege zwischen Lancaster und York (bis 1485)	42zeilige Gutenbergbibel (1455/56)
1456	Th. v. Ringoltingen: Melusine. Erstdruck 1474 (Ü.) E. v. Österreich: Pontus u. Sidonia. Erstdruck 1483 (Ü.)		

Jahr	Literatur	Politische Geschichte	Kultur/Wissenschaft
1459			Cosimo de' Medici gründet Platonische Akademie in Florenz
1460			Regiomontanus entwickelt Dezimalbruchrechnung
1461	N. v. Wyle: Translatzen (1461 bis 1478) (Ü.)	Ludwig XI. (bis 1483)	Johann Mentel druckt 1. dt. Bibel
1466		Kasimir IV. v. Polen besiegt den Deutschen Orden	
1471	C. Hätzerlein: Liederbuch (G.)		Baubeginn der Sixtinischen Kapelle in Rom
1473	H. Schlüsselfelder: Decamerone (1472/73) (Ü.)		
1475	A. v. Eyb: Spiegel der Sitten (Plautus-Übers.) Erstdruck 1511 / H. Folz: Das Bauerngericht (Dr.)		
1476	H. Steinhöwel: Äsopus (1476/80) (Ü.)		
1477	W. v. Eschenbachs »Parzival« gedruckt	Karl d. Kühne v. Burgund bei Nancy gefallen	
1478		Iwan III. unterwirft die Verbündeten der Hanse in Rußland	

1480	J. Wimpheling: Stylpho (1. neu-lat. Komödie in Dtschld.)		
1484		Bulle Innozenz' VIII.	
1491			Martin Schongauer gest. (geb. 1445)
1492		Kolumbus entdeckt Kuba u. Haiti	
1493	H. Schedel: Weltchronik	Maximilian I. dt. Kaiser Teilung der Neuen Welt zwischen Spanien u. Portugal	Martin Beheim konstruiert einen Erdglobus
1494	S. Brant: Narrenschiff (VersE.)		
1495	Elckerlijc (Dr.)	Wormser Reichstag	
1497			Leonardo da Vinci: Abendmahl
1498	H. v. Alkmar: Reinke de Vos (VersE.)		
1499		Schweiz löst sich im »Schwaben-krieg« faktisch vom dt. Reich	
1500	E. v. Nassau-Saarbrücken: Hug Schapler		Über 1000 Druckereien in Europa

Jahr			
1505			J. Wimpheling: Epitome Rerum Germanicum (1. Geschichte Dtschld.s)
1506			J. Reuchlin: Rudimenta linguae hebraicae
1508		Maximilian I. nimmt den Kaisertitel an / Luther Theologieprofessor in Wittenberg	
1509	Erasmus v. Rotterdam: Lob der Torheit / Fortunatus (R.)	Beginn des Negersklavenhandels nach Südamerika	
1510			P. Henlein konstruiert die 1. Taschenuhr
1512	Th. Murner: Narrenbeschwörung (VersE.)		
1513			N. Machiavelli: Il Principe (dt.: Der Fürst). Druck 1532
1514		Bankhaus Fugger sichert sich Ablaßmonopol für Deutschland	
1515	P. Gengenbach: Die 10 Alter dieser Welt (Dr.) / 1. bekannter Druck des »Ulenspiegel«		

	Literatur	Politik / Geschichte	Wissenschaft / Kunst / Entdeckungen
1516	Theologia Deutsch Erasmus v. Rotterdam: Textkrit. Edition des griech. NT. – Querela pacis (1516/17; dt. 1521) Th. Morus: Utropia (R.) Ambraser Heldenbuch		Hieronymus Bosch gest. (geb. 1460)
1517	U. v. Hutten fängt an, seine (vorerst lat.) Dialoge zu publizieren Maximilian I: Teuerdank (Vers-R.)	Luther veröffentlicht seine 95 lat. Thesen	Erforschung fremder Erdteile bringt neue Nahrungs- und Genußmittel nach Europa, z. B. Kaffee (um 1517)
1518			Erfindung der Brille für Kurzsichtige
1519		Maximilian I. gest. Karl V. zum dt. Kaiser gewählt Cortez erobert Mexiko (bis 1521)	Leonardo da Vinci gest. (geb. 1452) Magellan umsegelt die Erde (bis 1521)
1520	M. Luther: Von der Freyheyt eines Christen menschen Geiler v. Kaisersberg: Das Narrenschiff	Luther verbrennt öffentlich päpstl. Bannandrohungsbulle	
1521	Karsthans (anon. Flugschrift) J. Eberlin v. Günzburg: Die 15 Bundesgenossen	Reichstag zu Worms: Luther in Reichsacht	

1522	J. Pauli: Schimpf und Ernst Th. Murner: Vom großen lutherischen Narren (VersE.) N. Manuel: Fastnachtspiele gegen den Papst M. Luther: Septemberbibel		Ph. Melanchthon: Institutiones Rhetoricae
1523	H. Sachs: Die Wittenbergisch Nachtigall (G.)	Hadrian VI. gest. (aussichtsreicher Reformpapst)	H. Judenkunig veröffentlicht die wahrsch. älteste dt. Lautentabulatur
1524	Wittenberger Gesangbuch (mit Lutherliedern)		
1525		Blutige Niederschlagung der Bauernaufstände	A. Dürer veröffentlicht das 1. dt. Lehrbuch der perspektivischen Geometrie
1527	B. Waldis: De parabell vam vorlorn Szohn (1. bibl. Reformationsdr. in Dtschld.)	Sacco di Roma (Verwüstung u. Plünderung Roms durch dt. u. span. Landsknechte)	
1528	Paracelsus: Buch der Erkanntnus		A. Dürer: Von der menschlichen Proportion (1528/34)
1529		Suleiman belagert Wien	Matthias Grünewald gest. (geb. 1480)
1530	Luther: Sendbrief vom Dolmetschen	Reichstag zu Augsburg (Melanchthons Confessio Augustana)	

1531		Zwingli stirbt im 2. Kappeler Krieg	Tilman Riemenschneider gest. (geb. 1468)
1532	S. Franck: Paradoxa Publikation von Luthers Gesamtbibelübersetzung F. Rabelais: Gargantua	Nürnberger Religionsfriede wegen der Türkengefahr; Aufstieg des Protestantismus	
1534		Wiedertäuferaufstand in Münster (1534/35)	Gründung des Jesuitenordens
1535	M. Vehe: 1. kath. Gesangbuch im Stil der Luther-Liederbücher		Paracelsus: Große Wundarznei
1536	Erasmus v. Rotterdam gest. (geb. 1469) P. Rebhun: Susanna (Dr.)		
1537		Exkommunikation Heinrichs VIII.	
1538	Th. Naogeorgus: Pammachius (Dr.)		
1539	G. Forsters Frische teutsche Liedlein (G.)		
1540	Th. Naogeorgus: Mercator (Dr.)	Päpstl. Bestätigung des Jesuitenordens	

1541		Michelangelo beendigt das »jüngste Gericht«
1543		Hans Holbein d. J. gest. (geb. 1497) Kopernikus: Todesjahr u. Publikation seines Werks über das heliozentrische Weltbild
1544		S. Münster: Cosmographei (1. dt. Weltkunde) G. Hartmann entdeckt die Inklination der Magnetnadel
1545	Eröffnung des Konzils v. Trient	
1546	Luther gest. (geb. 1483)	
1547	Niederlage des Schmalkaldischen Bundes	
1549	H. Sachs: Hecastus/Jedermann (Dr.) J. du Bellay: Manifest der »Pléjade« Dedekind/Scheidt: Grobianus (1549/51) (VersE.)	
1550		A. Riese: Rechnung nach der Länge

1551			K. Gesner: Historia animalium (1. lat. system. Zoologie)
1555	J. Wickram: Rollwagenbüchlin (E.)	Augsburger Religionsfrieden	
1556		Karl V. dankt ab; unter Ferdinand I. verliert das dt. Reich seine polit. Bedeutung	Bau des Heidelberger Schlosses begonnen Orlando di Lasso Kapellmeister in München
1557	J. Wickram: Der Goldfaden (R.)		
1558		Elisabeth I. Königin v. England	
1561	J. C. Scaliger: Poetices libri septem		
1562	Lope de Vega geb. (gest. 1635)	Ende des 1. Hugenottenkriegs	
1563		Beendigung des Tridentiner Konzils	
1564	W. Shakespeare geb. (gest. 1616)	J. Calvin gest. (geb. 1509)	Michelangelo Buonarroti gest. (geb. 1475)
1566			J. Bodin: De la république (1. bedeutende hist. Methodenlehre)

Jahr			
			Pieter Breughel d. Ä. gest. (geb. 1525)
1569	Eindeutschung des frz. Amadis-Romans (1569/95)		
1571		Spanischer Seesieg über die Türken bei Lepanto	
1572	P. M. Schede: Psalmenübersetzung	Beginn des niederl. Aufstandes	
1576	H. Sachs gest. (geb. 1494) J. Fischart: Das Glückhafft Schiff von Zürich (VersE.)		
1578	N. Frischlin: Susanna (Dr.) T. Tasso: La Gerusalemme liberata (Vers E.)		
1580	J. Fischart: Die Legend und Beschreibung Des Vierhörnigen Hütleins		
1582	J. Fischart: Geschichtklitterung (1582/90) (U.)	Gregorianische Kalenderreform	
1584			J. Lipsius: Von der Beständigkeit
1587	Historia von D. Johann Faustus [J. Gretser:] Udo (Jesuitendr.) (1587/92)		

1588	Chr. Marlowe: The Tragicall Historie of Dr. Faustus (Dr.)	Niederlage der span. Armada; sukzessiver Niedergang der span. Herrschaft	Montaigne: Essais
1589		Henri IV. König v. Frankreich	G. Galilei Prof. f. Mathematik in Pisa
1590			Mikroskop v. Z. Janssen in Holland erfunden
1594	Herzog Heinrich Julius v. Braunschweig: Vincentius Ladislaus (Dr.)		G. Palestrina gest. (geb. 1525)
1597	Lalebuch (En.)		
1598		Toleranzedikt von Nantes	
1599			Monatszeitung in Nürnberg

Quellenverzeichnis

Die Texte selbst wurden nach folgender Regelung wiedergegeben:
Nicht geändert wurden Beiträge, die Neueditionen entnommen sind; nur in
Einzelfällen wurden im Text gedruckte Varianten zugunsten der lesbareren
Form reduziert. Dem Original entnommene Proben wurden leicht normiert:
Abbreviaturen wurden aufgelöst; u/v sowie I, i/J, j, y (im Anlaut) und r nach
heutigem Gebrauch gesetzt; »und« ist immer in der nhd. Schreibweise wieder-
gegeben; einige Punkte wurden ergänzt. Die uneinheitliche Orthographie
wurde im übrigen auch deshalb belassen, um dem Leser einen lebendigen
Eindruck der damaligen Verhältnisse zu ermöglichen. – Unterschiedliche
Schrifttypen und Initialauszeichnung wurden nicht kenntlich gemacht; anstelle
der diversen Schriftarten (z. B. der zeitgenössischen Fraktur) wurde einheitlich
Antiqua gesetzt.

Johannes Agricola

Sibenhundert und funfftzig Deutscher Sprüchwörter / ernewert / und gebessert / durch J. A. Wittenberg: Krafft 1582. Nr. 146 u. 265.

Erasmus Alberus

Von einem Hanen. In: Etliche fabel Esopi verteutscht und in Rheymen bracht
durch E. A. Hagenau 1534. S. Aiij.

Heinrich Bebel

Heinrich Bebels Facetien. Drei Bücher. Hrsg. von Gustav Bebermeyer. Leipzig: Hiersemann 1931. I, 35 u. I, 29.

Nikolaus Beuttner

Wann man wil Kirch: oder Walfarth außgehen. In: Catholisch Gesang-Buch,
Darinnen vil schöner / newe / und zuvor noch nie im druck gesehen / . . . durch
Nicolaum Beuttner. Grätz in Steyr: G. Widmanstetter. 1602. Nr. II, 1. (Faksi-
miledruck Graz: Akademische Druck- und Verlagsanstalt 1968.)

Georg Binder

Ein Comoedia von dem Verlornen Sun / Luc. am 15. vertütscht . . . Zürich:
Froschauer 1535. S. e 2 v – e 4 v. Auch in: Schweizerische Schauspiele des
sechszehnten Jahrhunderts. Bd. 1. Hrsg. von Jacob Bächtold. Frauenfeld:
Huber 1890.

Hieronymus Bock

Von Teutschem Pfeffer. In: Kreütterbuch, Darin underscheidt: Nammen und
Würckung der Kreütter, Stauden / Hecken und Bäumen / mit ihren Früchten /
so in Teutschen Landen wachsen / auch der selben eigentlicher und wolgegrün-
deter Gebrauch inn der Artzney . . . sehr nützlich und tröstlich / bevorab dem

Gemeinen und Einfaltigen Mann . . . Alles durch H. Hieronimum Bock / auß langwüriger und gewisser Erfahrung beschriben [erweitert durch Melchior Sebizius, Dr. in Straßburg]. Straßburg: I. Rihel 1595. Kap. 148. (Faksimile-druck der Ausgabe bei Rihel, Straßburg 1577: München: Kölbl 1964.)

Sebastian Brant

Das Narrenschiff. Hrsg. von Manfred Lemmer. Tübingen: Niemeyer 1962. (Neudrucke deutscher Literaturwerke. Neue Folge 5.) S. 51–54.

Conrad Celtis

De nocte et osculo Hasilinae, erotice. In: Lateinische Gedichte deutscher Humanisten. Lat. u. dt. Hrsg. von Harry C. Schnur. Stuttgart: Reclam 1966 [u. ö.]. (Universal-Bibliothek Nr. 8739 [7].) S. 40 f.

Friedrich Dedekind

F. Dedekinds Grobianus, verdeutscht von Kaspar Scheidt (1551). Hrsg. von G. Milchsack. Halle: Niemeyer 1882. (Neudrucke deutscher Literaturwerke des XVI. und XVII. Jahrhunderts. Nr. 34/35.) 1. Buch, 1. Kap.

Albrecht Dürer

Die menschliche Proportion. Aus: D., Schriftlicher Nachlaß. Hrsg. von Hans Rupprich. Bd. 2. Berlin: Deutscher Verein für Kunstwissenschaft 1966. S. 150, 231 ff., Anhang 29.
Sprüche. Ebenda, Bd. 1. 1956. S. 139: Nr. 18 u. 19.
Stoßgebet. Ebenda, Nr. 20.

Desiderius Erasmus von Rotterdam

Pacis Querimonia. Straßburg: P. Ledertz 1622. S. 8–10.
Ein klag des Frydens . . . durch meister Leo Jud . . . vertütscht. Zürich: Froschauer 1521. S. VII r – VIII r.

Albrecht von Eyb

Menaechmi (Plautus-Übersetzung). Aus: Spiegel der sitten. im latein genannt Speculum morum . . . Dabey auch nachvölgklich Comedien Plauti in Mene-chino . . . nach vermütung des . . . Albrechts von Eybe . . . vom latein in teütsch gewendt . . . Augsburg: Johannes Huff 1511. S. 152 r f.

Johann Fischart

Vom Außgelaßnen Wütigen Teuffelsheer Allerhand Zauberern / Hexen und Hexenmeistern / Unholden / Teuffelsbeschwerern / Warsagern / Schwartz-künstlern / Vergifftern / Augenverblendern / etc. Wie vermög aller Recht erkant / eingetrieben . . . Peinlich ersücht und gestrafft werden sollen. [Johann Bodin] . . . Und nun erstmals durch den auch Ehrnvesten und Hochgelehrten H. Johann Fischart / der Rechten Dr. auß Frantzösischer sprach trewlich in Teutsche gebracht . . . Straßburg: B. Jobin ²1586.
Inn deim Namen, O Hoher GOT. In: Deutsche Literatur in Entwicklungsrei-

hen, Reihe Reformation Bd. 4. Hrsg. von Arnold Berger. Leipzig: Reclam 1938. I, 98. (Fotomechanischer Nachdruck. Darmstadt: Wissenschaftliche Buchgesellschaft 1967.)

Geschichtklitterung [1590], mit einem Glossar hrsg. von Ute Nyssen. Nachwort von Hugo Sommerhalder. Düsseldorf: Rauch 1963. S. 63–67. 4. Kap.

Hans Folz

In meister hans volczen passional 7 lied [Nr. 1]. In: Die Meisterlieder des Hans Folz. Hrsg. von August L. Mayer. Berlin: Weidmann 1908. (Deutsche Texte des Mittelalters 12.) S. 168.

Ein Fastnachtspil von einem Pawrngericht. In: Fastnachtspiele aus dem fünfzehnten Jahrhundert. Hrsg. von Adelbert von Keller. Bd. 2. Stuttgart 1853. (Bibliothek des Litterarischen Vereins in Stuttgart. Bd. XXIX.) Nr. 112. (Neudruck Darmstadt: Wissenschaftliche Buchgesellschaft 1965.)

Sebastian Franck

PAradoxa ducenta octoginta / das ist / CCLXXX Wunderred / vnd gleichsam Råterschafft / auß der H. Schrifft / so vor allem fleysch vngleublich vnd vnwar sind / doch wider der gantzen Welt wohn vnd achtung / gewiß vnd waar ... Durch Sebastianum Francken / vonn Wôrd. (1534) o. J. u. O. S. IV v f. Auch in: S. F., Paradoxa. Hrsg. von Siegfried Wollgast. Berlin [Ost]: Akademie-Verlag 1966.

Jakob Frey

Jakob Freys Gartengesellschaft. Hrsg. von Johannes Bolte. Tübingen 1896. (Bibliothek des Litterarischen Vereins in Stuttgart. Bd. CCIX.) Nr. 25.

Johann Geiler von Kaisersberg

Übersetzung von Mark. 14, 3–10. Aus: G. v. K., Hauspostille (III), gedruckt von Johannes Schott. Straßburg 1522. Zitiert nach dem Faksimiledruck. Hrsg. von Richard Zoozmann. Berlin: Elsner 1905. S. Aiiij r.

Des hochwirdigen doctor Keiserspergs narrenschiff so er gepredigt hat zů straßburg ... Und uß latin in tütsch bracht ... Staßburg: I. Grieninger 1520. S. 78 v – 80 r.

Guilhelmus Gnapheus

Acolastus. Hrsg. von Johannes Bolte. Berlin: Weidmann 1891. (Lateinische Litteraturdenkmäler des XV. und XVI. Jahrhunderts.) S. 66–69.

Matthias Greyter

Von üppigklichen dingen. In: Georg Forsters Frische Teutsche Liedlein, in fünf Teilen (nach den Ausgaben von 1539–1556). Hrsg. von M. Elizabeth Marriage. Bd. 2. Halle: Niemeyer 1903. Nr. 56.

Johann Hartlieb

De Amore deutsch. Der Tractatus des Andreas Capellanus in der Übersetzung

Johann Hartliebs. Hrsg. von Alfred Karnein. München: Beck 1970. (Münchener Texte u. Untersuchungen zur deutschen Literatur des Mittelalters. Bd. 28.) S. 254 f. Buch II, 15.

Hans Heselloher

Von üppiglichen Dingen. In: Alte hoch- und niederdeutsche Volkslieder. Hrsg. von Ludwig Uhland. 1. Bd., 2. Abt. Tübingen u. Stuttgart: Cotta 1845. Nr. 249 [ohne Strophenvarianten]. Auch in: Texte und Melodien zur Wirkungsgeschichte eines spätmittelalterlichen Liedes (H. Heselloher »Von üppiglichen dingen«). Hrsg. von Michael Curschmann. Bern u. München: Francke 1970. (Altdeutsche Übungstexte 20.)

Mathias Holtzwart

Emblema II. In: M. H., Emblematum Tyrocinia, mit einem Vorwort über den Ursprung, Gebrauch und Nutz der Emblematen von Johann Fischart und 72 Holzschnitten von Tobias Stimmer. Hrsg. von Peter Düffel u. Klaus Schmidt. Stuttgart: Reclam 1968. (Universal-Bibliothek Nr. 8555 [3].) S. 22 f. u. 170.

Ulrich von Hutten

Ein Klagschrift Herrn Ulrichs von Hutten. In: Ulrichs von Hutten Schriften. Hrsg. von Eduard Böcking. Bd. 1. Leipzig: Teubner 1859. S. 416–419. (Orthographie und Interpunktion behutsam modernisiert.)
Ain new lied herr Ulrichs von Hutten. In: Die historischen Volkslieder der Deutschen. Hrsg. von Rochus von Liliencron. Bd. 3. Leipzig: Spemann 1867. Nr. 349.

Heinrich Isaac

Isbruck ich muß dich lassen. In: Georg Forsters Frische Teutsche Liedlein in fünf Teilen (nach den Ausgaben von 1539–1556). Hrsg. von M. Elizabeth Marriage. Bd. 1. Halle: Niemeyer 1903. (Neudrucke deutscher Literaturwerke des XVI. und XVII. Jahrhunderts. Nr. 203–206.) Nr. 36.

Heinrich Knaust

O Welt, ich muß dich lassen. In: Gassenhawer Reuter und Bergliedlein Christlich moraliter und sittlich verendert usw. durch H. K. Frankfurt a. M. 1571. Nr. 23. Zitiert nach: Liederbuch aus dem sechzehnten Jahrhundert. Hrsg. von Karl Goedecke u. Julius Tittmann. Leipzig: Brockhaus ²1881. S. 250 f.

Marin Luther

Von der Freyheyt eíníß Christen menschen. In: D. Martin Luthers Werke. Kritische Gesamtausgabe (Weimarer Ausgabe). Bd. 7. Weimar: Böhlaus Nachfolger 1897. S. 20–24. (Fotomechanischer Nachdruck Graz 1966.)
Der Sechst pußpsalm. Ebenda, Bd. 1 (1883; Neudruck 1966), S. 206.
Der Psalm De profundis. Ebenda, Bd. 35 (1923; Neudruck 1964), S. 421 f.
Der XLVI. Psalm. Ebenda, S. 455–457.

Sendbrief vom Dolmetschen. Ebenda, Bd. 30, 2. Abt. (1909; Neudruck 1964), S. 632 f.
Übersetzung von Mark. 14, 3–10. Aus: Übersetzung des Neuen Testaments (Septemberbibel) gedruckt von Hans Lufft. Wittemberg 1522. In: Weimarer Ausgabe, Die Deutsche Bibel, Bd. 6 (1929; Neudruck 1968), S. 192/194.
Etliche Fabeln aus dem Esopo verdeudscht: Vorrede. In: Weimarer Ausgabe Bd. 50 (1914; Neudruck 1967), S. 454.
Vom Han und Perlen. Ebenda, S. 455.

Niklaus Manuel

Spiel vom großen Unterschied zwischen dem Papst und Jesum Christum. In: Ein fast kurtzwylig Faßnachtspil . . . vom Papst und syner priesterschafft . . . Item ein ander spil /. . . eröffnende grossen unterscheid zwischen dem Papst und Jesum Christum . . . Erstlich / Getruckt zů Bern / by Matthias Apiario im 1540. jar. (Erstdruck 1524). S. F – F v.

Maximilian I.

Teuerdank. Hrsg. von Karl Goedeke. Leipzig: Brockhaus 1878. (Deutsche Dichter des 16. Jahrhunderts. Bd. 10.) 116. Kap. S. 291–295.

Philipp Melanchthon

Oratio, Uber der Leich des Ehrwiridigen D. M. Luthers / gethan durch Philippum Melanchthon / Am xxij Februarii. Verdeudscht aus dem Latein durch D. Caspar Creutziger. Wittemberg: G. Rhaw 1546. S. Biij v bis C r.

Martin Montanus

Der Wegkürzer. In: M. M., Schwankbücher. Hrsg. von Johannes Bolte. Tübingen 1899. (Bibliothek des Litterarischen Vereins in Stuttgart. Bd. CCXVII.) Nr. 39.

Sebastian Münster

Cosmographei . . . Basel: Henrichus Petri 1550. V. Buch S. Dclxxxv bis Dclxxxvi. (Faksimiledruck Amsterdam: Theatrum Orbis terrarum Ltd. 1968.)

Thomas Müntzer

Manifest an die Mansfelder Bergknappen. In: D. Martin Luthers Werke. Kritische Gesamtausgabe. (Weimarer Ausgabe.) Bd. 18. Weimar: Böhlaus Nachfolger 1908. S. 367–369. (Fotomechanischer Nachdruck Graz 1964.)

Thomas Murner

Narrenbeschwörung. Hrsg. von Meier Spanier. Halle: Niemeyer 1894. (Neudrucke deutscher Litteraturwerke Nr. 119–124.) S. 129–133.

Thomas Naogeorgus

Pammachius. Hrsg. von Johannes Bolte u. Erich Schmidt. Berlin: Weidmann. 1891. (Lateinische Literaturdenkmäler des XV. und XVI. Jahrhunderts.)

Theophrastus Paracelsus

Das Buch der Erkanntnus des Theophrast von Hohenheim, gen. Paracelsus.
Aus der Handschrift mit einer Einleitung hrsg. von Kurt Goldammer. Berlin:
Schmidt 1964. (Texte des späten Mittelalters und der frühen Neuzeit. H. 18.)
S. 22 f., 30 f. und 33 f.

Johann Pauli

Schimpf und Ernst von Johannes Pauli. Hrsg. von Hermann Österley. Stuttgart 1866. (Bibliothek des Litterarischen Vereins in Stuttgart. Bd. LXXXV.)
Nr. 138.

Thomas Platter

Autobiographie. In: Thomas Platter u. Felix Platter, zwei Autobiographien.
Hrsg. von Daniel Albert Fechter. Basel: Schneider 1840. S. 1 und 53–55.

Titus Maccius Plautus

Menaechmi. Leipzig: Teubner 1899.

Peter Probst

Das weiblein im eebruch. In: Studien zu Peter Probst, dem Nürnberger
Dramatiker und Meistersinger, mit einer Neuausgabe des Texts der Lieder und
Sprüche von Constance Grönlund. Lund u. Kopenhagen: Munksgard 1945.
(Lunder Germanistische Forschungen 17.) Nr. 8.

Adam Puschmann

Gründtlicher Bericht des Deudschen Meistergesangs. Darinnen begriffen / alles
was einem jedern / der sich Tichtens und Singens annemen wil / zu wissen von
nöten. Und wie die art und eigenschafft der Versen oder Reimen / Thön und
Lieder zu erkennen sey ... Görlitz: A. Fritsch 1571. S. 4 f.
Ein Schulkunst vorher zu singen wenn man Schul helt. In: Meistersang,
Meisterlieder und Singschulzeugnisse. Hrsg. von Bert Nagel. Stuttgart: Reclam
1965 [u. ö.]. (Universal-Bibliothek Nr. 8977 [2].) S. 128 f.

Hieronymus Rauscher

Hundert außerwelte / grosse / unverschampte / feyste / wolgemeste / erstun-
ckene / Papistische Lügen / Welche aller Narren Tugend / als des Eulenspie-
gels ... weyt ubertreffen ... durch Hieronymus Rauscher. Mülhausen:
P. Schmidt 1562. Nr. 27 und 93.

Jakob Regnart

Der Traum. In: Schöne kurtzweilige Teutsche Lieder. Nürnberg 1579. III, 4.
Zitiert nach: Die deutschen Gesellschaftslieder des 16. und 17. Jahrhunderts.
Hrsg. von August Heinrich Hoffmann von Fallersleben. Leipzig: Engelmann
1860. I, 8 (Neudruck Hildesheim: Olms 1966.)

Johannes Reuchlin

Ratschlag, ob man den Juden alle ire bücher nemmen / abthun unnd verbrennen soll. In: Doctor Johannsen Reuchlins ... Augenspiegel. o. O. u. J. (Tübingen: Thomas Anshelm 1511). S. I v; IIII r; VII r; VIII v; XVIII r; XX r f. (Faksimiledruck hrsg. von Josef Benzing. München: Froben 1967. [Quellen zur Geschichte des Humanismus und der Reformation in Faksimile-Ausgaben. Bd. 5.])

Nicolaus Rosthius

Schön bin ich nicht. In: Newer Lieblicher Galliardt, Erfurt 1593. II, 23. Zitiert nach: Die deutschen Gesellschaftslieder des 16. und 17. Jahrhunderts. Hrsg. von August Heinrich Hoffmann von Fallersleben. Leipzig: Engelmann 1860. I, 14. (Neudruck Hildesheim: Olms 1966.)

Hans Sachs

Ein epitaphium oder klag-red ob der leych D. Martini Luthers. In: H. S., Werke. Hrsg. von Adelbert von Keller. Bd. 1. Tübingen 1870. (Bibliothek des Litterarischen Vereins in Stuttgart. Bd. CII.) S. 401–403. Neudruck Hildesheim: Olms 1964.)
Die insel Bachi. In: Dichtungen von Hans Sachs. Hrsg. von Karl Goedeke. IV, 1. Leipzig: Brockhaus 1870. Nr. 28.
Ein comedi von dem reichen sterbenden menschen, der Hecastus genannt. In: H. S., Werke. Hrsg. von Adelbert von Keller. Bd. 6. Tübingen 1872. (Bibliothek des Litterarischen Vereins in Stuttgart. Bd. CX.) S. 178–187. (Neudruck Hildesheim: Olms 1964.)
Drey schwenck-red auß Diogenes, dem kriechischen philosopho (1555). In: H. S., Werke. Hrsg. von Adelbert von Keller. Bd. 4. Tübingen 1870. (Bibliothek des Litterarischen Vereins in Stuttgart. Bd. CV.) S. 117 f.

Paulus Melissus Schede

Ne admisceas te. In: Die Psalmenübersetzung des P. Schede Melissus (1572). Hrsg. von Max H. Jellinek. Halle: Niemeyer 1896. (Neudrucke deutscher Literaturwerke des XVI. und XVII. Jahrhunderts. Nr. 144–148.) S. 136 f.

J. Schreiber

Meisterlied in der hagelweis Hülzings. Dresdener Handschrift o. J. Zitiert nach: G. Wickrams Werke. Hrsg. von Johannes Bolte. Tübingen 1903. (Bibliothek des Litterarischen Vereins in Stuttgart. Bd. CCXXIX.) S. 352 f. Nr. XXX.

Nikolaus Selnecker

Wieder die Rottengeister vnd falsche Lehrer. In: Das deutsche Kirchenlied. Hrsg. von Philipp Wackernagel. Bd. 4. Leipzig: Teubner 1874. Nr. 391.

Johann Spreng

Ilias Homeri. Das ist Homeri, deß uralten / fürtrefflichen Griechischen Poeten /

XXIIII Bücher [und auch ein Nachdruck der Aeneis] ... In artliche Teutsche
Reimen gebracht / von weilund Magistro Johann Spreng / gewesenem Kays.
Notario / Teutschen Poeten / und Burgern zu Augsburg ... Augsburg:
Christoff Mangen 1610.

Heinrich Steinhöwel

Fabula prima de gallo et margarita / Die erst fabel von dem han und dem
bernlin. In: Steinhöwels Äsop. Hrsg. von Hermann Österley. Tübingen 1873.
(Bibliothek des Litterarischen Vereins in Stuttgart. Bd. CXVII.) S. 80.

Michael Vehe

Aus hertzens grundt. In: D. Martin Luthers Werke. Kritische Gesamtausgabe.
(Weimarer Ausgabe.) Bd. 35. Weimar: Böhlaus Nachf. 1923. S. 106. (Fotomechanischer Nachdruck Graz 1964.)

Burkart Waldis

De parabell vam vorlorn Szohn ... 1527. In: Das Drama der Reformationszeit.
Hrsg. von Richard Froning. Stuttgart: Union 1894. (Deutsche National-
Litteratur. Bd. 22.) S. 41, 43, 52 f., 67 f. (Neudruck Darmstadt: Wissenschaft-
liche Buchgesellschaft 1967.)

Michael Weisse

Beym Grabe. In: M. W., Gesangbuch der Böhmischen Brüder 1531. Faksimiledruck hrsg. von Konrad Ameln. Kassel u. Basel: Bärenreiter 1957.

Jörg Wickram

Das Rollwagenbüchlin. Hrsg. von Elisabeth Endres. Stuttgart: Reclam 1968
[u. ö.]. (Universal-Bibliothek Nr. 1346 [3].) Nr. 36.
Der Goldfaden, eine schöne alte Geschichte wieder hrsg. von Clemens Brentano. Heidelberg: Mohr u. Zimmer 1809. S. 54–61. (Orthographie und Interpunktion behutsam modernisiert.)

Niklas von Wyle

Translatzen. Esslingen: C. Fyner 1478. [Die Ausgabe ist unpaginiert.] (Neudruck: Translationen von Niklas von Wyle. Hrsg. von Adelbert von Keller.
Hildesheim: Olms 1967.)

Huldrych Zwingli

Burgrecht-Gutachten. Aus: H. Z., Sämtliche Werke. Bd. VI, 1. Hrsg. von
Fritz Blanke, Leonhard von Muralt u. a. Zürich: Berichthaus 1961. (Corpus
Reformatorum. Bd. XCIII. Teil 1.) S. 200 f.
Kampflied. In: Schriftwerke deutscher Sprache. Hrsg. von Werner Burkhard.
Bd. 1. Aarau: Sauerländer [3]1951. S. 296.

Anonyme Werke

Abconterfaytung D. Martin Luthers
Anonyme Flugschrift o. O. u. J.

Ach Elslein, liebstes Elslein mein
In: Liederbuch aus dem sechzehnten Jahrhundert. Hrsg. von Karl Goedeke
u. Julius Tittmann. Leipzig: Brockhaus ²1881. S. 87 f.

Danhauser
In: Rochus Freiherr von Liliencron, Deutsches Leben im Volkslied um 1530.
Berlin u. Stuttgart: Spemann 1885. (Deutsche National-Litteratur. Bd. 13.)
S. 97–101.

Es warb ein schöner Jüngling
In: Georg Forsters Frische Teutsche Liedlein in fünf Teilen (nach den Ausgaben von 1539–1556). Hrsg. von M. Elizabeth Marriage. Bd. 2. Halle: Niemeyer 1903. (Neudrucke deutscher Literaturwerke des XVI. und XVII. Jahrhunderts. Nr. 203–206.) Nr. 49.

Flohkrieg
Fliegendes Blatt um 1530. Zitiert nach: Deutsches Leben im Volkslied um
1530. Hrsg. von Rochus, Freiherrn von Liliencron. Berlin u. Stuttgart: Spemann 1885. (Deutsche National-Litteratur. Bd. 13.) S. 154–157.

Heideröslein
In: Alte hoch- und niederdeutsche Volkslieder. Hrsg. von Ludwig Uhland.
Tübingen u. Stuttgart: Cotta 1844. 1. Bd., 1. Abt. Nr. 56 [1586].

Historia und Geschicht Doctor Johannis Fausti
Zitiert nach: Das Faustbuch nach der Wolfenbüttler Handschrift. Hrsg. von
H. G. Haile. Berlin: Schmid 1963. (Philologische Studien und Quellen. H. 14.)
S. 31 f. u. 40 f.

Innsbruck, ich muß dich lassen
Siehe Heinrich Isaac u. Heinrich Knaust.

Karsthans
In: Die Sturmtruppen der Reformation. Flugschriften der Jahre 1520–1525.
Hrsg. von Arnold Berger. Leipzig: Reclam 1931. (Deutsche Literatur in
Entwicklungsreihen, Reihe Reformation Bd. 2.) S. 110 f. (Fotomechanischer
Nachdruck Darmstadt: Wissenschaftliche Buchgesellschaft 1964.)

Die Königskinder
Valentin Fuhrmann: Fliegendes Blatt. Nürnberg, nach 1563. Zitiert nach:
Deutsche Volkslieder mit ihren Melodien. Hrsg. vom deutschen Volkslied-
archiv. Bd. 1.: Balladen, I, 2. Berlin u. Leipzig: de Gruyter 1935. Nr. 20, 2.

Das Lalebuch

Das Lalebuch, nach dem Druck von 1597 mit den Abweichungen des Schilt-
bürgerbuchs von 1598 ... hrsg. von Stefan Ertz. Stuttgart: Reclam 1970
[u. ö.]. (Universal-Bibliothek Nr. 6642 [2].) Nr. 27 u. 30.

Pammachius

Pammachius. Eyn kurtzweilig Tragedi / darinn auß warhafftigen hystorien
fürgebildet / wie die Bäpst und Bischôff / das predig und hirten ampt verlassen ... Beschriben im latein zů Wittemberg durch Thomas Kirchmeyern von
Straubingen / und jüngst verteütschet. o. O. u. J. S. Aa 2 r – Aa 5 v.

Peter Unverdorben

Papierhandschrift aus dem Jahre 1439, Landesbibliothek Karlsruhe. Zitiert
nach: Deutsche Volkslieder mit ihren Melodien. Hrsg. vom deutschen Volks-
liedarchiv. Bd. 1: Balladen, I, 2. Berlin u. Leipzig: de Gruyter 1935. Nr. 26.

Schein uns, du liebe Sonne / Schin uns, de leve Sunne

In: Alte hoch- und niederdeutsche Volkslieder. Hrsg. von Ludwig Uhland.
1. Bd., 1. Abt. Stuttgart u. Tübingen: Cotta 1844. Nr. 31.

Ulenspiegel

Ein kurtzweilig Lesen von Dil Ulenspiegel. Hrsg. von Wolfgang Lindow.
Stuttgart: Reclam 1966 [u. ö.]. (Universal-Bibliothek Nr. 1687 [4].) 92. Histori.

Übersetzung von Markus 14, 3–10

In: Vollständig übersetzte Bibel, gedruckt von Johann Mentel. Straßburg 1466.
[In bairischer Kanzleisprache, vermutlich entstanden im 14. Jh. in Böhmen.]
In: Die gantze Bibel ... [Hauptredaktor wohl Leo Jud] gedruckt bei Christof-
fel Froschauer. Zürich 1531. S. CCXVI.
Siehe auch: Martin Luther u. Geiler von Kaisersberg.

Verlangen plangen tůt mein hertz

In: Liederbuch der Clara Hätzlerin. Hrsg. von Carl Haltaus. Quedlinburg
u. Leipzig: Basse 1840. (Bibliothek der gesammten deutschen National-Litera-
tur von der ältesten bis auf die neuere Zeit. Bd. 8.) (Fotomechanischer Nachdruck Berlin: de Gruyter 1966.)

Erläuterungen und Dokumente

Eine Auswahl

Philipp Reclam jun. Stuttgart

Die deutsche Literatur

Ein Abriß in Text und Darstellung in 16 Bänden
Herausgegeben von Otto F. Best und Hans-Jürgen Schmitt

IN RECLAMS UNIVERSAL-BIBLIOTHEK

Auch in Kassette erhältlich

Philipp Reclam jun. Stuttgart